教養としての経済学

生き抜く力を培うために

一橋大学経済学部 編

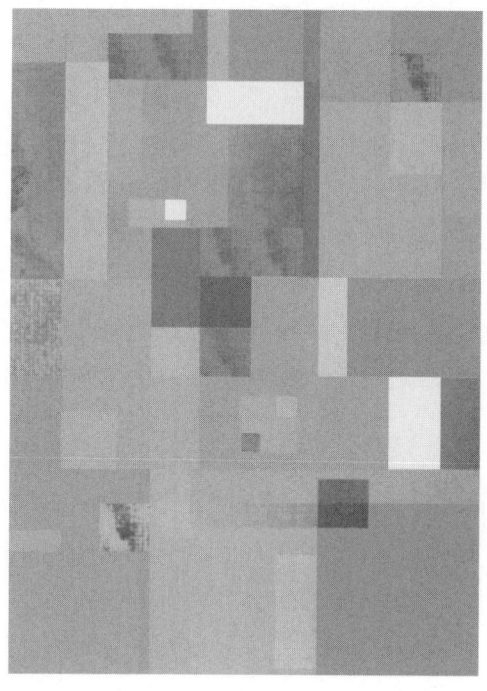

有斐閣

まえがき："教養としての経済学"とは？

❀ 経済学って何だろう？

「経済学ってどんな学問なのだろう」という疑問は，経済学部を進学先に考えている高校生，経済学部に入学したての大学生，そうした生徒や学生をお持ちの親御さんたちに広く抱かれているのかもしれない。高校で進路指導をしている先生方も，経済学につかみ所のなさを感じているのかもしれない。何らかのきっかけで経済学に関心を抱いた社会人の方々も，経済学の取っつきの悪さを感じているのかもしれない。

一方，毎日のようにテレビニュースや新聞紙上で「経済」に関する話題に接している。円高問題，消費税増税，社会保障改革，欧州金融危機，若年者失業問題など，すべて「経済」問題である。

また，こうした「経済」問題を解決すべく，さまざまな経済政策が打ち出されている。不景気を打開するために金融政策や財政政策が発動され，経済成長を高めるためにさまざまな成長戦略が展開されている。

経済学とは，そうした「経済」を取り扱う学問だと言われても，わかるようでいて，わかりにくいのでないだろうか。ましてや，"教養としての経済学"などと言われると，いっそうわからなくなってしまうであろう。

本書は，読者の方々に，経済学に抱かれている得体の知れなさ，取っつきの悪さというイメージを払拭してもらうために，一橋大学経済学部の研究者が編んだ本である。私たちは，気軽に手にとってもらえる本，読み物として楽しく読める本，それでいて中身があって，読み応えのある本，読み終えた後に経済学に対する関心がいっ

そう高まるような本を書きたいと思って集まった。

若干、大部(たいぶ)に思う読者の方もおられるかもしれないが、いやしくも"教養としての経済学"と銘打った書籍が、薄っぺらなものになるはずがない。

✤ 経済学は人類の知恵！

「経済学とは何か」を一言でまとめてしまうと、「人々を豊かにし、人々が幸福を感じられるために必要となってくる人類の知恵」と言えるかもしれない。

先に述べた経済政策も、日本社会で活動する人々を豊かにすることが大きな目的であり、そうして生み出された豊かさが人々の幸福の礎(いしずえ)になっているかどうかで、経済政策の真価が問われる。

また、経済学を別の視点から見ると、「人間と人間とのつながり、人間と組織との関係をできるだけ良好なものにしながら、それぞれの人間の能力を最大限に引き出すために必要となってくる人類の知恵」とも言える。

人間の能力が存分に発揮されてはじめて、豊かさが生み出され、能力を十分に発揮したと納得できる人間こそ、幸福を実感することができるのでないだろうか。

逆に、人々から豊かさが失われ、人々が幸福を実感できなくなったときに、「経済」に関わる問題は、深刻な社会問題として現れる。**第1章**は、そうした社会問題を、一国の経済が抱える問題から、身近な問題まで、できるだけ平易に、しかし、本質を外すことなく語っている。具体的には、経済成長、国際貿易、金融危機、経済発展、財政、教育、医療、環境、技術革新といったトピックスを取り扱っている。

ただし、「経済」に向き合うと言っても、何となく「経済」を眺

めているだけでは，豊かさを獲得し，幸せを実感するための知恵など，絞り出すことができない。そこで，**第2章**では，「経済」を診断し，仮に何らかの問題を見つけ出したときに，処方箋を書くために必要な経済学のさまざまな道具を紹介していく。本パートは，ミクロ経済学，マクロ経済学，ゲーム理論など，もしかするとすでに聞いたことがあるかもしれない経済学のツールへの案内にもなっている。

人々の経済的な営みは，当然ながら，現代の日本だけにあるわけではない。さまざまな地域に，さまざまな時代に，多様な経済的な営みが展開されてきた。**第3章**では，中国に，ヨーロッパに，あるいは，戦前に，さらには，古代に多様な「経済」の営みを訪れてみたい。

実は，経済学を深く学んでいくには，数学や統計学を習得し，外国語を身につけ，古典をていねいに読む必要がある。そこで，**第4章**では，数学・統計学習得，外国語学習，古典講読が，なぜ経済学を学ぶ上で必要なのかを説いている。もちろん，いくら必要だと言っても，数学や語学を学ぶことは，経済学を身につけるのと同様に，あるいは，それ以上に取っつきにくいかもしれない。そこで，数学や言葉の本当の楽しさも，同時に語っていきたい。

大学で学ぶ経済学の底力

本書を手にとってもらった方の中には，目次を見ていると，時事的な社会事象を取り扱うと言いながら，地味なタイトルばかりが並んでいると思われる人が多いのかもしれない。

本書を編集していた時期にも，消費税増税反対，TPP反対，原発再稼働反対を掲げて大規模なデモが繰り広げられているというニュースが，毎日のように新聞やテレビで報じられていた。

内外の論壇においても，2000年代半ば以降にアメリカやヨーロッパの経済混乱に端を発した金融危機や，東日本大震災が日本社会にもたらした社会的な混乱は，資本主義経済システム自体の限界が起因であり，現在の政治システムでは有効に対応できないとする論調も根強かった。

　そうした差し迫った社会・経済情勢を鑑みると，「"教養としての経済学"とは，ずいぶんと悠長なものだ，暢気(のんき)なものだ」と批判を受けてしまうのかもしれない。

　しかし，新聞やテレビなどのメディアがフォーカスを当てている社会事象には，簡単に賛否を判断することができない，非常に複雑な事情が控えていることが多い。また，メディアが取り扱っていることだけが，あるいは，多くの人々が強い関心を抱いていることだけが，重要な社会問題というわけではない。むしろ，メディアが取り扱っている問題は，多くの人々に気づかれずに存在する数多くの深刻な社会問題を含めれば，非常に小さな部分集合にすぎないと言った方が正確であろう。

　本書では，メディアがフォーカスを当てている問題にズームインしながら，その根っ子に困難な経済学的問題が複雑に絡み合っていることを，そして，そこからズームアウトしながら，数多くの社会問題の中で特定の社会問題を相対化する柔軟な視点が重要なことを，平易な言葉で語っていきたい。

✦ 教養とは生き抜く力！

　本書のタイトルにある"教養としての経済学"の教養という言葉には，静かで，落ち着いた響きがある。教養のある人と言えば，書斎で分厚い英書を読み，居間でクラシック音楽を鑑賞するような知的たしなみのある人というのが古典的イメージでないだろうか。

しかし，たとえ教養のある人であっても，常に平穏な環境に居られるわけではない。時には，厳しい環境に直面するであろう。そうしたときに，「過酷な状況で生き抜いていく力」を与えてくれるのも，これまた教養である。

　例えば，
- 日本語がまったく通じない異国の環境に放り出されたときに，そこで生きていくのに必要な言語を操ることができる能力
- 故(ゆえ)あって牢に入れられたときに胸に潜ませた詩集を鑑賞して精神の均衡を保つことができる能力
- 洪水で時計も計算機も水浸しになったときに，手作業で時刻を知り，計算を行う能力

これらの能力も，すべて教養と呼ぶのにふさわしい。

　豊かさが奪われそうな状態や，幸福が実感できない状態こそは，まさに，個人にとって，社会にとって，「経済」の過酷な状況と言えるであろう。そうこう考えてくると，経済学が，平時に知的な喜びとともに，有事に生き抜く力を与えてくれるとき，はじめて経済学は人々の教養の一角を占めることができる。

　したがって，"教養としての経済学"は，学ぶ側だけではなく，教える側にも，相当の覚悟が求められている。未来の大人たちには，腕利きの料理人が極上の素材を調理したものを召し上がってもらいたいと思う。私たちは，お子様ランチではなく，フルコースのディナーを満喫してもらうために，それぞれの節を真剣に，しかし，楽しんで執筆してきた。

　読書を楽しんでください！

　　2012年11月

　　　　　　　　　　　　　　　　　　　　一橋大学経済学部

目　次

まえがき："教養としての経済学"とは？ ………………………… i

第1章　大きな社会問題，身近な経済問題

1-1　経済の成長と個人の成長 ……………………………………… 2
　　　　　　　　　　　　　　　　　　　　　　　　　［齊藤　誠］

1-2　賛否両論のTPP ………………………………………………… 16
　　●二分法に陥らずに本質を理解しよう　　　　　　［石川城太］

1-3　なぜギリシャを日本が助けなければならない？ …………… 28
　　●国際金融危機とその解決法を探る　　　　　　　［有吉　章］

1-4　どうして貧困なのか？ ………………………………………… 36
　　●制度設計の問題として捉えよう　　　　　　　　［奥田英信］

1-5　日本の財政について考える …………………………………… 44
　　　　　　　　　　　　　　　　　　　　　　　　　［佐藤主光］

1-6　「大学生が多すぎる」は本当か？ …………………………… 55
　　　　　　　　　　　　　　　　　　　　　　　　　［川口大司］

1-7　今の医療でいいの？ …………………………………………… 65
　　●より時代のニーズにあった医療制度を考えよう　［井伊雅子］

1-8　廃棄物の値段はどう決まる？ ………………………………… 74
　　●経済学が見落としがちな「モノの世界」　　　　［山下英俊］

1-9　イノベーションをどのように促進するか？ ………………… 83
　　　　　　　　　　　　　　　　　　　　　　　　　［岡室博之］

第2章　経済学的な発想とは？

- 2-1　効率とは？　格差とは？　衡平とは？ ……………………… 92
  　　　　　　　　　　　　　　　　　　　　　　　　［蓼沼宏一］
- 2-2　需要と供給の世界 ………………………………………………… 101
  　● ミクロ経済学への誘い　　　　　　　　　　　　　［竹内　幹］
- 2-3　経済全体を丸ごとつかむ！ ……………………………………… 109
  　● マクロ経済学への誘い　　　　　　　　　　　　　［塩路悦朗］
- 2-4　協力の科学としての経済学 ……………………………………… 118
  　● ゲーム理論への誘い　　　　　　　　　　　　　　［宇井貴志］
- 2-5　社会をデザインする ……………………………………………… 129
  　● 腎臓移植で考えるマーケットデザイン　　　　　　［国本　隆］
- 2-6　為替レートの決まり方 …………………………………………… 138
  　● 為替で確実に儲ける方法!?　　　　　　　　　　　［加納　隆］
- 2-7　変動するものの価値を評価してみよう ………………………… 146
  　　　　　　　　　　　　　　　　　　　　　　　　［石村直之］
- 2-8　公正かつ自由な競争とは何か？ ………………………………… 154
  　　　　　　　　　　　　　　　　　　　　　　　　［岡田羊祐］
- 2-9　増税も国債も同じこと？ ………………………………………… 162
  　　　　　　　　　　　　　　　　　　　　　　　　［山重慎二］

第3章　歴史の中の経済社会

- 3-1　歴史の中の私たち ………………………………………………… 172
  　● グローバルな視座と社会の律動　　　　　　　　　［大月康弘］
- 3-2　上海経済の170年 ………………………………………………… 182
  　● 土地制度と都市開発をめぐって　　　　　　　　　［城山智子］
- 3-3　経済成長の光と陰 ………………………………………………… 192
  　● 家計簿から見た中国の格差問題　　　　　　　　　［佐藤　宏］

3-4　電力が変える経済社会の風景 …………………… 202
　● ベル・エポックのドイツ都市　　　　　　　　　　［森　宜人］
3-5　温泉資源から見た資源利用の歴史 ……………………… 210
　　　　　　　　　　　　　　　　　　　　　　　　［高柳友彦］
3-6　貨幣鋳造収入で平城京の造営費用を賄った⁉ ………… 218
　　　　　　　　　　　　　　　　　　　　　　　　［齊藤　誠］

第4章　プロフェッショナルにとっての経済学

4-1　なぜ，数学を学ぶのか？ ………………………………… 226
　● 私たちとその世界を発見するために　　　　　　　［岡田　章］
4-2　なぜ，統計学を学ぶのか？ ……………………………… 235
　　　　　　　　　　　　　　　　　　　　　　　　［黒住英司］
4-3　なぜ，古典を学ぶのか？
　4-3-1　スミス『国富論』とマルクス『資本論』を紐解いてみよう (241)
　　　　　　　　　　　　　　　　　　　　　　　　［石倉雅男］
　4-3-2　J. S. ミル：競争と言論の作法を説いた経済学者 (250)
　　　　　　　　　　　　　　　　　　　　　　　　［齊藤　誠］
4-4　道具としての外国語 ……………………………………… 258
　● 大学4年間で中国語を自らの「力」にしよう　　　［南　裕子］
4-5　学問への誘い
　4-5-1　英語の楽しみ (266)　　　　　　　　　　　［髙橋将一］
　4-5-2　番外：限定的な英語能力の逆手の取り方 (272)　［齊藤　誠］
　4-5-3　統計学の考え方 (276)　　　　　　　　　　［本田敏雄］
　4-5-4　数学の楽しみ (282)　　　　　　　　　　　［山田裕理］
　4-5-5　番外：生き抜くための数学・統計学 (288)　　［齊藤　誠］
4-6　政策のプロフェッショナルにとっての経済学
　4-6-1　大学で学んだ経済学を，実務の仕事でどう生かす？ (294)
　　　　　　　　　　　　　　　　　　　　　　　　［渡辺智之］

4-6-2 政策決定における経済学の貢献：世代会計のケース (298)
　　　　　　　　　　　　　　　　　　　　　　　　　　　[國枝繁樹]
4-6-3 実務の中の経済学，人生の中の経済学 (302)　　　[齊藤　誠]

編集後記：とても楽しい編集作業だった！ 307
執筆者紹介 311

本書のコピー，スキャン，デジタル化等の無断複製は著作権法上での例外を除き禁じられています。本書を代行業者等の第三者に依頼してスキャンやデジタル化することは，たとえ個人や家庭内での利用でも著作権法違反です。

第1章
大きな社会問題，身近な経済問題

1-1 経済の成長と個人の成長

　この短い講義では、日本社会の全般的な経済活動に対して、日本社会に暮らす一個人として、どのような距離感を持って接したらよいのかを考えてみたい。

　もしかすると、皆さんは、日本経済に関わる諸々のことは、個人の生活といっさい関係がないと思っているかもしれない。あるいは、両者に関係があると思っていても、それは、日本経済から個人への一方通行の関係であると何となく感じているかもしれない。個人の生活は日本経済の動向に大きく左右されることがあっても、個々人の振る舞いなどは日本経済の活動規模に比べれば微々たる存在であると漠然と考えているかもしれない。

　しかし、この講義では、日本経済の動向と個々人の活動が密接に関連していて、皆さんも含めて、1人ひとりの工夫と努力の積み重ねで日本経済が成り立っていることを語ってみたい。

✿ 経済全体でどれだけ生産し、1人当たりでどれだけ生産しているのだろうか？

　日本経済では、日々刻々、さまざまな人たちによってさまざまな生産活動が繰り広げられている。例えば、皆さんが肌身離さず持ち歩いている携帯電話も、そうした生産活動の賜物である。「いや、僕の携帯は日本製でなく、韓国製だよ。だから日本経済の生産活動と関係ないよ」と思うかもしれない。しかし、経済学で言う"生産"活動とは、「物を直接生産すること」だけを指しているのでない。外国で作られた製品を日本に輸入し、国内の店々に流通させることも、歴とした"生産"活動に含まれているのである。

皆さんは，今，私の講義を受けているわけであるが，まさに教育サービスが生産されている現場に立ち会っているのである。ここで言う教育サービスは，私が教室や黒板を使って，皆さんに語りかけ，皆さんと議論することで生み出されている。すなわち，皆さんは教育サービスの消費者（需要者），私が教育サービスの生産者（供給者）ということになる。ただ，教育現場の面白い面であるが，教師が生徒や学生から学ぶことも少なくないので，消費者と生産者の役割が時々交替することもある。

　さて，日本経済で繰り広げられている広義の生産活動から1年間に生み出された価値を貨幣価値で測った総量は，「国内総生産」と呼ばれている。国内総生産は，その英語表現である Gross Domestic Product を略して「GDP」と呼ばれるのが普通なので，以下，国内総生産を GDP と略していく。

　それでは，日本経済で2011年の1年間に生み出された総価値はいくらになるのであろうか。2011年の GDP（正確には，「名目GDP」）はとてつもなく大きい数字であって，468兆2576億円である。億円単位を円単位に換算すると，ゼロが8つ加えられて，

$$468{,}257{,}600{,}000{,}000 \text{ 円}$$

となる。

　皆さんは，こんな大きな数字を目の前にすると，目がくらくらしてくるかもしれない。そこで，もう少し身近な数字に書き直してみたい。

　どのようにすればよいだろうか。

　ここでは，日本経済の生産活動も，1人ひとりの生産活動の積み重ねだと考えて，そうした1人ひとりの貢献をまず計算してみよう。そこで，社会で働いていない生徒や学生，あるいは，すでに引退した高齢者も含めて，老若男女の貢献をすべて等しいとして，"日本

経済の住人”1人当たりGDPに換算してみる。

2011年10月の日本の人口は，約1億2780万人，日本経済のGDPをこの人口で割ると，1人当たりGDPは約366.4万円となる。GDPが百兆円単位，人口が億人単位であったから，1人当たりGDPは百万円単位となって，ずいぶんと身近な数字になってきた。とはいっても，皆さんには依然として大きな数字かもしれない。

この1人当たりGDP，366.4万円という数字をさらに身近に解釈してもらうために，GDPは生産の指標だけではなく，所得の指標であることにも言及しておきたい。ただし，ここで言う所得とは，雇われている人たち（労働者）の給与だけでなく，退職者が受け取る年金，会社経営者が受け得る収益や，投資家が受け得る金利や配当など，あらゆる所得が含まれていることに注意してほしい（厳密に言うと，生産指標と所得指標は微妙に異なっているが，ここでは，生産と所得がおおむね一致していると理解しておいてほしい）。

すなわち，2011年の1人当たりGDPが366.4万円であるということは，日本経済で2011年に活動している人たちが，老若男女押し並べて平均すると1人当たり366.4万円の所得を稼いでいることになる。

✼ 日本経済の驚異的な成長と最近の停滞

図1は，1955年から2011年にかけての1人当たりGDPの推移を描いたものである。この図が示しているように，1人当たりGDPは，1980年代末まで急激に上昇し，その後は，横ばいか，若干低下気味で推移してきた。

1人当たりGDPの推移をもう少し詳しく見てみよう。1960年に17.1万円だったものが，70年に70.1万円，80年に205.1万円，90年に347.9万円，2000年には401.7万円，そして，11年は前述のよ

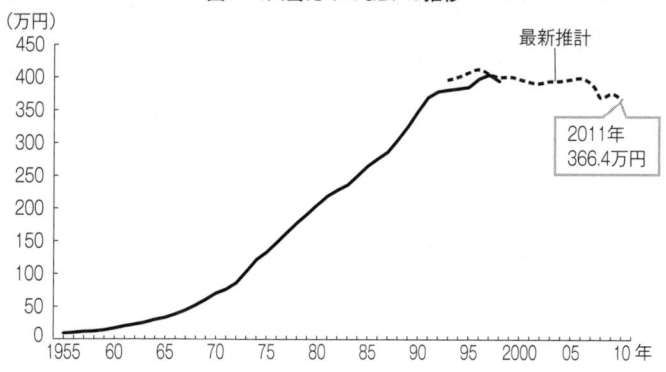

図1　1人当たりのGDPの推移

うに366.4万円と推移してきた。

　すなわち，1人当たりGDPは，1960年代の10年間で4.1倍，70年代は2.9倍，80年代は1.7倍と急速に拡大してきたが，90年代は16％増（1.16倍）にとどまり，21世紀の最初の11年間に至っては9％減少（0.91倍）している。

　1人当たりGDPの伸びが顕著であった1960年代といっても，皆さんにはどのような時代だったのか見当も付かないと思うが，映画『Always 3丁目の夕日』が描き出した時代と言えば，少しは当時の雰囲気を感じ取ってもらえるかもしれない。

　このようにして見てくると，同じ日本社会に住んでいる人であっても，現在，日本経済が停滞している状況に対する見方が世代ごとに大きく異なってくることを容易に推測できるだろう。

　経済社会に関心を持ち始めるのが小学生高学年から中学生頃だとすると，現在，30歳より若い人たちは，1990年以前の日本経済の拡大期を経験していないので，現在の経済停滞を「従前通りの自然な状態」と見るかもしれない。一方，現在，30歳を超える人たちは，特に年齢の高い人ほど，日本経済が急激に拡大した時期を体験して

いるだけに，現在の経済停滞を「失速した状態」と捉えるのではないだろうか。

これまでの人生経験が大きく異なっていると，同じ状況であってもまったく違った解釈をするというのは，人間の認識パターンに見られる典型的な側面でもある。

給与は労働時間に見合っていたのか？

さらに，現在の日本経済の状況を自然な姿と受け取るのか，あるいは，不自然な姿と受け取るのかは，これまでの人生経験だけでなく，それ以外の要因にも左右されるであろう。以下では，「時間給」と「出来高払い」という2つの給与支払い方法から見て，会社や工場で働き給与所得を受け取るサラリーマンの立場から，どのような状態が自然で，どのような状態が不自然なのかを考えてみたい。

まず初めに時間給のケースとして，「**労働時間が長ければ給与が高く，労働時間が短ければ給与が低い**」というのは自然な状態であり，逆に，労働時間に見合って給与が支払われなければ不自然な状態と言ってよいだろう。

もし，1990年以降の1人当たりGDPの停滞が労働時間の短縮を伴っていれば，自然な状態と考えられる。実は，1990年代に入って，労働時間が急激に短くなった。

今では，土曜日の休日は広く定着しているが，1980年代までは，サラリーマンは土曜日も職場に出勤し，午後2時頃まで働いていた。しかし，1988年に労働基準法が改正され，会社や役所は，土日の両日を休日とする週休二日制の導入が順次求められた。1992年には，国家公務員にも週休二日制が導入され，それと前後して民間企業も週休二日制を取り入れた。

図2を見てみよう。労働時間は，1990年代に入って短くなる。

図2　非農林業就業者1人当たり週労働時間数

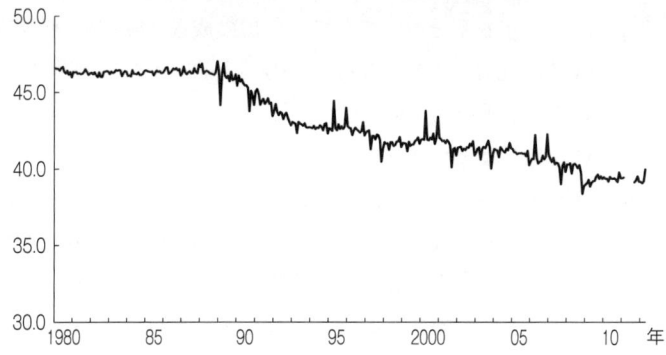

1980年代までは，週46時間ぐらいであったのが，1990年代になると週42時間まで短くなった。さらに2009年以降は，週40時間を下回るようになる。

　皆さんは，もしかすると，週4時間程度の労働時間短縮はたいしたことがないと思うかもしれないが，たとえ半ドン（昼まで働くこと）とはいえ，4時間働くのと，丸一日休むのでは，働いている身からすると，天と地の違いがあった。

　したがって，多くのサラリーマンは，労働時間の短縮に見合って給与が伸び悩んだことについて当然の帰結と受け取ったのでないだろうか。会社や役所で働く時間が短くなる代わりに，家族とともに過ごす時間が長くなれば，たとえ給与が減っても充実感を覚えたサラリーマンが多かったのでないだろうか。

✄ 給与は労働の成果に見合っていたのか？

　次に，出来高払いのケースとして，「**労働の成果（すなわち，出来高）が高ければ給与が高く，労働の成果が低ければ給与も低い**」というのは自然な状態であり，逆に，労働の成果に見合って給与が支払

われなければ不自然な状態と言えるだろう。

ここでは，生産水準をもってして，労働の成果（出来高）を測ることにしよう。先ほど，1人当たりGDP（正確には名目GDP）は，生産指標にも，所得指標にも相当すると言ったが，実は，生産と所得の違いに注意しなければならない。

名目GDPが所得指標となっている場合，その水準は，日本経済に従事する人々が受け取っている所得の総額を意味している。もちろん，サラリーマンが受け取る給与所得も含まれる。ただし，税金や保険料が給与から控除されるので，実際の手取り所得はそれよりも低くなる。

しかし，名目GDPが生産指標となっている場合，その水準は，生産数量の影響と，製品価格の影響を注意深く分けて考えなくてはならない。

例えば，機械の生産総額が去年100億円から今年110億円に増加した場合について，2つのケースを考えてみよう。第1のケースでは，1台1億円の機械が去年100台，今年110台生産されたとする。一方，第2のケースでは，いずれの年も100台生産されたが，去年が1台1億円，今年が1億1000万円だったとする。2つのケースをまとめてみると，以下のようになる。

	去年	今年
ケース1	1億円×100台	1億円×110台
ケース2	1億円×100台	1.1億円×100台

第1のケースは，生産水準が正味で100台から110台へと1割増加している。一方，第2のケースは，正味の生産水準は100台で変化していないにもかかわらず，1台当たりの価格が1億円から1億1000万円に1割増加したために生産総額が増加した。

すなわち，名目GDPによって表される生産総額には，正味の生

図3 名目と実質の1人当たりGDP

産水準の変化だけでなく，製品価格の変化も含まれてしまっている。そこで，新たに「実質GDP」という概念を用いて，製品価格の変化の影響を取り除いた上で，正味の生産水準の変化だけを表す生産指標を活用してみよう。

図3は，1994年から2011年の期間について，1人当たり名目GDPと1人当たり実質GDPの両方をグラフ化したものである。最新の統計から計算した1人当たり実質GDPの推移は，いずれの年の製品価格も2005年水準と同じであったと想定して実質生産額を算出し，製品価格の影響を取り除き，正味の生産水準の動向のみを表している。一方，1人当たり名目GDPの推移は，日本経済で活動している人々が受け取る平均所得額を表している。

図3を注意深く観察していくと，1990年代は，名目GDPの動きと実質GDPの動きがほぼ一致しており，名目GDPで表される所得水準は，実質GDPで表される正味の生産水準に応じて決まっていたと考えられる。しかし，2000年以降，正味の生産水準が拡大しているにもかかわらず，所得が向上しない事態が生まれた。

1-1 経済の成長と個人の成長

より詳しく見てみると，2002年から07年にかけて，1人当たり実質GDPは375万円から409万円へと9％増加したのに対し，1人当たり名目GDPは392万円から401万円へと2％強しか増加しなかった。また，2009年から11年にかけて，1人当たり実質GDPは382万円から397万円へと増加したが，1人当たり名目GDPは368万円から366万円へと減少している。

　2000年代のこれら2つの期間においては，労働の成果に見合って給与が決められていなかったことになる。すなわち，21世紀最初の10年間のサラリーマンたちは，一生懸命に働いて生産成果をあげてきたにもかかわらず，それに見合った待遇を受けていなかった。こうした事態は，サラリーマンたちにとって，決して自然な状態と映らなかっただろう。

　正味の生産水準に応じて給与所得が支払われなかった理由には，2つの要因がほぼ半々で働いていた。第1に，2000年代になって諸々の商品の価格が下がり，給与水準もそれにつれて低下してきた面がある。

　第2に，こちらの方がより重要な要因なのであるが，輸出向けの商品は，海外から輸入する原材料費や燃料費に費用がかさんで製造コストが上昇したにもかかわらず，アジアや中南米の企業との国際競争が厳しく輸出製品の単価を引き上げられず，採算割れに陥ってしまった。その結果，輸出向け商品を製造する企業は，生産を拡大させたにもかかわらず，高い給与を支払うことができなかった。

　要するに，激しい国際競争の結果，日本のサラリーマンは，一生懸命に働いた割に手取りが少なかったのである。日本が今よりもずっと貧しかったころの詩人，石川啄木の表現を借りると，豊かそうに見える日本で働くサラリーマンの心情は，「働けど働けどわが暮らし楽にならず」の感覚に近いのかもしれない。

🌸 世界を眺めてみよう

ここまでの議論をまとめてみよう。1990年代に入って伸び悩んだ1人当たり名目GDPの動向は、まず、平均的な労働時間が短縮したことを反映していた。すなわち、これまで土曜日も働いていたのが、土曜日を丸一日、休めるようになった。若干、給与をあきらめても、より多くの休日を享受していると考えれば、サラリーマンが一方的に損をしているとは言えない。

しかし、2000年代に入ると、状況は一転してくる。一生懸命に働いて生産を増やしたのにもかかわらず、給与が労働の成果に見合ってあまり増えなくなった。その背景としては、物価が全般的に低くなったとともに、日本の輸出製品が厳しい国際競争にさらされ、採算割れを起こすようになったからである。輸出製品を製造する企業は、いくら輸出を拡大しても採算がとりづらくなれば、給与を引き上げる余力がなくなってしまう。

「労働の成果に応じて給与が支払われなかった」のは、「労働時間が短くなって給与が減った」のと違って、サラリーマンは、働いても報われなかったという意味で一方的に損をしていたことになる。今、日本経済に停滞感が漂っているとすれば、第1の週休二日制の恩恵よりも、第2の一方的な損失の方が人々の経済活動に大きな影響を及ぼしているからなのかもしれない。

以下では、日本経済が成熟期を迎えて、世界的に見ても豊かな国になったということは、豊かさの恩恵で生活にゆとり（例えば、休日の増加）が出てくる一方で、後から追いかけてくる国々から厳しい競争を突きつけられることを避けて通れないということを示してみたい。そうしながら、「豊かになるとはどういうことなのか」を皆さんと一緒に考えてみたい。

まず、事実を見てみよう。国際通貨基金（International Monetary

Fund, IMFと略）と呼ばれる国際機関は，世界中の経済データを集計しているが，181カ国について1人当たり名目GDPの国際比較を行っている。表1は，2011年の統計から抜粋したものである。ちなみに日本が承認をしている国家の数は194なので，IMFの統計は世界中の国々をほぼ網羅していることになる。

　国際比較をするためには，通貨単位をそろえなければならないが，多くの場合，最も有力な通貨ということで，米ドルが用いられる。前述のように2011年の日本の1人当たり名目GDPは，366.4万円であった。2011年の平均的な為替レートは，1ドル当たり約80円なので，366.4万円を80円/ドルで割って，4.6万ドルと換算できる。表1は，アメリカを除くすべての国に対して，同じような換算作業をしているわけである。

　2011年の日本のランキングは，181カ国中，18位である。18位というと，あまりさえない順位のように思えるかもしれないが，大国の中では，決して悪い順位でない。1位のルクセンブルク（11.4万ドル），2位のカタール（9.8万ドル），3位のノルウェー（9.7万ドル）など，いずれも人口規模の小さな国である。一方，大国に目を移すと，アメリカ（4.8万ドル）が14位，ドイツ（4.4万ドル）が20位，イギリス（3.9万ドル）が22位で，日本の順位は決して見劣りしない。

　また，日本の企業と激しい国際競争を繰り広げている国々を見ると，韓国（2.3万ドル）は35位，ロシア（1.3万ドル）は53位，ブラジル（1.3万ドル）は54位，中国（0.54万ドル）は89位，インド（0.14万ドル）は138位で，日本の順位を大きく下回っている。ちなみに，ブラジル（Brazil），ロシア（Russia），インド（India），中国（China）は，その頭文字をとってBRICs（ブリックス）と呼ばれている。最後のsは，4カ国の複数形だから加えられている。

　もちろん，1人当たりの名目GDPには給与所得も含まれるので，

表1　1人当たり名目GDPの国別ランキング（2011年，単位：米ドル）

順位	国名	1人当たり名目GDP（米ドル）	順位	国名	1人当たり名目GDP（米ドル）
1位	ルクセンブルク	113,533.0	21位	アイスランド	43,088.2
2位	カタール	98,329.5	22位	イギリス	38,592.1
3位	ノルウェー	97,254.6	23位	ニュージーランド	36,648.2
4位	スイス	81,160.6	24位	ブルネイ	36,583.8
5位	アラブ首長国連邦	67,008.0	25位	イタリア	36,266.9
6位	オーストラリア	65,477.0	26位	香港	34,048.9
7位	デンマーク	59,928.1	27位	スペイン	32,360.1
8位	スウェーデン	56,956.3	28位	イスラエル	31,985.7
9位	カナダ	50,435.5	29位	キプロス	30,570.7
10位	オランダ	50,355.5	30位	ギリシャ	27,073.4
11位	オーストリア	49,809.2	31位	スロベニア	24,533.1
12位	フィンランド	49,349.5	32位	オマーン	23,315.5
13位	シンガポール	49,270.9	33位	バハマ	23,175.1
14位	アメリカ	48,386.7	34位	バーレーン	23,132.3
15位	クウェート	47,982.4	35位	韓国	22,777.9
16位	アイルランド	47,512.8	36位	ポルトガル	22,413.5
17位	ベルギー	46,878.4	37位	マルタ	21,028.1
18位	日本	45,920.3	38位	サウジアラビア	20,504.4
19位	フランス	44,008.2	39位	チェコ	20,444.0
20位	ドイツ	43,741.6	40位	台湾	20,100.5

それが高水準の日本で商品を製造するには，労働コストもかさむことになる。こうして見てくると，世界的に見てずいぶんと高い労働コストをかけて製造した日本製品が，はるかに低い労働コストで製造できる外国製品と太刀打ちしていくには，よほど工夫と努力をして優れた性能で競っていかなければならないことは，皆さんにもわかってもらえるのでないだろうか。

　「経済的に豊かになる」と聞くと，「豊かになってどんどん楽になる」と思われがちであるが，「豊かになってかえってしんどい」という面も同時に出てくる。

経済的な豊かさは，もちろん，日常生活のゆとりを支えてくれる。1960年代の高度経済成長期は，確かにGDPが急速に成長したが，土曜出勤どころか，日曜出勤も常態化していて，モーレツ（猛烈）サラリーマンでなければ，企業人として生き延びることができなかった。いまや，多くのサラリーマンが，土日を休日として過ごすことができるようになった。家族と有意義な時間を過ごすことも，趣味に没頭することも，自己研鑽することも，週休二日制の普及で可能となった。

　一方では，経済的な豊かさは，外から与えられたものでもないし，何もしなくても，そのままずっととどまってくれるものでもない。今の日本経済の豊かさは，私たちの先輩たちが戦後の焼け野原から一生懸命に頑張って築いてきたものであるし，私たち1人ひとりが高いレベルの豊かさを守る努力を怠れば，日本という国は，たちまち二等国，三等国に成り下がってしまうかもしれない。

　以上のことを，皆さんの立場にもっと引き寄せて考えてみると，豊かな国に生まれた若者は，社会に出ても，世界的に見て高い給与水準に見合った働きができるように，しっかりと研鑽(けんさん)を積まなければならないということになるだろう。

　1990年代になって週休二日制が普及したのは，日常生活のゆとりを支える豊かさが日本経済にいよいよ備わったことを如実に示している。一方，2000年代になって，国際競争に押されて給与が伸び悩んだのは，豊かさを保っていく工夫や努力がまだまだ不足していたことを示唆している。

　私の高校時代の担任の先生は，「受験勉強で悩んだときは，夜空を眺めてみろ。きっと，クヨクヨしているのが，あほらしくなるから」と言われて，よく私たちを励ましてくれた。

　いま，皆さんには，「受験勉強で悩んだときは，世界を眺めてみ

ろ。きっと，クヨクヨしているのが，あほらしくなるから」と言ってみたい気がする。

「世界を眺める」のは，ニュースや新聞で，あるいは，海外渡航で見聞を広めるだけでなく，表1のようなデータをじっくりと見ることでも可能である。そうすると，**「世界の中で自分たちがいかに厳しい状況にあるのか」**について，今一度自分たちを見つめ直し，そして，より重要なことかもしれないが，**「自分たちがいかに恵まれた状況にあるのか」**について，改めて世界の同年代の人々に思いを馳せることができるのでないだろうか。

経済の複雑な仕組みを通じて，**日本にいる自分**と**外国にいる他人**が深く結びついていることを察することができるのも，経済学を勉強する効用と言えるかもしれない。

▶ **読書案内**　こういう場所で自分の著作を紹介するのは，若干気が引けるが，本稿に関心を持った読者には，齊藤誠『競争の作法：いかに働き，投資するか』（ちくま新書，2010年）をぜひとも手にとってほしい。少し難しいところがあるかもしれないが，ほんの少し忍耐を持てば読み通すことができるのでないかと思う。

［齊藤　誠］

1-2 賛否両論のTPP
二分法に陥らずに本質を理解しよう

※ TPPとは何か？

　本節では，国際貿易の問題として，最近マスコミを騒がしている「TPP」を取り上げる。しかし，読者の中には「TPPって，聞いたことはあるけど，いったい何？」と思う人もいるだろう。さらに，「FTA」や「EPA」といった言葉もTPPと一緒によく出てくる。そもそも，これらのアルファベットに惑わされて，TPPはよくわからないとか，面倒くさい問題だとか思い込んでいる人もいるかもしれない。まず，これらの言葉の説明から始めよう。

　「TPP」というのはTrans-Pacific Partnership（環太平洋パートナーシップ協定）のことである。具体的には，2006年に発効したニュージーランド・シンガポール・チリ・ブルネイによるP4（環太平洋戦略的経済連携協定）という既存のFTA（Free Trade Agreement: 自由貿易協定）にアメリカ・オーストラリア・ベトナム・ペルー・マレーシア・カナダ・メキシコが加わって新たに合意をめざすFTAである。「FTA」というのは，特定の国・地域の間でのみ自由貿易を実現しようという地域貿易協定のことである。最近のFTAはモノの自由貿易だけでなく，人の移動，投資，知的財産（例えば特許）などに関するルールも盛り込んでいるので，日本政府は「EPA」（Economic Partnership Agreement: 経済連携協定）という言葉を用い，「広義のFTA」だということを明確にしている。TPPは，将来的にはAPEC（Asia-Pacific Economic Cooperation: アジア太平洋経済協力）加盟国全体での自由貿易協定，すなわちFTAAP（Free Trade Area of the Asia-Pacific: アジア太平洋自由貿易地域）をめざしている。

　日本政府は，2010年10月に菅直人首相（当時）がTPP交渉への

表 1　日本の自由貿易協定(経済連携協定)の現状(2012 年 11 月現在)

発行済み（発行年月）	交渉段階
・シンガポール（02 年 11 月）	・オーストラリア
・メキシコ（05 年 4 月）	・GCC（湾岸協力理事会）
・マレーシア（06 年 7 月）	・韓国
・チリ（07 年 9 月）	・モンゴル
・タイ（07 年 11 月）	・カナダ
・ブルネイ（08 年 7 月）	**交渉開始前の段階**
・インドネシア（08 年 7 月）	・日中韓
・ASEAN（08 年 12 月）	・コロンビア
・フィリピン（08 年 12 月）	・EU
・スイス（09 年 9 月）	・トルコ
・ベトナム（09 年 10 月）	・RCEP（東アジア地域包括的経済連携）
・インド（11 年 8 月）	
・ペルー（12 年 3 月）	（出所：外務省）

参加検討を突然表明し，2011 年 11 月に野田佳彦首相（当時）が TPP 交渉参加に向け関係国との協議に入ると表明した。しかし，その後，交渉への参加表明はしていない（2012 年 12 月末現在）。その間に，カナダとメキシコの交渉参加が認められた。菅前首相は，TPP への参加を「平成の開国」と銘打った。国民の中には，TPP によって，明治維新のような大変革が起きると思った人もいただろう。しかし，TPP はあくまでも FTA の 1 つであり，日本はすでに 13 の FTA を結んでいる（表 1 参照のこと）。「平成の開国」という仰々しい言葉だけが世間で独り歩きしてしまった感があり，TPP 参加に対する賛否両論が渦巻いている。

　本節では，TPP は高度な貿易自由化をめざしているものの，あくまでも FTA の 1 つという立場から，世界経済のどのような流れの中から TPP が生まれてきたのか，どのようなメリット・デメリットがあるのか，TPP をめぐってなぜ混乱が続いているのかなどについて解説する。

✿ なぜ貿易自由化が望ましいのか？

もしかすると、読者の中には、そもそもTPPのような貿易自由化がなぜ大きな問題となるのだろうかと思う人もいるかもしれない。この点から話を始めよう。

TPPもそうだが、貿易自由化の話が出ると、必ず、賛成する人と反対する人がいる。これは、貿易自由化によって利益を得る人と損失を被る人がいるからである。例えば、輸入については、貿易自由化によって外国からモノが（より）安く入ってくるようになる。この場合、国内の消費者は得をするが、国内の生産者は損をする。典型的な例は、日本の農産物である。注意してほしいのは、貿易自由化よって消費者が得をして生産者が損をするとは必ずしも言えない点である。輸出するモノについては、外国市場が開放されれば輸出が増えるため、外国での価格は下がるものの、国内での価格が上がる可能性もある。この場合には、国内の消費者が損をして、国内の生産者が得をすることになる。

いずれにせよ、経済学の理論によれば、いくつかの前提条件はあるものの、貿易自由化による利益が損失を上回るので、国全体とすれば貿易を制限するよりも自由化した方が望ましい。そして、利益を受けたグループから損失を受けたグループへ適切な補償がなされれば、すべての人が貿易自由化の恩恵を享受できる。しかし、現実の世界では、そもそもそのような補償が保証されているとは限らないし、何らかの補償があるとしても、不十分だという声もある。

貿易を制限する典型的な政策は、関税（輸入の際にかかる税金）である。関税が課されると、自由貿易と比べて、輸入が減少し、国内価格が上昇する。したがって、国内の生産者は、自分が生産したモノを高い価格で多く売れるようになるので得をすることになる。消費者は結果として高い価格を支払うことになるので損失を被るが、

政府は関税収入を得られることもあり、国内産業を外国との競争から保護する手段として関税を安易に用いる傾向にある。関税は輸出国に損失をもたらすので常に貿易摩擦の原因となってきた。さらに、関税は、輸入国と輸出国をあわせた世界経済全体の観点から見ても損失をもたらすことが知られている。

関税は輸入時に賦課されるため、消費者が関税を負担しているという意識、つまり関税の結果としてモノの値段が上がっているという意識があまりない。実は、経済学の理論の観点からは、関税というのは「消費税」と「生産補助金」の組み合わせとまったく同じ効果を持つのだ。消費税率の変更には国民のほとんどが関心を示すのに対し、関税率の変更がそれほど関心を集めないのは、この点がちゃんと理解されていないからだろう。

関税以外に、直接輸入量を制限する「輸入割当（わりあて）」や関税と輸入割当を組み合わせた「関税割当」も輸入を制限する常套手段として用いられている。基本的にはこれらの政策も関税と同様な効果を持つ。したがって、関税も含めたこれらの貿易制限を取り除いて貿易自由化を進めることで、世界経済全体を良くしようということになる。以下、それを見てみよう。

✼ 「マルチ」から「バイ」へ

第2次世界大戦後の国際貿易は、GATT (General Agreement on Tariffs and Trade: 関税及び貿易に関する一般協定) という貿易自由化を促進する協定と、自由貿易を推進するためにGATTを引き継ぐ形で1995年に設立された国際機関WTO (World Trade Organization: 世界貿易機関) のもとで自由化が図られてきた。GATT・WTOの大原則は「無差別」である。無差別原則には「内国民待遇」と「最恵国待遇」という2つの大きな柱がある。内国民待遇とは、輸入品と国

産品を差別しないということである。最恵国待遇とは，すべての外国を差別なく扱うということである。例えば，ある特定の国に対してのみ低い関税率を適用することはできない。

GATT・WTO体制のもとでの貿易自由化は，加盟国が一堂に会する「ラウンド」という形で話し合われてきた。このような貿易自由化を「マルチラテラリズム」と言う。これまで顕著な成果があったのがケネディラウンド（1964〜67年），東京ラウンド（1973〜79年），ウルグアイラウンド（1986〜94年）だ。

ケネディラウンドや東京ラウンドの主な成果は関税の引き下げだった。ウルグアイラウンドでの大きな成果は，WTOの設立，そしてモノの貿易だけでなく，サービス，知的財産，農業保護にも踏み込んだ点である。2001年に始まった現在のドーハラウンド（厳密には「ドーハ開発アジェンダ」と呼ばれる）は通算9回目となるが，10年以上たっても合意に至らず，ラウンドは機能不全の状態となっている（2012年12月末現在）。このような状況のもと，FTAを含むさまざまな地域貿易協定が急増している。このような地域貿易協定による貿易自由化を「バイラテラリズム」と言う。

地域貿易協定は無差別原則に反しているが，WTOはGATT 24条の3つの条件を満たす限りにおいて例外として認めている。1つめの条件は，加盟国の間では実質上すべての貿易について貿易障壁を取り払わなければならない。2つめは，貿易障壁の撤廃を妥当な期間内に完了しなければならない。暗黙の合意として10年というのが1つの目安になっているが，GATTの条項には何年という具体的な数字は書かれていない。そして3つめは，地域貿易協定に入らない非加盟国への貿易障壁を締結前よりも高くしてはならないというものである。

地域貿易協定にはFTAの他に「関税同盟」と呼ばれるものもあ

る。両者とも加盟国間では自由貿易を達成しようとするものだが、非加盟国に対する政策が異なる。関税同盟は非加盟国に対して共通の対外政策（例えば共通関税）をとるのに対し、FTAは各加盟国が独自の対外政策をとる。現在、地域貿易協定のほとんどはFTAの形をとっている。関税同盟の例としては、EU（European Union: 欧州連合）とメルコスール（南米南部共同市場）があげられる。

　世界各国における地域貿易協定は増える一方である。特に1990年代後半から顕著な増加が見られる。日本は、GATT・WTOを通じた「マルチ」の貿易自由化を重視してきたが、こうした状況の中、1990年代後半に地域貿易協定の締結、つまり「バイ」による自由化に積極的な立場へと方針を転換した。

❀ なぜ地域貿易協定が急増しているのか？

　地域貿易協定が急増している根本的な理由はWTOのラウンド機能の麻痺である。この背景には、WTO加盟国の増加がある（2012年12月末現在157カ国）。以前は一部の先進国がルールをつくり、それを他の加盟国に押しつけるような形で貿易の自由化が進められてきた。ところが、加盟国、特に途上国の加盟が増えたことで利害関係が複雑になり、また途上国の発言力が強まって、合意形成が困難になってきた。さらに、合意しやすい分野はすでに合意済みで、合意しにくい分野（例えばサービスなど）が残されているという事情もある。

　このような状況のもと、地域貿易協定に活路を見出そうとする動きが活発となっている。なぜなら、地域貿易協定ではWTOがカバーするよりも広範囲かつより踏み込んだ交渉が可能だからだ。例えばTPPでは、知的財産、サービス、環境、投資、労働など、その交渉範囲は21分野にもわたる。また、国内の制度改革が促進さ

れるという利点もある。例えば、日本の農業に関しては、生産性の問題、農地流動化の問題、高齢化や跡継ぎの問題など、さまざまな問題が山積しており、改革の必要性が叫ばれている。TPPによって日本の農業改革の促進を図ることが可能になるかもしれない。

では、なぜ各国が競って地域貿易協定を締結しようとしているのだろうか。まず、自国に有利なルールを早く確立し、それを世界の標準としたいという思惑がある。例えばアメリカは、TPPによって、経済成長が目覚ましいアジア太平洋地域でいち早くアメリカに有利なルールを確立し、FTAAPの礎にしたい。

次の理由は、経済に加えて政治的なリーダーシップの確保である。例えば中国は、ASEAN＋3あるいはASEAN＋6といったFTAを通じて、特にアジア圏でのリーダーシップをとろうとしてきた。ASEAN＋3はASEAN (Association of South East Asian Nations: 東南アジア諸国連合) 10カ国と日中韓、ASEAN＋6はそこにオーストラリア、ニュージーランド、インドの3カ国が加わる。日本は後者の枠組みを重視してきたのに対し、中国は前者を推してきた。中国がASEAN＋6に消極的だったのはインドとの確執があるからである。もちろん、アメリカもアジア太平洋圏でリーダーシップをとりたいので、このような動きに対して、TPPで切り込んできた。

途上国側の観点から言うと、地域貿易協定によって先進国から直接投資を呼び込むというもくろみがある。どちらかと言えば、貿易よりも直接投資を期待している側面が強い。直接投資が増えれば、雇用の増加、地場産業の発展、技術移転、競争促進といった便益を享受できる。

通商秩序が地域貿易協定に移行する中、地域貿易協定に積極的でなかった国は、世界経済の潮流から取り残されるのではないかと焦りを覚える。そうした焦りから、地域貿易協定締結がドミノ倒し的

に起こっているという側面もある。日本が1990年代後半に通商戦略を変更したのもその一例だ。

　しかし，地域貿易協定の増加に対する懸念もある。米コロンビア大学のジャグディシュ・バグワティ教授は，次のように表現している。「地域貿易協定の拡大は，最終的に世界での自由貿易につながるのだろうか。はたしてビルディングブロック（積み石）になるのか，スタンブリングブロック（躓き石）になるのか」。そして彼は，今のような状況が「スパゲッティボウル現象」を引き起こすのではないかと言っている。スパゲッティをボウル（椀）の中に入れてかき混ぜると絡み合う。つまり地域貿易協定が乱立すると，無数のルールや例外措置がつくられ，混乱が生じるということだ。そうなると，結局，貿易自由化の流れが滞ってしまう可能性が高い。

　もちろん理想的な展開は，地域貿易協定の拡大が最終的に世界規模での自由貿易につながることである。しかしその途中で，「われわれの市場はすでに大きくなったので，これ以上市場を拡大する必要はない」とか「加盟国の市場はわれわれのものだから，これ以上市場を開きたくない」といった考えが生じてもおかしくない。これらの考えが現実のものになってしまうと，やはり地域貿易協定の拡大は滞ってしまう。韓国とのFTAを結んだEUは，当初（東日本大震災前），日本とのFTAを結ぶ必要はないと言っていた。これは，上記のような考えによるものだろう。

❈ TPPはどのような影響をもたらすのか？

　経済学の理論では，地域貿易協定の締結によって国全体として得をするか損をするかは，実は一概には言えないことが知られている。なぜなら自由貿易が達成されるのが加盟国の間だけだからである。それが思わぬ悪影響を及ぼすことになる。

日本政府は，TPPの影響として，農林水産省，経済産業省，内閣府が行った試算を発表した。しかし，残念なことにこれらの試算にはまったく統一性がない。農水省と経産省が出した試算は，それぞれ農業部門と製造業部門への影響のみを見ている。これに対し，内閣府の試算はおおむね経済全体への影響を見ている。

　農水省の試算によると，TPPに参加した場合，日本の農業生産は4兆1000億円減少，自給率（カロリーベース）は40％から14％に低下，GDPは7兆9000億円減少するとしている。ところが，これらの数字はTPPの影響試算と言いながら，全世界対象に19品目の関税を撤廃した場合の試算である。また，関税を即時撤廃することを前提としているが，通常，関税の撤廃には協定発効から10年の猶予が与えられている。したがって，明らかに損失が過大評価されている。その後，農水省は，対象国を交渉参加の11カ国に絞り，再計算した（2012年8月31日付『日本経済新聞』朝刊）。農業生産額の減少は縮小したが，対象国を限定したこと以外，計算手法などは従来のままで，妥当性の問題は依然として残る。

　経産省の試算では，日本がTPPに不参加のままだと，2020年にGDPが10兆5000億円減少し，雇用が81万2000人減少するとしている。ただ，これも日本が現状維持（すなわちTPP不参加）で，韓国が対米，対EUに加え，対中FTAを締結した場合に自動車・電気電子・機械産業の基幹3業種の輸出に及ぼす影響のみをもとに試算している。

　そして内閣府の試算では，TPP参加と不参加の状況を比較している。参加時のGDP増加分と不参加時の減少分の差は，10年で累積3兆～4兆円だとしている。年換算すると数千億円程度で，GDPの0.1％にも満たない。しかし，この試算は過小評価されているという声もある。例えば，TPPによる投資の自由化やヒトの移

動といった側面が考慮されていないからだ。

❈ TPP の政治経済学

　TPP に反対しているグループは，大きく次の4つに分類されるだろう。既得権益の保護派（農業関係者など），反グローバル派，反米派，その他（食の安全を危惧するグループなど）である。マルチであれバイであれ，日本が貿易自由化に取り組む際に常に問題となるのが，農業分野の自由化である。日本の全品目の関税率は単純平均で 4.9％，農業分野は 21％，非農業分野は 2.5％である。農産物にはこんにゃく芋（関税率 1706％）やコメ（関税率 778％）をはじめとしてきわめて高関税のものがあり，農業分野が手厚く保護されている。貿易自由化には，農業関係者の根強い反対が常にある。

　2011 年 11 月の時事通信の世論調査によれば，「日本も交渉参加すべきだ」が 52.7％，「交渉参加すべきでない」は 28.8％だった。ところが，その時点で国会議員の半数近くが TPP に反対の立場をとっていた。この構図はその後もほとんど変わっていない。世論調査の結果と国会議員の立場に大きな隔たりがあるのはなぜか。特に，TPP 反対の中心は農業関係者だが，農業部門が縮小してきているにもかかわらず，その政治力が衰えないのはなぜか。これは政治学者のマンサー・オルソンが唱えた「集合行為論」によりうまく説明できる。

　仮に，TPP によって利益を得る人が1億人いて，その利益の合計が 10 兆円，一方で損失を被る人が 200 万人いて，その損失の合計が8兆円としよう。この場合，経済全体としては差し引き2兆円の利益になるので TPP を進めた方がよいはずだが，実際にはなかなか実現しない。それは得をするグループの利益が1人当たり 10 万円なのに対し，損をするグループの損失は1人当たり 400 万円に

もなるからである。

　ポイントは，経済全体で見た利益はあっても，多くの場合，恩恵は薄く広くしか行き渡らないのに対して，損失の方は少数の人に集中する点にある。損失を被るグループの1人当たりの損失が大きいので，彼らは国会議員への陳情や献金といったロビー活動を積極的に行うことで，大きな政治力を持つことになる。仮に損失額が変わらず，損をする人数が減れば，1人当たりの損失は大きくなる。つまり損をする人が少なくなるほど，ロビー活動の誘因はいっそう大きくなりうる。また，グループが小さいほど投票行動を組織しやすく，必ず自分たちの主張を支持する候補に投票する。この場合，国会議員も損失を被るグループ側に立つことで，比較的容易に献金や票を集められるのだ。実際，2012年12月に行われた衆議院選挙では，TPPに反対することを条件にJA（日本農業協同組合）グループが推薦した自民党・公明党の約170人の候補者が当選した。

　WTOのラウンドを通じた交渉が暗礁に乗り上げてしまい，世界中でFTAブームが起こっているのが現状である。今後アジア太平洋地域での貿易自由化を進めようとすれば，TPPかASEAN+6の枠組みで進めていくことにならざるをえないだろう。TPPはFTAAP（アジア太平洋自由貿易地域）の形成を最終目標にしている。また，ASEAN+6は，2015年末の妥結をめざしてアジアの広域FTA，すなわちRCEP（Regional Comprehensive Economic Partnership: 東アジア地域包括的経済連携）の交渉開始で合意した。

　TPPは他のFTAよりも高度な自由化をめざしており，そのルール形成が今後のアジア太平洋地域の通商秩序を大きく左右する。したがって，ルール形成への積極的な関与が日本にとってきわめて重要である。いずれにせよ，日本はTPPとRCEPという2つのト

ラックを両睨みしながら重層的にアジア太平洋地域での貿易自由化を進めていく必要があるだろう。

RCEP の交渉開始が国内で大きな問題とならなかったのに対し，TPP の交渉参加表明をするかどうかでもめているのは，TPP がより高度な自由化をめざしていることに加え，TPP が特殊なものだという誤った先入観にもよっていると思われる。TPP は関税撤廃を「原則」としているという点において特殊だと主張する人もいるが，原則には「例外」がつきものだ。実際，TPP 交渉がなかなかまとまらないのは，例外をめぐって交渉が難航しているからである。読者には，短絡的な賛否の議論には惑わされることなく，本質を見極め，しっかりとした判断に基づいて TPP 問題を考えていってほしい。

➡ **読書案内**　国際経済学を初めて学ぶ人にとっては，少し古いが，①伊藤元重『ゼミナール国際経済入門（改訂 3 版）』（日本経済新聞社，2005 年）が読みやすく，また国際マクロ・金融までも含んだ国際経済学の全体像を把握するのに役立つ。国際貿易に関する最新のトピックまで扱った入門レベルの教科書として，②石川城太・菊地徹・椋寛『国際経済学をつかむ』（有斐閣，2007 年〔2013 年に改訂版出版予定〕）を薦めたい。TPP をさまざまな角度から論じた文献としては，③馬田啓一・浦田秀次郎・木村福成編著『日本の TPP 戦略：課題と展望』（文眞堂，2012 年）が優れている。

[石川城太]

1-3 なぜギリシャを日本が助けなければならない？
国際金融危機とその解決法を探る

　ギリシャなど，ヨーロッパの金融危機の国を助けるために日本は多額の資金支援を行っている。ギリシャ，ポルトガル，アイルランドなどの支援のために設立された欧州金融安定ファシリティ（European Financial Stability Facility: EFSF）の発行する債券を日本政府は購入し，ユーロ圏の安定に直接貢献している。報道によれば，2012年3月6日までに行われた9回の債券発行入札にすべて参加し，発行総額の14％にあたる39億ユーロ（約4000億円）を購入している。

　日本の支援はこれだけではない。日本は2012年4月，国際通貨基金（IMF）に対して，600億ドル（約4.8兆円）の追加融資枠を設定すると表明した。ユーロ圏の危機国に対する支援はIMFと欧州共同体（EU）各国が中心となって行ってきたが，IMFが支援を続けるためにもIMFの資金基盤の強化が必要になったからである。

　こうした巨額の支援を聞いて，日本は財政がたいへんだというのにどこにそんな余裕があるのだろう，と不思議に思う人もいるだろう。また，ギリシャについては，生産性が低く，ストも頻発し，脱税や汚職も日常茶飯事と言われる反面，例えば危機前には年金の支給額が労働者の平均年収の92％に達するなど（日本は33％）財政の大盤振る舞いで有名であった。そんな「働かない国民」にどうして日本が支援する必要があるのだろう。そもそも，国が借りたお金を返せない，などということがどうしてありうるのだろう。

✄「国家は破産しない」

　「国がつぶれるなんていうことはありえない。」1982年のメキシコの債務危機の直前，メキシコに多額の貸出（かしだし）を行っていたアメリカ

ギリシャ，財政再建の政府計画に反対するスト
（写真提供：AFP＝時事）

有数の銀行であるシティバンクのリストン会長はこう力説していた。ところが，実際にはメキシコは1982年8月に対外債務の支払いができなくなったと宣言し，シティバンクなどと返済条件軽減の交渉を行い，これを勝ち取った。メキシコと同じように先進国の銀行から多額の借入を行っていた中南米の諸国は次々と債務返済を停止し，債務の削減を実現させた。その結果，中南米への貸出が多かったアメリカの主要銀行は深刻な経営難に陥り，業績の回復には1980年代一杯かかった。

では，リストン会長の言い分がまったく間違っていたか，というと必ずしもそうではない。リストン会長はより正確には，企業と違い，「国が商売をたたむようなことはない。国のインフラがなくなることはない。国民がものを作る能力が消えることはない。国の天然資源がなくなることもない。負債が資産を上回るのが倒産の原因だが，国ではそれがありえない」と説明していた。確かに，外国からの借入に比べれば国全体の資産価値の方がはるかに大きいのが普通だろう。

しかし，企業と違って貸した相手が国だと，土地や天然資源などの資産を強制的に売らせて借りた金を返させるということができな

い。もちろん，軍隊を送って相手を占領して取り立てることは理屈では可能だし，現に19世紀末から20世紀初めにかけてアメリカやイギリスは債務の返済が滞った中南米の国に軍隊を送り，関税収入を差し押さえることで債務の返済を実現させた。しかし，現代の国際社会では貸したお金を返さないからといって戦争を起こすわけにはいかない。つまり，国に貸したお金を確実に返させることはできないことになる。

借金を踏み倒すことができるなら，そもそも借金を返す国があるのか，という疑問が湧く。もし借金を一度踏み倒すと，貸し手は（少なくともしばらくの間は）その国には金を貸さないようになり，たとえ一時的に借金を踏み倒すことで得をしたようでも，長期的にはマイナスになる。だから借りた国はできるだけお金を返すようにする。また，貸す側も借り手のそうした（根本では利己的な）正直さを期待してお金を貸す。

しかし，時としてそうした期待が過剰な貸し付けを生み，真面目に返そうとすると，税金を大幅に上げたり，通貨を切り下げて輸入を極端に圧縮して返済に回したり，とんでもない苦労を国民に強いることになるケースも出てくる。そうしたときには，国は借金を返すために必要な苦労と，借金を返さなかったことで被るさまざまな不利益を天秤にかけて，返さない方がマシと思えば返さない，という選択をする場合がある。つまり，「国家は破産する」のだ。

「あなたが10億ポンド借りていると，これは皆にとってやっかいな問題だ」

IMFの生みの親の一人でもあるジョン・メイナード・ケインズは，「あなたが銀行から100ポンド借金するとそれはあなたにとってやっかいな問題だ。しかし，あなたが銀行から100万ポンド借り

ているならそれは銀行にとってやっかいな問題となる」と書いた。イギリスの経済誌『エコノミスト』は1982年のメキシコ危機の直前，ケインズのこの言葉を引用しつつ，「あなたが10億ポンド銀行から借りていると，これは皆にとってやっかいな問題だ」と論じた。

　個人や中小企業が借金を返すのが難しくなっても何とか生活や経費を切り詰めて返すしかないし，貸し手が助けてくれるということはあまりない。ところが，大きな企業が倒産すれば貸し手自身が倒産する可能性も出てくる（だから100万ポンド貸した銀行にとってやっかいな問題なのだ）。そこで銀行は何とか企業を立ち直らせようとして，借金の返済を軽減してあげる場合もある。

　巨額の借金を抱えた国が債務を返せなくなると，皆にとってやっかいな問題がいくつか起きる。借り手が国となると大企業の借入とも桁が違い，個々の銀行の問題にとどまらなくなり，多くの銀行が倒産の危機に直面するような金融システムの危機になりかねない。ギリシャの債務危機に対して，他の欧州諸国が金融支援をしたり，欧州中央銀行（European Central Bank: ECB）がギリシャ国債の買い支えという普通なら中央銀行が決してやらないような政策までとったりしたのも，別にギリシャ国民がかわいそうだということではなく，ギリシャ国債を大量に保有しているヨーロッパの銀行が連鎖倒産を起こし，金融危機になることを心配したからである。

　借り手と貸し手以外にも影響は及ぶ。極端な緊縮策は借金の返済のためには必要なことかもしれないが，輸入を圧縮することで貸し手以外の人に影響を与える。また，借金を踏み倒すとそれ以降は当分の間借金ができなくなり，やはりその国の輸入は大きく落ち込むだろう。多くの国がそうした状況になると，場合によっては世界経済全体が不況に陥ることもあるかもしれない。つまり，借り手と貸し手だけでなく，「皆にとってやっかいな問題」なのである。

日本がギリシャなどへの支援に協力しているのは，ユーロ圏の混乱が日本にも大きな影響を及ぼす懸念があるためでもあるが，より一般的には，世界有数の経済規模を誇る国として，世界経済の安定のために協力する義務があると考えられるからである。

✽ 助けるのが本当にいいことなのか

　皆にとってやっかいな問題を解決するためとはいえ，借金が返せなくなり，金融危機になりそうな国を常に助けるのがいいのか，というと必ずしもそうは言えない。問題を起こすのはそれなりの理由があり，そうした問題を解決せずに援助を続けても危機を繰り返すだけになりかねないからだ。ギリシャで言えば，国営企業などが生産性の上昇以上に賃金を上げ，そのため増えた財政支出を借金で賄ったことに大きな原因があるので，公共部門を効率化しないと問題は解決しない。また，スペインなどではバブルにより銀行危機が起こり，金融システムを支えるための財政支出が膨らみ，財政が危機的な状況になってしまった。だから財政や金融システムを健全化しなければ危機は解決しない。1980年代の中南米の危機や90年代のアジア通貨危機もいずれも似たような国内の構造的な問題に端を発するものだった。

　一方，貸し手側にも借り手の状況を十分見極めず，野放図に貸してしまったという落ち度がある。公的な資金で借り手を救済してしまい，貸し手が何の損失も被ることがないとなると貸し手がちゃんとリスクを考えて融資する，ということもなくなり，やはり将来の危機の種をまくことにつながってしまう。

　いずれにせよ，常に貸し手も借り手も困らないような形で公的な救済を行うと，借り手も貸し手もいくら借金が積み上がっても大丈夫だと思い，無責任な行動をとってしまう。その結果，かえって危

機を頻発させてしまうことになりかねない。

　ちなみにこういう現象を経済学では「モラル・ハザード」と言う。新聞・雑誌などでは「倫理の欠如」などと訳され，非道徳的な態度であるかのように聞こえるが，経済学では「リスクをとっても悪い結果が自分に及ばない場合には過剰なリスクをとってしまう」現象をさす。

　そこで，必要なのは，借り手が痛みを伴う改革を行ってできるだけ借金を返し，貸し手も返済を一部猶予するなど協力して借り手が自立できるようにすることである。こうした負担を負うことで国へ貸すことにもリスクがあることを貸し手が再認識し，将来的にも無責任な貸出に走ることが抑止されることも期待される。

うまく助けることは難しい

　ただ，問題はどの程度の返済努力とどの程度の借金の軽減を組み合わせるかである。借り手はどこまでの緊縮なら耐えられるのか，貸し手はどのくらいの借金の免除は仕方ないと考えるのか，お互いの利害が対立するだけに話し合いで合意するのは難しい。

　国内の企業なら会社更生法などの裁判所が関与する手続きを使い，会社のリストラと借金の免除を組み合わせて会社の再建を果たすが，これは裁判所という国の機関があってのことである。借金している国に対して命令できる（世界）裁判所がないのに，いったいどうすれば利害の調整ができるのだろう。そこで，そのために創り出されたのが，国際通貨基金（IMF）という「公平な仲裁者」(honest broker) である。

　IMFの役割は単に借り手と貸し手の間の利害を調整する裁判所の役割を果たすだけでなく，貸し手と借り手以外にも迷惑が及ばないように債務者の返済努力と債権者の負担とのバランスをうまくと

ることにある。ただ,国が本当に立ち直ったと納得できなければなかなか民間の資金は戻らないので,国を再建するための施策が軌道に乗るまでの間はIMFや他の国が主体となって,つなぎの資金を提供してあげなければならない。ここで大事なのは,IMFや他国の政府が提供するのはあくまでつなぎの資金であって,国が再建され,正常化すれば全額返されることである。IMFが借入国と合意する経済改革策は,そうした経済の自立とつなぎ資金の弁済を保証するようなものでなければならない。

なぜ日本がギリシャなどへの支援資金を出すのかという冒頭の問題に戻れば,日本自身のためにも世界経済の安定が望ましいからであるが,同時に,日本が提供する資金はあくまでも一時的なつなぎ融資であり,国が再建されれば全額利子つきで戻ってくると信じられているからでもある。

とはいえ,実は借金をした国の適切な経済再建プログラムを作り,適切な支援を行うのはそう簡単でない。ユーロ圏の危機が長引き,深刻化しているのは"何が正しい助け方か"についての深刻な意見の対立があるからである。

一方では欧州一の経済強国として支援が期待されているドイツは伝統的に健全財政への思いが強く,できるだけ早く財政健全化と経済構造の改革を達成することが危機解決の方法だと信じている。ここで甘くすると結局ギリシャなどは立ち直れず,支援のためにこれまでつぎ込んできた資金すら返済できなくなると心配しているのである。

他方では,あまりに厳しい緊縮策はかえって経済を悪化させ,危機を深刻化させるだけだとの主張もある。またギリシャなどでは,外国に押しつけられたあまりに厳しい緊縮策は受け入れられないと感じている国民も多い。

実はどのような解決策が正しいかについてはノーベル賞を受賞したような経済学者の間でも激しい論争がある。しかし，現実の危機が進行する中，論争ばかりしているわけにはいかない。危機対応の最前線にあるIMFなどのエコノミストは，経済理論や過去の経験に基づく知見を総動員して，金融市場の反応なども予想しつつ政治的な制約も踏まえ，危機解決をめざしているのである。

➡ **読書案内**　以下の2冊は一般向けとはいえ，いずれもIMFの調査局長を勤めた当代一流の経済学者によるかなり本格的な著書である。① C. M. ラインハート／K. S. ロゴフ（村井章子訳）『国家は破綻する：金融危機の800年』（日経BP社，2011年）は債務危機の歴史的データを駆使しながら危機の原因を探る。ラグラム・ラジャンは危機を予言した数少ないエコノミストで，② R. ラジャン（伏見威蕃・月沢李歌子訳）『フォールト・ラインズ：「大断層」が金融危機を再び招く』（新潮社，2011年）では最近の金融危機に焦点を当て金融危機の構造的な原因を洞察する。

[有吉　章]

1-4 どうして貧困なのか？
制度設計の問題として捉えよう

　1日の収入が2ドル未満の人口は2008年に24.7億人，1日の収入が1.25ドル未満の人口は12.9億人である（2012年2月29日世界銀行発表）。私たちの想像することもできない絶対的な貧困に暮らす人々の生活を向上させるカギの1つは，制度にある。人々の行動意欲の大きさと方向性は制度によって規定されている。この制度を変えることによって，貧困層の経済活動の領域が広がり自発的努力と創意工夫が生かせるようになれば，彼らの生活を大きく改善することができる。本稿では，貧困層の金融活動を取り上げて，制度の工夫が貧困を改善する可能性を考えてみたい。

✾ 金融市場にアクセスできないということ

　金融活動というと大げさに聞こえるが，私たちの生活に欠かせないものである。私たちの家庭では，毎日の生活でお金が不足したら預金口座から引き出し，逆に余ったお金は預金している。また住宅購入など大口の支出の場合は，住宅ローンを利用するし，子供の教育費や退職後の生活に備えて長期の資産形成にも金融機関を利用している。事業者ならば，資金管理や投資資金の調達のために銀行を利用している。もし金融にアクセスできなくなると，日々の生活で収入と支出のズレを調整したり，長期的な目的で投資をすることもできなくなる。

　ところが1日の収入が2ドル以下という貧困層が，銀行など一般金融機関を利用することはこれまで難しかった。「取引額が少額なので必要な事務経費が割に合わない」，「担保に取れる財産もなく債務返済の可能性を評価するのが難しい」というのが，貧困層との取

引を嫌った銀行の言い分である。結局，銀行預金を利用できない貧困層は，貯蓄を現金などで保有しなければならないが，盗難などのリスクが避けられない。このため貧困層は，毎日の収入と支出のズレを調整することが難しく，非常に不安定な生活を余儀なくされる。また貧困層は銀行から事業用の資金を借りることができないので，所得を増やすチャンスをつかむことが難しい。農民であれば，元手となる資金が借りられないので肥料や農機具を買うことができず，あるいは副業を始めようとしてもあきらめなければならない。金融市場にアクセスできないために生活が不安定で貧しく，そのために金融市場にアクセスできないという悪循環が続くことになる。

　もちろん，貧困層も金融活動をしていないわけではない。病気や怪我といった不意の出費，冠婚葬祭の費用，食糧の買い溜め，営農資金を手に入れるため，隣人同士や親類縁者の間でお金を融通し合ったり，食料品や種粒を現物で借りたり，あるいは比較的豊かな地主や穀物商からお金を借りたりしている。このような金融は総称して在来金融と呼ばれる。しかし在来金融の金利は60〜70%と高いだけでなく，いつでも借りられるか不安定な上，契約が不明瞭で必ずしも信頼性が十分高いとも言えない。フォーマルな金融市場を利用できないデメリットはやはり大きい。

✖ 政府貸出プログラムの失敗

　貧困層に金融市場へのアクセスを提供する制度づくりは，実は容易なことではない。そのことは，多くの途上国政府が実施した農村向け低利貸出プログラムの結果を見ればわかる。これらのプログラムは，在来金融に変わる代替的な金融を提供するため，資金使途を生産と投資に限定して行われたが，大半は失敗に終わった。政府プログラムは未返済金が溜まってしだいに貸出資金が枯渇し，行き

詰ってしまったのである。

　具体的な問題は2つあった。第1に，政府が貸出をするにあたって，借り入れる農民の返済能力を正しく評価できなかった（情報の非対称性）。貧しい農民といっても，働き者で律義であり返済能力の高い者（良い借り手）もいれば，怠け者で約束を守る意識の低い者（悪い借り手）もいる。もし政府が借り手農民の返済能力を正しく評価できるなら，予想される返済率に応じて借り手別に金利を設定し，返済率が低い悪い借り手にはその分のプレミアムを上乗せして金利を設定することができる。実際には農民の返済可能性を評価できずに，すべての借り手に一律の金利を適用したため問題が発生（逆選択問題）した。良い借り手に合わせて低い金利を設定した場合には，悪い借り手の貸し倒れによる損金をカバーできなくなった。逆に悪い借り手に合わせて高い金利を設定した場合は，高い金利を嫌って良い借り手がプログラムを利用しなくなった。

　第2に，返済をしなかった農民に対して，政府が何ら有効な対抗措置を取ることができなかった（契約履行強制の失敗）。借入農民は貧しく財産らしい財産を持っていないので，貸出の多くは不十分な担保で行われた。農民が返済をしなかった場合，未返済金はすべて損失となり政府が負担しなければならなくなった。さらには，政府プログラムが公的資金で賄われた政策融資であり，経営の自立性への意識が弱かった。このため未返済金の発生を防ぐための努力が不足し，損金発生に対して安直な公的資金の補塡が繰り返し行われた。結局，政府貸出プログラムは，多額の未返済金による損失を被って頓挫してしまった。

❀ マイクロ・クレジットの成功

　上で説明した貧農向け金融で発生する問題は，他の貧困層向け金

融でも共通する難しさである。この問題を解決できる金融の仕組みを考えない限り、フォーマルな金融が貧困層に接近することはできず、貧困層の金融市場へのアクセスは実現しない。この問題に巧妙な仕組みを考え出し、貧困層向けにもフォーマルな金融が可能であることを示した好例が、バングラデシュで大きな成功を収めた零細自営業向けのグラミーン銀行のマイクロ・クレジットである。グラミーン銀行の貸出金利は20％程度と決して低くない。このクレジットが成功した理由は、適切な制度を作ることによって担保なしで借入を行う農民が高い返済意欲を持つように強い動機づけを与えたことである。農民自身の向上心や利益を刺激することによって返済率を高め、借り入れたお金を有効に利用しようという意欲を自発的に起こさせたのである。

仕掛けの1つは、連帯保証によるグループ借入制度である。マイクロ・クレジットを利用したいと希望する農民は、自分を含めて5人を選びグループを作って借入を行う。借入金の返済は連帯責任であり、もしメンバーに未返済金があれば、残りのメンバーがそれを負担して返済しなければならない。この仕組みが素晴らしいのは2点ある。第1は、資金の借入前に、5人のメンバーを互いに選ぶ段階で、将来の返済に関して問題を起こすような人物はメンバーから排除しようとする力が働くことである（相互選別機能）。メンバーに自分よりも返済に問題を起こす可能性のある人物を入れれば、未返済の負担は自分に回ってくる。した

マイクロ・クレジットで牛を買った女性
（写真提供：AFP＝時事）

がって，少なくとも自分以上にしっかりした人物をメンバーに選ぼうとするだろう。グラミーン銀行の立場から見ると，借り手農民が自発的に質の悪い農民を排除してくれるので，銀行が農民の信用力を調べる手間が省けることになる。部外者には見分けるのが難しい質の良い借入人を相互選抜させることができるのが，この仕組みのポイントである。

 2つめの仕掛けは，資金の借入後に，返済が支障なく行われるようにメンバー相互間で監視が始まることである（相互監視機能）。誰でも他人の借入金の返済を押しつけられるのは嫌なので，5人のメンバーが互いに他のメンバーが無駄遣いや無理な計画をしていないか見張ることになり，互いに返済に向けて強いプレッシャーが掛かることになる。当然，このような作用は返済率を向上させるのに役立つだろう。

 この他にもグラミーン銀行は，さまざまな仕組みを導入した。例えば，借入人は，少額の借入からスタートし，契約通りに返済ができるとしだいに借入金額が大きくなっていく。将来，より大きな資金を利用したいという農民に対して，この仕組みは返済意欲を高める良い動機づけとなる。また，借入人は特別の場合を除いて解約することができない預金を義務づけられる。預金をすることは借入農民が資金の無駄遣いを防止することにつながると同時に，預金を持たせることは，担保を取られないために農民が借入金を返済しようとする動機を高めることになる。グラミーン銀行はまた，農民の意欲の障害となっている農村社会の因習を変えようとする取り組みも積極的に実施した。初期の活動では，借入人は女性に限定したこともあり，従来は資金管理に参加することが難しかった女性の社会的地位向上も目的とされていた。

 最後に，グラミーン銀行が貧困農民向けクレジットでありながら

高い返済率を維持することができたのは，その活動が自立的ビジネスであり，持続的経営を目標としていたことが重要である。国際機関やNGOなどドナー資金の提供を受けたとはいえ，グラミーン銀行自体に自立経営という明確な意識があって初めて，事業を継続できるだけの収益を維持し続けようとするインセンティブを組織体の構成員に与えることができた。その結果として各種の仕組みが考え出され活用できたと言える。

✼ マイクロ・クレジットからマイクロ・ファイナンスへ

　マイクロ・クレジットの成功は，担保を持たないような貧困層向けの金融がフォーマルな形でも可能であり，かつ高い返済率を持続することができるため政府補助金に頼らず，ある程度自立した経営が可能であることを示した。これ以後，世界各地で貧困層向けの自立的な金融機関が急速に広まるきっかけにもなった。しかしながら，マイクロ・クレジットには限界もあった。1つには，質の良い借り手を選別した結果として，質の悪い，すなわち最貧困層の農民が貸出対象から排除されてしまったことである。またマイクロ・クレジットは，貧困農民に自営事業としてマイクロ・エンタープライズを立ち上げさせることが目的とされたため，内容が硬直的であり利便性が悪いとしてこれを敬遠する向きもあった。さらに，グラミーン銀行の成功を見て新たなマイクロ金融機関の市場参入が続き，これら金融機関同士の競合によって経営が厳しくなっていった。

　このような限界を乗り越えるためには，貧困層の新しい金融ニーズの発掘が必要になった。貧困層の金融ニーズを広げることができれば，これまでマイクロ・クレジットにはアクセスしなかった貧困層に金融市場へのアクセスを提供できる。また，貧困層向け金融のマーケットを広げることは，マイクロ金融機関にとっても経営安定

化に寄与する。

　グラミーン銀行でも，貧困層の金融ニーズに対応すべく従来のマイクロ・クレジットからマイクロ・ファイナンスへ事業が拡張され，以下4つの新サービスの提供が始まった。第1に，従来は貸出目的は事業資金に限定されていたが，消費目的の支出も貸出対象となった。第2に，従来は強制貯蓄された預金は満期前に解約できなかったが，いつでも必要なときに引き出しができる一般的な普通預金が導入された。第3に，従来は既存の貸出が終了するまでは新規貸出ができなかったが，新しい投資機会や想定外の支払いの必要性に柔軟に対応できるように，既存貸出終了前に再借入が可能になった。第4に，貯蓄を目的とする長期拘束預金が始められた。これは，途中で貯蓄意欲が弱まり，あるいは外部からの干渉によって貯蓄が中断することがないように，強制的に貯蓄を進めることを目的としている。このような試みは貧困層の潜在的金融ニーズを見事につかみ，グラミーン銀行の預金規模は急激に成長した。これらのサービスは，柔軟性と利便性を高めることで貧困層の金融ニーズを満たし，金融活動の拡大を通じて彼らの生活水準を改善する有効な手段となった。

　今日，マイクロ・ファイナンス機関に期待されている貧困者向けの金融サービスには3つあると言われる。1つめは日々のキャッシュフロー管理である。貧困者の所得は少額で不安定であり，日々の生活に必要なお金を手元に確保するのは容易なことではない。マイクロ・ファイナンスには貧困者にとって出し入れ自由の預金や限度額内で即座に借入ができる小口ローンが期待されている。2つめは，長期的な貯蓄支援である。貧困層は貯蓄意欲は高くインフォーマルな貯蓄クラブへの参加も一般的であるが，その大半は比較的短期間の貯蓄を目的としたものであり長期的に貯蓄を継続する機会がない。長期マイクロ・セービングには潜在的なニーズがあり今後成

長が見込まれる領域である。

3つめは,日々のキャッシュフロー管理よりも規模の大きなまとまった資金が将来必要となる事態に備えた,自由目的の借入の提供である。これはある種の保険サービスの機能であり,保険アクセスの機会がない貧困者にとって大きなニーズがある。このニーズに対応することで,マイクロ・ファイナンスには新たな発展の可能性が生まれている。

マイクロ・クレジットの誕生とその後のマイクロ・ファイナンスの成長の過程は,貧困問題における目に見えない制度の重要性を物語っている。1日の収入が2ドル以下の貧困層がフォーマルな金融活動に参加するなどということは以前には空想の話であり,彼らを対象とするビジネスが成り立つとは信じられなかった。マイクロ・ファイナンスの成功は,制度を適切に設計すれば貧困層を対象とするビジネスが成立し,貧困層にとっては金融活動の領域が飛躍的に広がることを実証した。経済開発における目に見えない制度の重要性は,今日では広く認識されている。国際機関の開発援助政策の策定においても適切な制度構築は最重要の課題であり,制度と発展をめぐる議論は現代の開発経済学の中心課題となっている。

▶**読書案内**　①J. モーダックほか『最底辺のポートフォリオ:1日2ドルで暮らすということ』(みすず書房, 2011年)は,マイクロ・ファイナンスと貧困層の金融活動を生き生きと描いている。②奥田英信ほか『開発金融論』(日本評論社, 2010年)は,途上国の金融活動全般を解説している。視野を広げて途上国開発の全体像を知りたい読者は,③黒崎卓・山形辰史『開発経済学:貧困削減へのアプローチ』(日本評論社, 2003年)にトライしてほしい。

［奥田英信］

1-5 日本の財政について考える

　ヨーロッパでは2012年6月現在，ギリシャに始まる財政危機が深刻さを増している（→1-3）。そもそもの始まりはアメリカのバブルが崩壊したリーマン・ショック（2008年）で，これが世界経済を「百年に一度」と言われる不況に陥れたのである。

　本稿では，財政危機を題材に，経済学における財政の考え方を紹介する。ちなみに財政と言われてもピンとこない読者も多いだろう。要するに国や地方自治体の予算のやり繰りである。財政というと政治の世界で決まるもので，経済学は関係がないと思われがちだが，さにあらず。その動向は国民生活に重大な意味を持つ。政治のドタバタだけで終わっているわけではなく，日本経済の未来に影響するものである。

　かつて日本でバブルが崩壊した後（1990年代）の「失われた10年」の間では公共事業が景気対策として多用された。中には「無駄な公共事業」と揶揄されたものもあるが，不況で仕事が乏しい中，道路の建設現場など人々に働き口（雇用）を与えていたことは確かだ。近年では，政府の「新成長戦略」のように雇用創出として公共事業に代えて，社会保障や子育て支援に期待する向きもある。実際，国や地方自治体の予算に示される社会保障の比重は年々高まっている。いずれにせよ，政府の支出はここ20年にわたって増えてきた。

❀ 政府の台所は火の車

　収入が減って，支出が増えたらどうなるだろうか。その差額は借金（＝財政赤字）によって埋め合わされなければならない。これは，普通の人（＝経済学では「家計」）のお金のやり繰りとあまり変わら

ない。今月の所得が少なく，出費が多ければ，その差額は，前からの貯金を取り崩すか，さもなければ（最悪の場合は消費者金融あたりに駆け込んで）借金をするしかない。

これまでの政府の借金が溜まりに溜まったものが，「公的債務残高」と呼ばれる。日本の場合，2012年時点で，この債務残高は1000兆円余りに迫っている。

1000兆円と言われても，見たこともない金額だけに実感が湧かないかもしれない。そこで1年間当たりの日本経済の大きさと比較してみよう。経済の大きさを測る物差しの1つが，「国内総生産」（GDP）である（→1-1）。GDPは経済の実力・「身の丈」を表すと言ってもよい。その身の丈に対して，借金はどれくらいか。日本のGDPはざっと500兆円だから，政府の借金はその2倍ということになる。これは世界の中でも最悪のグループに入る。図1は，公的債務残高の対GDP比を国際比較したものだ。主な先進国の中でも日本の政府の借金がダントツに多いことがわかるだろう。

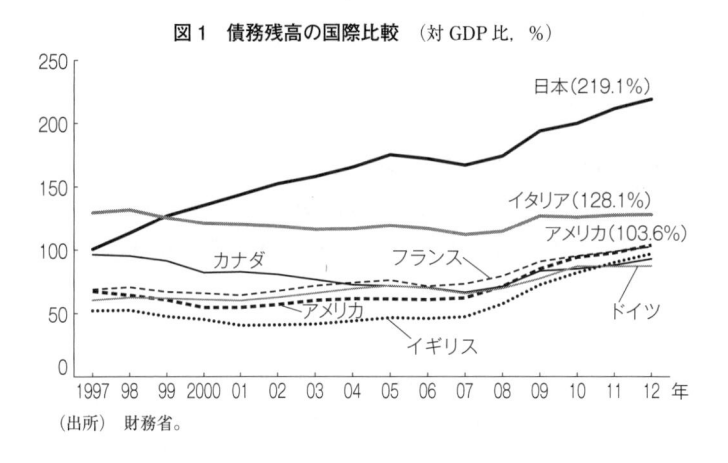

図1 債務残高の国際比較 （対GDP比，%）

（出所）財務省。

1-5 日本の財政について考える

❈ 財政危機へ

　最近のヨーロッパではギリシャをはじめとして財政危機が広がっている。その理由は政府が（身の丈に合わない）借金をしすぎたことにある。家計が銀行など金融機関から借金をするように，政府は国債（あるいは公債）という債券を出して，金融市場から借金をする。政府がお金を借りすぎる状態が続けば，金融市場で国債を買っている投資家や金融機関は不安になってくるはずだ。「自分たちが貸したお金が本当に返ってくるのか」と思い始めるわけだ。そして，この不安が国債に付く金利を上昇させる。

　誰でも借金をすれば，その返済に加えて，金利の支払いが求められる。ここでどれくらいの金利が要求されるかは，5年，10年といった借金を返済するまでの長さや借りる側の「信用度」などに拠る。約束通りに借金を返すかどうか定かではない，信用の低い借り手に対しては貸す側は高い金利を要求する。借金の元本の返済は将来のことでも，金利は毎年支払われるとすれば，あらかじめ高い金利を受け取って，元本が返ってこないときの損を抑えようと思うからだ。ヨーロッパで言えば，ドイツの国債など信用度の高い債券に比べて，信用の劣る国々の国債金利は高くなる。これはお得なのではなく，国債の危険性（リスク）を反映するものとなる。

　ただでさえ，財政赤字が多いのに，金利が増加したらどうなるかは想像に難くない。待っているのはいわゆる「借金地獄」だ。これまでの借金に対して高い金利を支払う分，政府支出は増えることになる。税収がさほど増えないとすれば，新たな借金はいっそう増していく。つまり，

　　多額の借金残高
　　　⇒ 信用低下による金利の上昇
　　　⇒ 利払いコストの増加＝支出の増加

⇒ 新たな借金の増加

⇒ 信用の更なる低下による更なる金利上昇

という悪循環だ。ギリシャはこの悪循環にハマッてしまったのである。

無論，政府は「今後は借金をしないように支出を切り詰めて，税収も増やす」というかもしれない。しかし，言っているだけでは，誰も信用してくれない。確かに景気の悪化に対して，これまで減税や支出増などの財政政策を講じてきたという「やむをえない」面もあるかもしれないが，そもそも，堅実に財政をやり繰りする能力と意欲（「財政規律」）に欠けていた結果とも言えるからだ。能力と意欲，つまり財政規律があることを示すには行動に移すしかない。それが年金のカットを含む支出削減，付加価値税（日本の消費税）の増税といった「痛み」を伴う財政再建なのである。したがって，財政再建は財政規律があるという金融市場に対する「シグナル」になる。

しかし，政府は国債の貸し手たる金融市場と財政再建の痛みを被る国民との間で「板ばさみ」に合う。国民からすれば，政府の失策のツケを回されたといったところだろう。どの国でも財政再建は強烈な政治的反感を伴うものだ。かといって，財政再建を怠れば，つまり，シグナルを出し損ねれば，金融市場の信頼を失って，誰もお金を貸さなくなる。ここに政府の抱える「ジレンマ」がある。八方美人では済まされない。

日本は違う？

ヨーロッパの財政危機は連日テレビを賑わしているが，同じことが日本でも起きるのだろうか。「日本はギリシャなどとは違う」という意見もあるだろう。言語や文化，食べ物の好みが違うというこ

とではない。違いはその経済・財政の構造にある。

　日本は国内総生産（約500兆円規模）で見て世界第3位（2010年までは世界第2位だった）の自他ともに認める経済大国である。実力，つまり成長力がギリシャなどに勝っている。つまり，その気になれば，政府の借金などいつでも返せるに違いないといったところだ。しかし，日本経済の成長はバブルの崩壊以来，低迷気味であることは否めない。「デフレ」が続いているからという面もあるが，より構造的な問題をこの国は抱えている。それが社会の少子高齢化だ。

　少子高齢化とは子供の数が減って，お年寄りの人口が増えるという人口の内訳の変化をさすが，経済・財政にとっては，それ以上の意味を持つ。子供はいずれ大人になる。大人の多くは「働き手」として経済を支えるが，少子化は，その働き手の数（「労働力」という）が将来的に減ることを意味する。さらに彼らは，稼いだ所得から税金を払う納税者である。他方，高齢者は年金や医療・介護サービスなど政府の社会保障を受け取る側になる。すると，財政的には政府の税収が減って，社会保障を含む支出が拡大していく。つまり，財政赤字が増える。

　実際，高齢化に伴って，社会保障の経費は増加の一途をたどってきた。すでに政府の借金が身の丈＝成長力に見合わなくなっているので，このままだと財政破綻への途をたどるであろう。この国自体が高齢化していると言うこともできるだろう。乱れた生活習慣（＝借金の垂れ流し）を続ければ，いずれ体が弱くなる（＝成長が落ちる）につれて，病気（＝財政危機）になるかもしれない。人生の教訓に近いが，物事は今現在だけではなく，将来を見据えなくてはいけない。

✖ 借金は問題か？

いやそれでも大丈夫という意見もありそうだ。そもそも，政府の借金を個人（家計）の借金と同じに捉えるのは誤りだという。「政府」という人間がいるわけではない。結局，その借金は総理大臣や知事らの個人的な負債でもない。政府の借金は最終的には，国民全体が税金として，あるいは年金や補助金など政府から受け取る給付・移転のカットという形で負うことになる。これは今まさにヨーロッパで起きていることだ。

すると，政府にお金を貸し付けているのは誰だろうか。先に金融市場をあげたが，こちらも金融市場という人間がいるわけではない。市場で政府に資金を提供しているのは，直接には銀行などの金融機関，あるいは投資ファンドかもしれないが，その金融機関や投資ファンドに貯蓄しているのは，国民自身である。つまり，政府の借金返済の負担を被るのも国民であるが，政府から借金の返済を受けるのも最終的には国民自身ということになる。政府が銀行に国債の金利を支払うと，銀行はその金利から預金者への利子を支払う。一部は銀行員の給与に流れるかもしれないが，預金者も銀行員も国民であることに変わりはない。

といわれても釈然としないかもしれない。銀行に多く貯金をしたり，国債を直接買ったりしているのは，一般に，高所得だったり資産のある富裕な人々だが，消費税であれ所得税であれ，税金を払うのは一般庶民に他ならない。国民「全体」でも見れば，帳尻は合っても，国民「個々人」から見れば，損得が出てくる。ここでは一般庶民の懐から政府を介してお金持ちへの所得の移転が起きている。これは「不公平」ということにならないだろうか。

✺ 国債の副作用

　なるほど財政政策は赤字を拡大するものの，一時的には「経済の底支え」に役立つだろう。景気が回復傾向になれば，将来の見通しが明るくなって，人々の財布が緩んで消費は増えていく。民間企業も再び国内で設備投資や研究開発を活発化させ，こうした設備投資の資金を金融市場から調達する。具体的には株式や社債を発行したり，銀行から融資を受けたりする。

　しかし，ここで問題なのは，同じ金融市場から政府も借入をして，財政赤字を埋め合わせているということだ。速やかに財政赤字＝借金が減ればよいのだが，さもなければ，金融市場で政府の資金需要と民間の資金需要は競合してしまう。一般に供給に変わりがないとすれば，市場で需要が増えれば，価格は高くなる。金融市場でも同じことが起きる。

　ここで価格にあたるのが金利であり，その金利が上昇する。このことは高い利払いとして政府の財政負担を増す（さらに赤字の増加要因となる）だけではなく，民間企業の資金確保を阻害する。資金が賄えなければ，設備投資などは行えない。財政赤字は民間の投資を「締め出して」しまう。民間投資は日本経済の生産性の向上や国際競争力につながるもので，成長の源泉である。よって，この締め出し効果は長期的に経済成長の機会を奪いかねない。

　要するに，財政政策や財政赤字の良し悪しは一概には言えないことになる。ここで「短期」と「長期」の違いに注意されたい。1年，2年と厳密に区切れるわけではないが，財政政策は短期的には景気対策として有益としても，長期的には副作用＝財政赤字が深刻になる。したがって，景気回復が認められれば，財政政策を方向転換して，財政赤字の削減を図るという「出口戦略」が重要になってくる。

✼ 財政再建への「ただ乗り」

　人々のエゴが改革を先送りさせる原因となることも多い。

　年金生活者であれば年金のカットは困るし，業界団体であれば補助金の削減は避けたいところだ。無論，消費者は消費税の増税など御免被る。「既得権益」と言えば聞こえが悪いが，誰でも何らかの形でこうした権益（税金を払わないのも権益の類！）を持っているものだ。

　財政再建の重要性は認識しているとはいえ，私たちにとって一番よいのは，自分等の既得権益はそのままに，他の誰かが進んで自らの権益をあきらめて財政再建に協力してくれることだ。財政再建に成功すれば，これからも既得権益が守られるから自分たちの得になる。年金生活者にとっては，年金は変わらずに，補助金を含めて他の支出がカットされるのが好ましい。一般庶民的には同じ増税でも，消費税ではなく，一部の富裕層に支払いが集中する所得税や相続税を引き上げるのが望ましい。個々人から見れば，自分が受け取らない補助金は「無駄」だし，自分が支払う税金は「不公平」ということになる。「増税の前にやるべきことがある」という主張はもっともだが，要するに財政再建は他の人々の犠牲のもとで行うべきで，自分等への増税は避けてほしいということに他ならない。

　しかし，このような態度は，財政再建への「ただ乗り」と言ってよい。財政が健全化（財政赤字が縮小）すれば，それは国民全体の利益につながる。今後，いざというときに政府が資金繰りに窮することも，国民生活に必要な公共サービスがカットされることも，将来的に税負担が増すこともないからだ。ところが，人々が利己的に振る舞い，自身の利益のみに心を砕くならば，財政再建のメリットを負担しないで享受だけしたいと思うことになる。つまり，財政再建には賛成しても，自分の既得権益に触れるような政策には反対する。

いわゆる「総論賛成・各論反対」である。しかし，皆が同じことを考えるから，その趣旨には賛意があるにもかかわらず，財政再建は進まない。その結果として，財政赤字は垂れ流され続ける。

さらに，この駆け引き（ゲーム）に参加できていない，つまり，自身の既得権益を主張できない人たちがいる。それが，まだ生まれていない，あるいは政治参加するための投票権を持っていない子供たち，つまり，「将来世代」なのである。財政赤字は，結局，増税などを被る将来世代への「つけ回し」であるが，現在の世代，つまり大人たちは率先してそのつけ回しを講じているということになる。「大人は信用できない」というのは財政問題に関して言えば，然りと言えよう。

✄ 財政再建に向けて

政府は消費税の増税を含む「社会保障と税の一体改革」を推し進めている（2012年11月現在）。しかし，この改革の中で浮かび上がってきた課題は数多い。その1つは消費税率を10％まで引き上げても，財政再建には覚束ないということだ。一体改革とは別に，政府は「財政運営政略」という2020年までに財政収支（正確には「基礎的財政収支」という）を黒字に転じて，借金の膨張を抑えるという目標を立てている。

この目標を実現するには，さらなる増税を行うか社会保障などの支出を抑えなければならない。「増税の前にやるべきことがある」というのはもっともらしいが，無駄を削減できなければ，増税しなくてもよいという口実にもなる。これは財政再建を先送りするレトリックにすぎない。官僚や政治家に借金をつくった責任を問うのも，政治的なウケはよいだろうが，「戦犯探し」をして赤字がなくなるわけではない。昨今はメディアなどでわかりやすい説明が重宝され

る傾向があるが，わかりやすい主張が正しい主張とは限らない。官僚批判を含めて戦犯探しはその最たるものだ。

そうは言っても増税は割に合わないという感覚があるかもしれない。多くの国民は政府からさまざまな公共サービスを受益しているという認識が乏しいからである。しかし，皆が当たり前に享受している警察（治安）サービス，消防サービス，義務教育，生活道路の管理・整備，公立病院の運営，治水・防災のいずれにもお金が掛かる。直接に支払っている認識はなくとも，実際のところ，タダのサービス（＝フリーランチ）は存在しない。

例えば，都市圏などの財政的に豊かな自治体の中には子供の医療費を無料化しているところもある。ここで無料化とは患者が病院の窓口で支払う必要がないと言っているだけで，医療自体がタダになるわけではない。医師への給与，病院の管理費などは発生しており，税金はこうしたサービスへの対価なのである。要するに増税は公共サービスに費用が伴うことを明らかにさせているにすぎない。増税をしないで公共サービスの無料化や手厚い社会保障を施すことは，一見気前がよくとも，財政的には持続しない政策となる。財政にとって大事なことは，長く安定的に公共サービスの提供を継続させることだ。まさに「継続は力なり」である。

結局，増税を実施せず，今日，その支払いを怠るのは財政赤字として将来に繰り越されることを意味する。公共サービスを享受しているのは現在の世代でも，その支払いを求められるのが将来の納税者（世代）ということになりかねない。赤字の是正を怠れば，その分，将来世代へのつけ回しが増えてしまう。消費税増税は低所得者に不公平，年金など社会保障のカットは高齢者に不公平というならば，何もしないこと，つまり，財政赤字を放置しておくことは将来世代にとっての不公平となろう。

財政は現在の世代のためだけにあるわけではない。将来に残される遺産であることに留意があってよいだろう。その遺産が「負の遺産」（＝返しきれない借金）であってはならないはずだ。

▶ 読書案内　　公共経済学の一般的な入門書としては，①J. E. スティグリッツ『公共経済学 上・下（第2版）』（東洋経済新報社，2003・04年）がお勧め。文章は図表も多く，説明は平易で事例も含む。財政赤字がなぜ問題かについて，さらに知りたい人には②井堀利宏『財政赤字の正しい考え方：政府の借金はなぜ問題なのか』（東洋経済新報社，2000年）を読んでもらいたい。日本の財政の制度についての解説書であれば，③『図説日本の財政』（東洋経済新報社，各年度版）がわかりやすい。ドラマ仕立てで国債の暴落について書かれたのが④幸田真音『日本国債 上・下』（講談社文庫，2003年）である。社会保障と財政危機の関係を論じた本としては⑤鈴木亘『財政危機と社会保障』（講談社現代新書，2010年）がある。

［佐藤主光］

1-6 「大学生が多すぎる」は本当か？

大学進学率は近年上昇を続け，2010年の大学・短大進学率は56.8％に達した。うち4年制大学への進学率は50.9％，短大への進学率は5.9％である。特に4年制大学への進学率上昇は著しく，1990年の約25％から20年間で倍増した。その一方で短大への進学率は徐々に低下している（図1参照）。

大学進学率が50％を超える中，低学力の大学生が増えたため「大学生が多すぎる」といった声も聞こえるようになった。本当に大学生は多すぎるのか。半分を超えたら多すぎるといったものでもないだろう。また，進学率が上がれば今までは大学には行かなかった人が大学に行くようになるわけだから，学力低下が起こるのは当然で，これをもって大学生が多すぎるとは言えない。むしろ大切なのは，今まで大学に行っていなかった人が大学に行くことによって十分なメリットを享受できているのかという視点で疑問に答えるこ

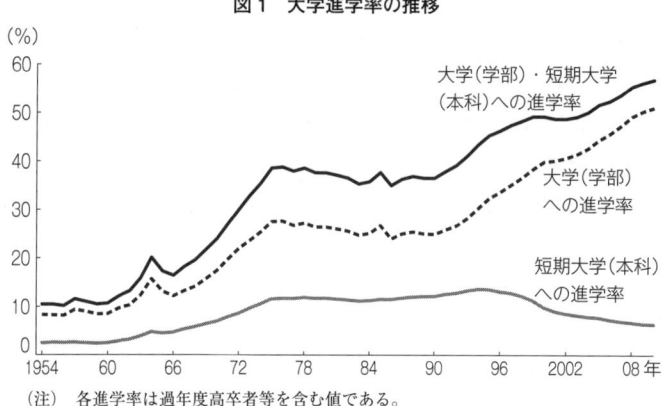

図1　大学進学率の推移

(注)　各進学率は過年度高卒者等を含む値である。
(出所)　文部科学省『学校基本調査』。

とである。この視点で考えてみると,「大学生が多すぎる」というのは間違っていて,今後も大学進学率が上がっていくことが望ましいことが明らかになる。

❇ 大学進学率を決める要因

　大学生が多すぎるのかという疑問に答える前に大学進学率がどのように決まっているのかを考えてみたい。戦後の長い期間にわたって,大学に行きたい人々の数を満たすだけの定員が提供されていない時代が続いた。そのため,戦後の大学進学率の推移を説明するうえで重要なのは,18歳人口の大きさと大学定員の関係である。

　大学進学率は

$$大学進学率 = \frac{大学定員}{18歳人口}$$

と定義できるため,分子の大学定員と分母の18歳人口の変動の双方が進学率を決めることになる。

　図2は19年前の出生数から計算される18歳人口と1学年当たりの大学生数を記したものである。

　まず18歳人口であるが,1967年から74年の7年間に約270万人から約160万人まで激減している。これは1948年から55年の出生数減少に起因しているが,戦後に合法的な中絶の範囲が拡大したこと,避妊法が広く普及したこと,乳幼児死亡率が低下し多死多産から少死少産に転換したことの影響だと言われている。この期間に18歳人口は4割減少したため,大学進学率は18%から38%まで急伸することになった。

　そのあと1975年から91年は18歳人口が3割増加した。そのため,大学定員が若干増加しているにもかかわらず,大学進学率は伸び悩み,30%台後半で推移することになった。その後,1992年か

図2 18歳人口と1学年当たりの大学生数の推移

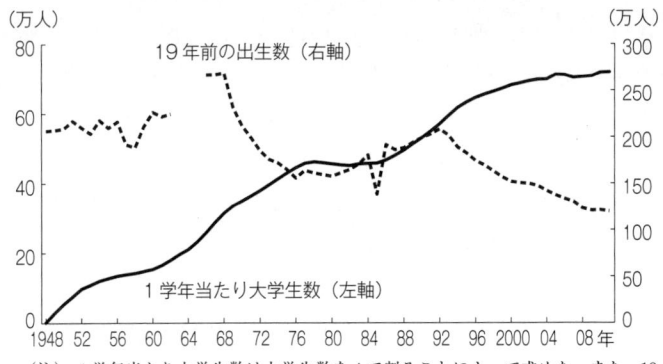

(注) 1学年当たり大学生数は大学生数を4で割ることによって求めた。また、18歳人口は19年前の出生数を用いて代理した。
(出所) 文部科学省『学校基本調査』、厚生労働省『人口動態統計』。

ら2008年にかけて起こった18歳人口の減少は、大学進学率を2008年の55%まで増加させた。もっとも、18歳人口の減少ということが繰り返し語られるが、明確な減少トレンドは2008年をもって終わっている点には注意が必要である。

　大学進学率を決めるもう1つの要因である大学定員の大きさは、文部省（文部科学省）が国立・公立・私立大学設置の許認可権を通じて政策的に決めてきた。戦後に2度、文部省が大学新設や定員増加を抑えようとした時期があると言われる。1回目が1953年から61年にかけての時期で、大学の質の低下を恐れて厳しい制約を課した時代であった。2回目は、1968年から69年にかけて盛んになった学生運動を受けて、大学定員の増加に歯止めをかけようとした時期である。この定員抑制期は1991年6月に大学設置基準の大綱化という形で大幅な規制緩和が行われるまで長く続くことになった。

　総じて見ると、18歳人口の方は時代とともに100万人の単位で

上下動をしてきたのに対して、大学定員の方は約50年の期間に10万人弱から70万人前後に徐々に増加してきた。変動の幅は18歳人口の方が大きいので、実は出生数の世代ごとの違いが大学進学率の大きな規定要因となっていた。これは上位30%から50%くらいに位置する「中の上」の学力層の生徒が大学に行くかどうかは、属する世代の大きさといった偶然の要素に左右されたことを意味する。

❈ 大学生は多すぎるのか？

団塊ジュニア世代以降の18歳人口減少と1991年の規制緩和による大学入学定員の増加の結果、大学進学率は90年の36%から2010年の57%まで増加した。ことに4年制大学進学率の伸びは著しく1990年の25%から2010年の51%まで倍増することになった。

大学進学率が急伸する中で、十分な学力を持たない人々が大学に進学するようになり、一部の大学での大学教育のレベル低下が指摘されるようになっている。そんな中、そもそも大学が多すぎて、本来大学で学ぶべきではない人まで大学生になっているのではないかとの声も聞こえるようになった。

それでは本当に大学生は多すぎるのだろうか。よくある指摘は、20年前の4年生大学進学率が約25%だった時代の大学生と今の大学生の平均的な学力を比べて、大学生の平均的な学力が下がり、昔ながらの大学教育が成立しなくなったというものだ。しかし、これは当然の帰結で、大学教育の中身を入学者の学力に適応させていけばいい話だ。学力中堅層が入学する工学部で中学レベルの数学からやり直す補習が行われていることが一時話題になった。中学・高校での数学教育の底上げができればそれに越したことはないだろうが、中学レベルの数学をやり直すところから始めて卒業の時点ではエンジニアとしてやっていける数学力をつけさせることができるのなら

ば，それは教育機関として称賛されるべきことだろう。

　大切なのは思い込みの「あるべき大学論」に基づく議論を進めることではなくて，この20年間で追加的に4年制大学に進学するようになった人たちの視点で考えてみて，大学に進学したことが本当に良かったのかを問うことだろう。そのためには大学に進学せず高卒で働いていたらどうなっていたかを考える必要がある。

　実を言うと，この20年で高卒で就職することは本当に難しくなった。1992年に3倍を超えていた新規高卒者に対する求人倍率は2011年には1倍を割るまで落ち込んでいる（厚生労働省『職業安定業務統計』）。そして求人数そのものも大幅に減少している。最近は大学生の就職活動が厳しくなり内定を取れない学生が増えていることなどがしばしば話題になるが，実を言うと高校生の就職状況の方がもっと厳しくなったというのが現実だろう。

　また，需要と供給という経済学の考え方によれば，ある商品への需要が変化していないのに，供給が増えるとその商品の価格は下がることになる。ここではその考え方を応用して，大卒者の増加に応じて大卒者と高卒者の賃金差が縮小したかどうかを検証してみよう。大学卒業者の必要性が増えていないのに，大学生が無駄に増えたと言うならば，大卒者と高卒者の賃金差は縮小するはずである。

　次ページの図3は1986年から2008年にかけての大卒労働者数を高卒労働者数で割った相対比率と大卒賃金を高卒賃金で割った相対賃金を示したものである。参考までにアメリカの数字も示してある。この図によると日本でもアメリカでも大卒労働者の高卒労働者に対する相対量は増加している。ただし，日本における増加のペースの方がアメリカにおける増加のペースよりも速い。

　日本では大卒者の比率が増える中で1994年までは大卒者の賃金は相対的に下がってきたが，それ以降はほぼ一定している。大卒者

図3 日米の大卒者の高卒者に対する相対量と相対賃金（男女計25〜59歳）

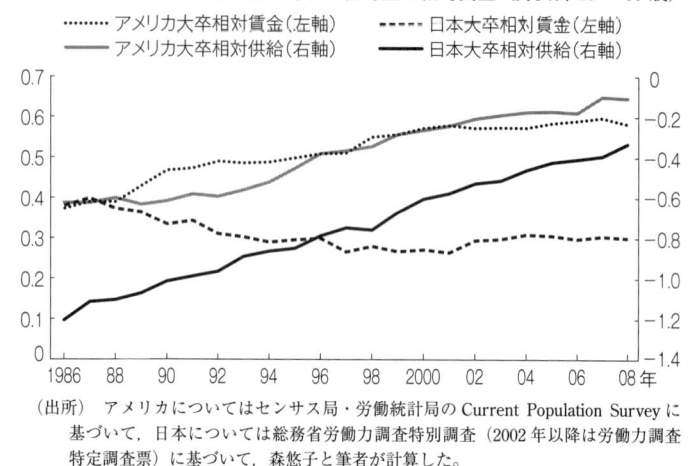

……… アメリカ大卒相対賃金（左軸）　　- - - 日本大卒相対賃金（左軸）
――― アメリカ大卒相対供給（右軸）　　――― 日本大卒相対供給（右軸）

（出所）　アメリカについてはセンサス局・労働統計局のCurrent Population Surveyに基づいて，日本については総務省労働力調査特別調査（2002年以降は労働力調査特定調査票）に基づいて，森悠子と筆者が計算した。

が増えているのに，その相対賃金が下がらないのは，大卒者への需要が増えたためである。なぜ大卒者への需要は増えたのだろうか。1つの原因はコンピューターやインターネットの職場への普及にあると言われている。これらの道具は情報収集と情報処理にかかる時間を飛躍的に減少させた。そのため，手元の情報をどう組み合わせて調理するかという知的な作業の重要性が増えたのである。この部分をうまくやれるのは大学で教育を受けた人々である可能性が高い。

　卑近な例なのだが，この小文の執筆プロセスを考えてみよう。ここに含まれているグラフのもとになった数字の多くは筆者が政府統計のウェブページからダウンロードしてきたものである。その元情報をエクセルで加工してグラフを作り，ワードで文章を打っている。いちいち引用していないが参考にさせてもらった多くの論文も大学図書館経由でウェブページからダウンロードした。同じことを30年前にやろうとすれば図書館に行って紙製のカード目録を調べて統

計報告書のありかを探し，数字を写して方眼紙に手書きで線を引いてグラフを作る必要があっただろう。参考にする論文はぜんぶコピーを取らないといけないし，原稿だって手書きで原稿用紙を埋めていたはずだ。これらの作業にかかっていた時間はパソコンとインターネットの普及で激減した。その分だけ，文章のアイデアを練ることに使える時間が増えたわけだが，良いアイデアを持っている研究者とそうでない研究者の生産性の差が歴然と出るという恐ろしい時代に突入してしまったとも言える。またコピーを取り統計報告書の数字を写してグラフを書くだけという職種は減ったか，なくなってしまった。

多くの労働経済学者は程度の差はあれ同じような現象がすべての知的生産の現場で起こったと考えている。すなわち，パソコンとインターネットの普及で知的能力の高い人と低い人の生産性の格差が拡大したと考えるのだ。そして，その知的能力を鍛える場の1つが大学だと考えるのだ。ここで注意してほしいのは，大学で教えられるのが，パソコンの使い方ではなくて，パソコンを使うことで得られるようになった大量の情報を適切に加工し，新たな価値を生みだすための思考方法だということである。

加えて国際的な商品の取引にかかる費用が下がることによって，国際分業が進展している。結果として製品の設計やマーケティングは先進国で行って，実際の生産は発展途上国で行うといった工程間分業が盛んになり，製造現場の海外移転が進行している。実際に製造業に従事する労働者は1992年10月の1603万人をピークにして，2012年6月には1050万人まで減少している（総務省『労働力調査』）。特に大企業の生産現場は優秀な高卒労働者にとって高賃金と安定を得られる有力な就職先だったから，高卒労働者にとっては打撃が大きい。

これら情報通信技術の進歩と国際分業の進展が，大卒労働者の需要を増やし高卒労働者の需要を減らしたことはほぼ間違いない。それにもかかわらず，大卒労働者と高卒労働者の賃金格差が拡大しなかったのは，日本においては終戦後の人口急減世代と第1次石油ショック（1973年）後の人口減少世代で大学進学率が急伸し，大卒労働者の大幅増加が起こったためである。

　したがって，仮に大卒労働者の大幅な増加がなかったならば，大卒労働者と高卒労働者の間の賃金格差は拡大していたことが予想できる。実際にアメリカにおいては大卒労働者増加のペースが日本に比べて緩やかであったため，大卒労働者の相対賃金は増加している（図3）。アメリカでも情報通信技術の進歩と国際分業の進展で大卒労働者への需要が増えて高卒労働者への需要が減った。そのため大卒労働者の需要増に供給増が追いつかず賃金格差が拡大したのである。

　さて，「大学生は多すぎるのか？」という疑問に戻ろう。今後も新規技術を生かした生産構造の革新は継続していくであろうし，より豊かな生活を私たちが実現していくためにはその努力が欠かせない。さらに多くの高卒労働者を吸収してきた製造業の生産現場の新興国への移転は今後も続くであろう。このような経済環境の変化は大卒労働者への需要を引き続き増加させる。一方で18歳人口はむこう20年ほど110万〜120万人で安定しているので，大学生が多すぎるという事態がすぐに生じるとは考えにくい。一部の大学の破綻が起こるかもしれないが，大学産業全体の構造問題なのか，特定の大学の経営に端を発する問題なのかを見極める必要がある。どんなに産業全体が成長していてもダメな企業はつぶれるというのが競争的な産業における厳しい現実だ。

　少し脱線するが，経済学の科学たるゆえんは，理論から導かれた

予測とデータを照らし合わせて理論が間違っていないことを検証できる点にある。そこで，ここまで紹介した分析からの将来予測をしよう。今後 1947 年から 57 年に生まれた「大学進学率急伸」世代が引退し，58 年から 73 年の間に生まれた「大学進学率伸び悩み」世代が経済活動の中核を担うようになってくる。仮に情報通信技術の発達や国際分業の進展のペースが今と変わらないならば，この局面で大卒労働者と高卒労働者の賃金格差は拡大していくだろう。この予測が外れれば私の議論のどこかが間違っていることになる。いずれにせよ，大切なのは予測が外れることで理論の誤りを立証する可能性があることだ。原理的に間違いを証明できない理論は科学的な理論とは言えない。

　本稿を通じて私が伝えたかったのは，印象だけで社会を語ることの危うさだ。世の中には「現場の知識」をやたらと重視する人がいるが要注意である。世の中には「現場の知識」から得られる経験と勘で解決できる問題と，断片的な「現場の知識」を集積して問題の裏にある全体構造を見通してからでないと解決できない問題があり，社会問題の多くは後者に属する。私自身も大学教員の端くれとして大学教育に 10 年ほど携わってきた。しかし，この経験から「大学生は多すぎるのか？」といった問題に答えることはできない。全体像をつかむためには労働経済学という学問の力と政府が膨大なヒトとカネを投入して集めた統計の力を借りることが不可欠だ。

　世には企業を率いて驚異的な成長を実現する経営者や目覚ましい政治改革を断行できる政治家などカリスマがたくさんいる。しかし，どんなに見識の高い人であっても，1 人の人間が直接見聞きできる範囲は限られているから，彼らの経験則が社会構造を正確に言い当てているとは限らない。社会構造を正しく認知するためには，制度や統計を調べ，データの背後にあるメカニズムを理論的に検討し，

理論が正しいかをデータに照らして確認する必要がある。

経済学は断片的な経験知から社会の全体構造を描き出し，そしてその理解が正しいかどうかを検証するための方法論を持っている。よい教員をそろえた経済学部でしっかりと学べば，その全体像を4年間でおぼろげにつかむことができるだろう。理科の方法に魅力を感じつつも社会現象に関心がある高校生は経済学部への進学を検討してほしい。

➡ **読書案内**　教育社会学からのアプローチだが，データを使って教育問題を考えることの重要性を①苅谷剛彦『教育と平等：大衆教育社会はいかに生成したか』（中公新書，2009年）は教えてくれる。専門的な統計分析の手法が使われていて難しい部分があるが，統計分析を学ぶときのモチベーションになるだろう。

また，若い人々の雇用問題を経済学者が扱った本として②玄田有史『仕事のなかの曖昧な不安：揺れる若年の現在』（中公文庫，2005年）がある。これもデータを使った冷静な分析が私たちの社会の見方を変えることを教えてくれる本である。

さらに経済学を使ってさまざまな社会問題に切り込んだ本として③大竹文雄『経済学的思考のセンス：お金がない人を助けるには』（中公新書，2005年）がある。経済学の方法論がさまざまな社会問題を分析するのに有用であることを実感できるはずだ。

[川口大司]

1-7 今の医療でいいの？
より時代のニーズにあった医療制度を考えよう

❀ 日本の医療制度は優れている？

日本の医療制度は世界でも優れていると言われてきた。「低い医療費で，世界一の長寿国になり，乳幼児死亡率も低い」というのがその理由の1つだ。しかし，一方で，医師や看護師の数が足りない，医師が疲弊してどんどん病院からいなくなる，医療崩壊が進んでいる，という話も聞く。本当に医師や医療費は足りないのだろうか。国の一般歳出に占める社会保障関係費の割合は2011年度に53％を超えており，そのうち医療費の占める割合は3割で，将来的にも医療費の増額による財政負担は大きくなると予測されている。

こうした議論をするときに参考となる数字がある。経済協力開発機構（Organisation for Economic Co-operation and Development: OECD）の保健医療データベースにある人口千人当たりの医師の数だ。2010年のデータによると，日本の人口千人当たりの医師数は2.15人だった（表1）。これは加盟国の平均である3.1人を大きく下回り，34カ国中，下から数えて7番に低い数字だ。このOECDのデータをもとに，メディアや各政党も「国際的に見れば，日本は経済力に比して，医師数もかなり少ない」と，医学部の定員増を訴えている場面をよく見かけるようになった。

しかし，統計で示されたデータは，事実の一端を映すだけだ。表には示されていないが，OECDの中でも医師数が一番多いのはギリシャの6.2人で，2位のオーストリア（4.8人）やノルウェー（4.0人）と比較してきわめて多い。4位のポルトガル（3.9人）や5位のスペイン（3.8人）もギリシャと同様に深刻な財政問題を抱えている国々だ。一方で医療費が世界一高いと言われるアメリカでは2.43

表1 医療提供体制の国際比較

	1000人当たりの医師数(家庭医が占める割合)	1000人当たりの看護師数	1000人当たりの病床数	在院日数	受診率(1年間の外来の回数)	CT／100万人	MRI／100万人
アメリカ	2.43(12%)	10.75[2]	3.1	5.5	4	34.3	25.9
日本	2.15(—)	9.54	13.8	18.8	13.4	97.3	43.1
ドイツ	3.56(18%)	10.68	8.2	7.6	7.8		
イギリス	2.61(29%)	9.52	3.4	7.1	5.9	7.4	5.6
フランス	3.34[1](49%)	7.93[2]	6.9	5.2	6.9		
カナダ	2.27[1](48%)	9.2	3.5	7.5	5.7	13.9	8
韓国	1.86(37%)	4.36	7.8	10.6[3]	13	37.1	19
オランダ	2.88(25%)	11.24[2]	4.3	5.9	5.9	10.3	10.4
オーストラリア	2.97(51%)	10.08	3.9	5.9	6.4	38.8	5.9

(注) 家庭医の定義は各国で異なる。アメリカでは一般内科や小児科,産科等を含むと思われる
1) Professionally active physician, 2) Professionally active nurse, 3) 2003年データ。
(出所) OECD Health Data 2010。

人であり,カナダでは2.27人と日本と大差はない。最近,経済成長の著しい韓国では1.86人であるが医療崩壊という話はほとんど聞かない。

そもそも,カナダやアメリカのように国土が広く人口密度の低い国と,日本や韓国のように国土が狭く人口密度の高い国では,自ずと必要な医師数も異なるのではないだろうか。OECD加盟国の中で,日本の人口密度は4番目に高い。そこで,国土1km^{2}当たりの医師数を計算すると,34カ国中,メキシコ,オランダ,イスラエル,ベルギー,ドイツに次いで6番目である。つまり,国土の狭い日本の国民は,物理的な移動距離の面で見れば,医師へのアクセスが必ずしも悪くないと推定することも可能なのだ。

日本の医療の特徴としてGDPに占める医療費が低いこと(2010年で8.3%)もよく指摘される。日本の医療費に占める入院医療費は確かに低いが外来医療費は世界でもトップクラスだ。地方自治体で

費やされている医療費の項目の上位は生活習慣病と言われる高血圧や糖尿病，そしてうつ病，腰痛などだ。日本の医療費推計は，OECDの国民保健計算の国際基準であるSHA（Systems of Health Accounts）の推計値に含まれていない項目も多く，過小評価されている。国際比較をするときに役立つ国民経済計算（Systems of National Accounts: SNA）から保健医療セクターの経済規模を計算すると，病院部門の投資額の情報がないこと，市場価格表示である（つまり政府の補助金は加えられていない）ことなどの制約はあるものの，2009年で50.2兆円となり，OECDが発表している日本の医療費42.9兆円（2008年）よりかなり大きい。GDP比で見ても約10%を占めることになり，これはアメリカを除く他国とほぼ同程度と考えることができる。

医師数や医療費は国際比較をする上で重要な指標だが，正しい解釈には注意が必要だ。例えば日本では，心疾患の罹患率はOECD諸国でも韓国と並び低水準であり，心疾患による人口10万人当たりの死亡率は英米の4分の1，オーストラリアやカナダと比較しても3分の1だ。日本の医療技術が高いから死亡率が低いのではなく，明らかに罹患率が低いことが理由だ。疾病構造が異なれば，医師数や医療費は自ずから異なることになる。

✿ 日本の医療制度の問題点は何だろう？

日本の医療制度の特徴は，平等主義の原則のもと，「アクセスの平等」「給付の平等」「患者負担の平等」を実現してきたことだ。「アクセスの平等」はフリーアクセスと言われていて，日本では，ちょっと頭痛がするだけで，大学病院の外来に行くことができる。これは海外の人が驚く日本の医療制度だ。なぜなら日本では循環器内科や消化器外科，整形外科，泌尿器科，産婦人科，さらには脳外

科や心療内科など，かなり専門分化されたレベルの外来まで医療の素人である一般人が選択して受診する必要があるからだ。

一方，世界的には医療サービスの提供は基本的には図1のように3段階レベルに分かれており，風邪や頭痛などの日頃よくある健康問題をカバーする一次医療，急性虫垂炎など手術や入院を必要とする医療または専門性の高い専門外来が二次医療，そして急性心筋梗塞といった重大で緊急性の高い疾患や特殊な病気に対応する医療が三次医療となる。海外ではこのように，私たちの健康問題や疾患の重大さによって受け皿となる医療機関の役割を区分するシステムが主流だ。健康問題に応じて医療機関が役割分担をすることで，医療サービスの効率性が向上し，医療の質が向上するからだ。一般的に一次医療は診療所，二次医療は中小病院，そして三次医療は大規模の大学病院であるケースがほとんどである。

図1　医療サービス提供の世界的な仕組み

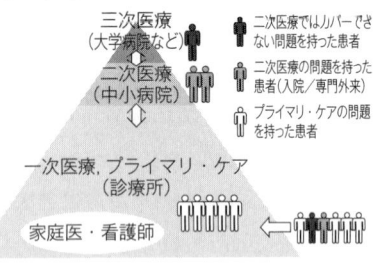

三次医療（大学病院など）
二次医療（中小病院）
一次医療，プライマリ・ケア（診療所）
家庭医・看護師

- 二次医療ではカバーできない問題を持った患者
- 二次医療の問題を持った患者（入院／専門外来）
- プライマリ・ケアの問題を持った患者

家庭医が患者のニーズに最適な科を紹介する。

（出所）澤憲明「これからの日本の医療制度と家庭医療」『社会保険旬報』2012年4月1日号をもとに，筆者が改編。

医療サービスを根底で支える一次医療はプライマリ・ケア（primary care）と呼ばれ，私たちの日々の生活を支える医療サービスを意味する。風邪，腹痛，軽度の切り傷やねんざなどのよくある急性な問題から，高血圧，糖尿病，うつ病などの慢性の問題まで，私たちの医療ニーズの大部分（8～9割）をカバーしている。乳児から高齢者まで対象としており，年齢によらない。生理痛や更年期障害，また妊娠，出産に関するケアなど女性独特の問題にも対処し

ており，性別も関係がない。うつ病などのメンタルヘルスから，皮膚のかゆみや発疹といった皮膚科の問題まで，ありとあらゆる科の病気を扱い，インフルエンザ予防接種などの予防を通してできるだけ病気にかからないように私たちを守ってくれる医療サービスの提供も大きな特徴の1つだ。在宅医療にも対応している。

プライマリ・ケアは，初期医療や一次医療，と訳されることが多いが，primaryには「主要な」や「重要性がある」という意味があり，primary careとは，私たちがより健康に生きていくために欠かせない「主要なケア」なのである。

このようなプライマリ・ケアを専門とする医師はgeneral practitioner/family physician（家庭医）と呼ばれている。通常，患者と医師の間には「情報の非対称性」があり，患者は適切な判断を行うための必要な情報を十分に持っていないので，より多くの情報を持つ医師に判断を任せることが優れた意思決定となる。医師が代理人（agent）として，依頼人（principal）である患者の日常を支える医療の責任者として医療情報を提供する。

しかし，日本では家庭医が制度的に確立していないため，表1の人口千人当たりの医師数で，家庭医の数が空欄になっている唯一の先進国だ。日本では家庭医の養成のための専門研修や生涯教育が重視されず，病院で内科を研修したり，地域で数年医療に従事したりしていれば身につく程度の内容だと思われている。医療の中で最も利用が多いプライマリ・ケア体制の整備を怠ってきたことの弊害として，病院医療に不必要な負荷がかかり，医療資源の非効率な消費につながり，医療システム全体の非効率化につながっている。

日本の医師は主に二次医療や三次医療での代理人であり，一次医療での代理人となる医学教育は制度化されておらず医療制度としても確立されていないため，1人の患者がいくつかの科や診療所を回

り,それぞれで検査や投薬を受けるといった重複も生じている。この弊害は慢性疾患を複数持つ高齢者では特に深刻な問題となっている。日本の高齢者への医療支出の割合が他国と比較して高くなるのは,高齢者比率の高さだけが理由ではない。

患者が最初から大病院に集中してしまわないようコントロールする機能は gate keeping と言われるが,これは家庭医の役割のごく一部に過ぎない。地域住民の真の代理人として担当する地域の家庭を継続的に対応することで,家族の体質や既往症からライフスタイル,価値観まで理解し,健康維持や介護のアドバイスからターミナルケア,そして患者の家族のケアまでスムーズに行いやすいという特徴もある。プライマリ・ケアを担当する医師は doctors of first and last resort,つまり最初に出会い,最後まで関わる医師なのだ。

❈ 患者満足度を高めて,医療費も抑制できる医療制度とは？

先ほど比較した OECD の国々でもプライマリ・ケアの発達のレベルはさまざまである。イギリス,オランダ,オーストラリアやカナダなど,プライマリ・ケアを重視した費用対効果の高い医療制度を国をあげて志向している国々では,患者満足度も高く,医療費を抑制するという点でとても大きなメリットがある。医療制度に家庭医が適切に配置されると,循環器や呼吸器などの特定若年死亡率といった健康指標が大きく改善し,少ない医療費で患者の満足度を高め,健康の格差の是正にも貢献をするという研究例も海外には数多くある。

プライマリ・ケア先進国では,住民は必ず1カ所のプライマリ・ケアの診療所に登録されることになり,1人の家庭医は 2000 人ほどを受け持つことになる。2000 人のうち診療所に行くのは一部の人に限られるため,診療所が手にする医療報酬は人頭払い,出来高

払い,成果払いがバランスよく取り入れられていて,患者が来ても来なくても運営が成り立つように設計されている。したがって,余計な検査や投薬をして医療報酬を得る必要性がなく,医療費の抑制にもつながっている。もちろん,過少医療にならないように診療のガイドラインの整備や医療の質の監視は厳しく行われている。地域住民は必ず1人の家庭医を登録することが義務づけられているため,家庭医のもとには地域住民の健康に関するデータが蓄積されているというメリットも大きい。

　一方,日本では医療保険制度は出来高払いとなっているために,医療機関側にどうしても多めの検査や投薬をして報酬を得ようというインセンティブ(誘因)が働く。海外の医療関係者が一様に驚くことに,日本では子供の頭部でも放射線被ばくを伴うCT検査が気軽に行われている現状がある。有益性を示すエビデンス(根拠／証拠)がないのにCT,MRIやPET検診などの人間ドックを頻繁に行うのも日本の医療制度の特徴だ。表1にあるように日本のCT普及率は世界一高く,アメリカの3倍近く,イギリスの10倍以上だ。

　プライマリ・ケアの提供体制が整備されている国では,問診や身体診察をしっかり行い,特にCT検査のように身体に負担となるような検査は,必要でない限り行わないことを説明することが質の高い医療とみなされている。これに対して日本では逆で,患者の方も過剰な検査や投薬に慣れきって,それがないと寂しく感じる人も多い。コミュニケーション能力の高いプライマリ・ケアの専門医である家庭医の存在は,こういった寂しさを補って余りがあり,むしろ患者と医師との信頼関係を高めると考えられる。無用な「医師選び」の手数を避けるためにも,家庭医を育成することが重要だ。

❋ 地域医療を守るために私たちができることは？

　日本でも、これまでプライマリ・ケアを整備し、それにふさわしい支払制度を導入するべきという議論が何度か行われたが、その都度、そのことにより既得権益を失う人々などの反対で潰されてきた。昨今、過剰な医療に対する人々の問題意識は高まっているが、医療制度改革の議論は、財政のつじつま合わせの議論が主で、自己負担額の増加や保険料率の引き上げといった政策が先行して、抜本的な改革を先送りしてきた。これでは国民の納得と支持を得ることは難しい。政治家やマスコミをはじめ私たち国民が、生活者にとって切実なプライマリ・ケアのような医療現場の改革に関心を持って勉強するべきだ。

　特に医療や福祉の分野では、地域住民が政策決定過程に参加することが重要だ。その際に声高に医療費不足や医師不足を主張するのでなく、いくつかの政策の選択肢の中から議論して決めていくことが大切だ。

　例えば、地域住民が、風邪で抗生物質を処方されたり、ちょっと頭が痛いくらいでCT検査を受けたりすることをすべて保険でカバーするために、消費税や保険料を上げるのか、それともプライマリ・ケア体制の整備をして不必要な投薬や検査はできる限り控えるようにして、増税を回避することに努めるのか。

　また、自分たちが住む自治体に新しい病院を作るかどうか決めるときに、建設費は増税により負担し、病院が赤字になったときにも自分たちの税金で補填をしなければならないことを認識する必要がある。その代わり今まで30分かけて隣町の病院に行っていたのが、10分で病院に行けるようになる。

　こうした選択を地域住民や地方議会が行う必要があるのだ。特に地方分権の根幹は「負担に見合った給付」であり、自分たちが支払

う住民税や固定資産税などに応じて，自分たちに必要な医療サービスを地域住民が選択していくことが不可欠だ。福沢諭吉は「日本人は私的な徳や知恵を重視しすぎる。公論を軽視し，人気だけの国民感情に流されていると民主主義が壊れ，多数による専制の危険が増してくる」と指摘したが，ともすれば社会との絆が乏しい個人は，最小単位での地方自治に参加し，地域医療のような公的なものへの関心を高めることにより，公共の利益とは何かを考慮するように訓練される。地域医療に関わることで私たち国民は民主主義を深く学び，格差問題をはじめとするグローバル化の課題を克服することができるのではないか。

➡ **読書案内**　日本の医療問題に関心を持った読者にまず勧めたいのは，①池上直己『ベーシック医療問題（第 4 版）』（日経文庫，2010 年）だ。制度の解説をはじめ，これまでの経緯や問題点も簡潔にわかりやすく説明しており，日本の医療制度の問題を考える上で必読書だ。医療問題を，医療経済学の視点で分析している教科書としては，②河口洋行『医療の経済学（第 2 版）』（日本評論社，2012 年）を勧めたい。日本の医療制度が直面している問題を，経済学のツールを用いて，わかりやすく解説している。理論から実証までをカバーしており，例題も豊富だ。

③武内和久・竹之下泰志『公平・無料・国営を貫く英国の医療改革』（集英社新書，2009 年）は，この十数年で劇的な制度改革を行ったイギリスの医療制度に関して，厚生労働省の官僚と民間のコンサルタントの著者による執筆だ。強いリーダーシップを発揮して断行したイギリスの医療制度改革のポイントや課題，日本の医療行政への応用についても考察されている。

［井伊雅子］

1-8 廃棄物の値段はどう決まる？
経済学が見落としがちな「モノの世界」

❀ 負の価格

コンビニに買い物に行って，いつも買っているスナック菓子の値札を見たら，「−120円」だった——普通に暮らしていたら，こうした経験をすることはありえない。しかし，自分が売り買いしようとしているものが廃棄物の場合，マイナスの価格を目にすることがある。つまり，**廃棄物が他の商品やサービスと大きく違うのは，負の価格を持つことである。**

普通の商品は，代金を支払って手に入れる。このとき，商品は売り手から買い手へと移動し，代金が買い手から売り手へと移動する。つまり，商品の移動と代金の移動が「逆方向」となる。一方，廃棄物がそれを捨てようとする人から処理する人へと移動する際には，代金（処理手数料）も捨てる人から処理する人へと移動する。つまり，廃棄物の移動と代金の移動が「同方向」となる。廃棄物の場合，普通の取引とは反対の方向に代金が移動するので，廃棄物の価格は負の値となる。

ここでは，廃棄物の例として古紙を取り上げよう。

読み終わった新聞紙や雑誌，使い終わった段ボールなどは，そのまま可燃ごみに捨ててしまえば文字通り廃棄物となる。一方で，ある程度の量になるまでためておき，ひもで縛って資源回収に出せば，再生資源となる。回収された古紙は，古紙の問屋に集められ，種類別に細かく分別されて製紙会社に運ばれ，再び紙の原料になる。最近の日本では，紙の原料の6割強が古紙となっている。

図1は，雑誌古紙の価格がこれまでどのように変化してきたかを示している。古紙の回収業者が街中で回収し，集めた雑誌古紙を古

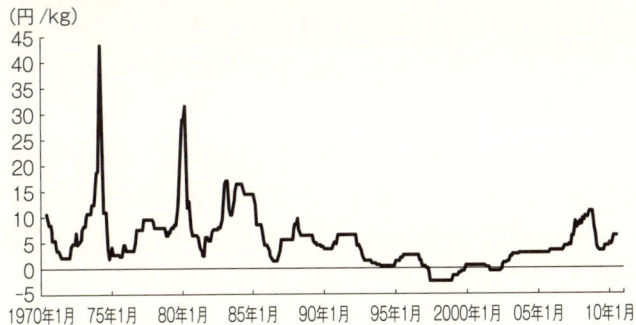

図1　雑誌古紙の価格の推移（東京における問屋買入価格の月平均）

(円/kg)

(出所)　古紙再生促進センター『古紙ハンドブック2010』(2011年)。

　紙問屋が買い取る際の価格は，1970年代の石油ショックの折には40円/kgを超えたこともあった。それ以外の時期は，おおよそ10円/kgを下回る程度であったことがわかる。図1では，1997年5月から99年11月にかけてと2001年8月から02年6月にかけての2度，価格が負になっている。

❀ グッズとバッズ

　このように，廃棄物の世界では，価格の正負が逆転することがある。なぜだろうか。

　普通の商品のことを，英語ではグッズ（goods）という。これにならって，廃棄物を「バッズ（bads）」と呼ぶ。グッズは，その名の通り，私たちに何かよい（good）ことをもたらしてくれる。例えば，グッズとしてのりんごは，食べることで空腹を満たすことができる。「甘くておいしい！」と感じるのもよいことである。グッズとしての自動車のおかげで，家から目的地まで乗り換えなしで快適に移動ができる。自動車が使えれば，雨が降っても傘を差してバスを待つ必要はない。私たちが，りんごや自動車のようなグッズを欲

しいと思う——経済学の言葉で言えば需要する理由も，その商品を需要することで何かよいこと——経済学の言葉で言えば効用が得られるからである。得られる効用に対して対価を支払うので，グッズには正(プラス)の価格がつく。

一方，同じりんごがバッズになることもある。りんごが採れすぎてとても食べきれない。売れる分は売ってしまったし，人にあげられるものはみなあげてしまった。それでもまだたくさんある。仕方なく畑に積んでおくと，まもなく腐って悪臭を放ちはじめる。こういう場合には，穴を掘って埋めるなり，ごみに出すなりして処分しなければならない。

同じように自動車も，10年以上，何万kmも乗りつぶしたら，廃車にするしかない。廃車にしても，まだ使える部品があれば解体工場で取り外され，中古品として売りに出されるし，残った車体は細かく刻んで鉄分が回収されリサイクルされる。ここまではグッズの世界にいるが，車体から鉄分回収をした残り屑(くず)（シュレッダー・ダストという）にはさまざまな有害物質が含まれるので，きちんと処分しなければ環境を汚染してしまう。

このように，不要になったものや使えなくなったものは，放っておくと私たちに何か悪い(bad)こと——経済学の言葉で言えば不効用をもたらす。これがバッズである。グッズとバッズの違いを一言で言い表せば，**需要があればグッズとして正の価格がついて取引されるが，需要がなければバッズとして負の価格がつく**とも言える。リサイクル推進の標語に「分ければ資源，混ぜればごみ」というものがあるが，経済学的に考えると「需要があれば資源（グッズ），なければごみ（バッズ）」ということになる。

先ほど紹介した雑誌古紙の場合，回収した古紙を需要がないからといって廃棄物として処理してもらおうとすると，数十円/kgの

処理手数料を支払わなければならない。たとえ古紙の価格が負になったとしても,古紙問屋に支払う金額が廃棄物処理手数料よりも安ければ,回収業者としては古紙問屋に金を払って引き取ってもらう方が安くすむ。このため,古紙は負の価格でも取引されている。

❖ 古紙市場の構造変化

雑誌古紙の価格はなぜ負となり,どのように解消されたのか。その背景には,古紙の需要と供給を決める世の中の状況——経済学の言葉で言えば古紙市場の構造の変化があった。ここから先は,古紙市場の構造がどう変化したのかを見てみよう。

図2は,古紙の回収量・輸出量と回収率・輸出率がこれまでどのように変化してきたかを示している。また,図3は,ある年の古紙回収率を横軸にとり,その年の雑誌古紙価格の平均値を縦軸にとって描いたものである。描かれた点の並びは,① 1970 年代から 80 年代半ばにかけては右上がり(価格が上昇すると回収率も上昇),② 1980

図2 日本における古紙回収量・回収率と輸出量・輸出率の推移(輸出量・輸出率は 1990 年以降)

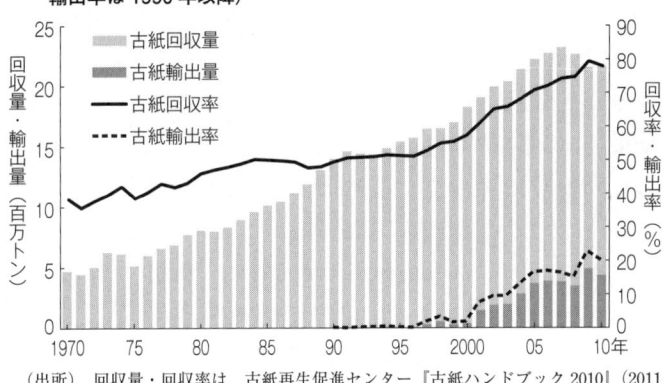

(出所) 回収量・回収率は,古紙再生促進センター『古紙ハンドブック 2010』(2011 年)。輸出量・輸出率は財務省貿易統計。

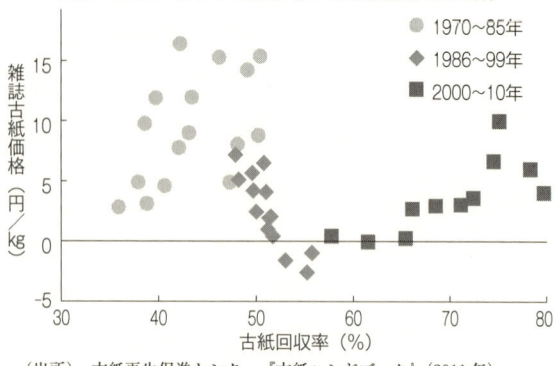

図3 日本における古紙回収率と古紙価格との関係

(出所) 古紙再生促進センター『古紙ハンドブック』(2011年)。

年代半ば以降90年代末にかけては右下がり(価格が下落しても回収率が上昇)、③1990年代末以降は再び右上がりとなっている。

図3を見ると、1970年以降、**古紙市場に2度の構造の変化が起きた**ことが読み取れるだろう。当初の右上がりの期間①では、製紙メーカーは系列の問屋を通じ、自分が必要な古紙の量に応じて古紙の買取価格を上げ下げし、回収される古紙の量を調整していた。つまり、需要によって供給が決まる構造であったと言える。

一方、次の右下がりの期間②は、ごみを減らすために行政がリサイクルに積極的に取り組みはじめた時期と重なる。行政としては、ごみの最終処分場が残り少なくなったり、新しく造ろうとしても住民が反対して難しかったりして、どうしてもごみを減らさなくてはならなくなった。そのために、リサイクルを推進することにしたのである。しかし、古紙市場の側から見ると、行政が音頭を取って、半ば**強制的にリサイクルが進められた**ために、需要とは無関係に古紙が回収されることになった。そのため、回収された古紙が余って価格が下落し、ついに負となったのである。

再び右上がりとなった期間③は、「古紙輸出」によって特徴づけ

できる。図2を見ると，2000年代に入り輸出量が急増し，国内で回収された古紙の2割強が輸出される状況となった。1990年代以降に古紙回収量が増えた分のほとんどが輸出されている。輸出先の約8割は中国である。つまり，中国などアジア諸国で再生資源の需要が増え，それに応じて供給も増えてきたのである。

いまや，中国をはじめとしたアジア諸国に，日本の廃棄物処理の一部を引き受けてもらっている状態である。「需要があれば資源，なければごみ」ではなく，「**中国が買ってくれれば資源，そうでなければごみ**」といっても言いすぎではない。輸出することによって，日本は国内で処理しなければならない廃棄物の量が減り，中国は資源を確保できるという意味で，両者に利点がある。しかし，中国にあまりに依存し過ぎて，日本国内のリサイクルの仕組みが疎かになると，万一中国の需要がなくなったときに，日本で廃棄物が処理できなくなるおそれが生じる。実際，2008年のリーマン・ショックの際には，中国向けの輸出が一時滞り，輸出に依存していた市町村は対応に追われた。一方，中国側でも，環境への配慮が不十分なままリサイクルが行われ，地域の環境を汚染し，人々の健康への悪影響が心配される事例が報告されている。

✻ カネの世界とモノの世界

普通の経済学は，普通の商品（グッズ）のみを扱っている。しかし，ここまで紹介してきた通り，廃棄物の経済学はバッズも扱う必要がある。グッズだけが対象であれば，商品の経済的な価値——価格がその目安——だけに着目すればよい。これを「カネの世界」と呼ぼう。一方，バッズを扱う場合には，商品の**物理的な性質**にも着目する必要がある。これを「モノの世界」と呼ぼう。

「カネの世界」と「モノの世界」はどう違うのだろうか。

まずは「モノの世界」の考え方を紹介しよう。

飲料容器には, びん, 缶, 紙パック, ペットボトルなど, さまざまな選択肢がある。かつては, 一升びんのように, 飲み終わった後で商店に返却し, 洗浄されて繰り返し使われるリターナブルびんが主流であったが, 今ではペットボトルやアルミ缶が主流である。

では, どの容器がより「環境に優しい」と言えるだろうか。

ある商品の生産から流通・消費・廃棄までのすべての過程について, 環境負荷（バッズ）の大きさを評価する手法として, ライフ・サイクル・アセスメント (life cycle assessment: LCA) がある。LCAの評価は, 分析に用いる前提条件や評価対象とする環境指標によって左右される。繰り返し使用される回数, 工場から消費地までの距離, 運搬方法など, さまざまな前提条件があり, 評価対象としても地球温暖化, 大気汚染, 水質汚濁, 廃棄物などさまざまな指標がある。飲料容器については, 十分な回数利用されるのであればリターナブルびんが優位と評価されることが多い。このように, 商品の物理的な性質に着目するのが, 「モノの世界」の考え方である。

しかし, 現実の社会では, 「カネの世界」でものごとが決まっている。しかも, 飲料の例では, ①飲料の生産, ②容器の生産, ③流通, ④消費, ⑤廃棄物処理というそれぞれの過程を, 別々の会社や個人が担っている。①〜③を担当している会社は, それぞれ**会社の儲けが最大になるように**考えて, どの容器を選ぶか決める。④は私たち消費者が, **自分の満足が最大になるように**考えて飲料（容器もその一部）を選ぶ。その結果, ①〜③では運搬コストを減らすために, なるべく軽い容器が求められる。④では, 中身の飲物が同じであれば, 軽いことに加え, 飲みかけでも栓をして持ち歩ける方が都合がよい。これらが合わさって, ペットボトルが選ばれている。

結果として増えた環境負荷のうち, 廃棄物が増えた分については,

⑤で自治体が税金によって処理をすることになり，地球温暖化への影響などについては今のところ誰も費用を負担していない。こうしたバッズの始末にかかる費用は，本来は容器を選ぶときに計算に入れる必要がある。しかし，現在は**バッズの費用が十分に計算に入れられていないため**，その分だけ飲料の消費量が増え，結果としてバッズの発生量も増やしてしまう。こうして廃棄物問題が発生・深刻化することになる。

このように，廃棄物問題を論じる際には，「カネの世界」だけでなく，「モノの世界」にも着目し，両方の関係を分析する必要がある。「カネの世界」では，判断の基準として「効率性」と「公平性」が重視されるが，「モノの世界」ではこれらに加え，「持続可能性」も考慮しなければならない。限りある資源をどうやって将来にまで利用できるようにするか。現在の技術では処理できない有害物質を大量に発生させ，それを将来の世代に押しつけてよいのか。目先の利益だけでなく未来を見据えて考える必要がある。その上で，廃棄物問題を解決するためには，「モノの世界」の実態を「カネの世界」に反映させる新しい制度が必要となる。飲料容器の例で言えば，これまで十分にバッズの費用を負担していなかった飲料メーカーなどに，費用負担を求めるような制度が考えられる。

さらに，問題が**人の健康や生命に関わる場合**には，「カネの世界」より「モノの世界」が優先される。例えば，不法投棄された廃棄物に有害物質が含まれ，雨水に溶けて流れ出し，近くにある水源を汚染してしまうと，周辺に住む人々の健康や生命に悪影響が及ぶのではないかと心配になる。こうした公害問題に代表される人の健康や生命に関わる問題――より一般的に言えば，固有性があるもの（かけがえのないもの）への影響が心配される場合には，「カネの世界」の議論――経済的価値の評価とそれに基づく意思決定を使うことが

できない。実際，有害物質の環境基準は，基準値を超えた場合に人の健康などにどのような悪影響が及ぶかを調査し，悪影響が出ないよう十分低い値となるように決めることになっている。その際，基準を達成するためにどのくらい費用がかかるかは，問題とはされない。こうして「モノの世界」の実態に応じて基準が定まる。一方，その基準を達成する方法については，なるべくムダな費用をかけないですむように「カネの世界」で対応を考えることになる。

▶**読書案内** 本稿は，廃棄物問題や環境問題を経済学的に考える場合，「バッズ」を対象としなくてはならないこと，その際には，「モノの世界」も考慮する必要があることを論じてきた。廃棄物経済学の特色を紹介するため，どちらかというと，経済学の中での他の分野との違いに力点を置いたつもりである。

廃棄物の経済学に関心を持った人には，最初の1冊として①吉田文和『循環型社会』（中公新書，2004年）を紹介したい。本稿で紹介した「カネの世界」と「モノの世界」の両方に目を配りつつ，日本の廃棄物・リサイクル政策を経済学の観点から統一的に論じている。

人類が直面している究極のバッズは，放射性廃棄物である。原子力問題については，東京電力福島原発事故が起きてから，数多くの本が出版されている。その中で，経済学に関心がある人に手にとってほしいのが，②大島堅一『原発のコスト』（岩波新書，2011年）である。原子力問題を，コストに着目して経済学の立場から論じ，原発依存から再生可能エネルギーに転換するための道筋を示している。

また，専門的に廃棄物の経済学を勉強しようと思った人は，③細田衛士『グッズとバッズの経済学（第2版）』（東洋経済新報社，2012年）を選ぶとよい。その名の通り，バッズの経済学の理論と政策論が幅広く展開されており，皆さんの知的好奇心を十分刺激してくれるだろう。

［山下英俊］

1-9 イノベーションをどのように促進するか？

✿ イノベーションはなぜ重要か？

　皆さんがふだん目にするもの，使うもの，例えばパソコン，携帯電話あるいはスマートフォン，テレビゲームなどは，私が高校生のころにはまだこの世になかった。また，自動車や電気のない生活は，今の私たちには考えられない。このような新しく有用な技術，製品やサービスを生み出す活動をイノベーションと呼ぶ。昔は治せなかった病気が薬で治せるのも，世界各地のニュースをただちに知ることができるのも，お湯を注いで3分間でおいしいラーメンが食べられるのも，イノベーションの成果である。このように，これまでさまざまなイノベーションが人々の暮らしを便利に豊かにし，世界を大きく変えてきた。

　私たちが日々利用する製品やサービスは，多くの人々の働きによって生産されるが，イノベーションは同じ（あるいはより良い）ものをより少ない人手で，より速く生み出すことを可能にする。日本では少子高齢化によって今後働く世代の人口が減り続けると予想されるから，イノベーションによって製品やサービスをより少ない人で生み出すことができなければ，私たちの暮らしは維持できない。したがって，イノベーションは私たちの今後の生活にとってきわめて重要である。

　イノベーションは自然には生まれない。多くの人々あるいは企業が行う研究開発や創意工夫の成果である。イノベーションの成功には偶然も味方するが，研究開発等の努力を続けないとイノベーションは生まれないし，成功するかどうかは研究開発への取り組み方にも影響される。ミクロ経済学は個人や企業のような経済主体の意思

決定を研究対象とする学問であるから，人々や企業が研究開発を行うかどうか，どの程度，またどのようにそれを行うかも，ミクロ経済学（→ 2-2）の研究対象である。

　本稿は，イノベーションの促進という政策課題に経済学の基本的な考え方がどのように用いられるかを，身近で具体的なイノベーションの事例に即して考察する。経済学で最も重要なキーワードの1つは「インセンティブ」で，これは人々を動かす誘因をさす。「やる気の素」と考えるとよい。ミクロ経済学では，人々は一定の制約条件のもとで，インセンティブに反応して意思決定を行うと想定する。以下に述べる通り，イノベーションにおいてもインセンティブは非常に重要である。他のキーワードは「技術のスピルオーバー」と「ただ乗り」である。

✼ イノベーションが足りない？

　かなり昔，私が生まれる前のことだが，身近でわかりやすい例として，皆さんもよく知っている「チキンラーメン」の開発の話をしたい。日清食品の創業者・安藤百福氏がどんぶりに入れて湯を注ぐだけで食べられる，簡便でおいしい即席麺（インスタントラーメン）の研究開発に取り組むようになったのは，1957年初めのことである。このころ安藤氏は破産状態にあり，再起を賭けて自宅の裏に小屋を建て，1年以上にわたって毎日，早朝から深夜まで試行錯誤を続けたと言われる。保存の利くおいしい即席麺，しかも大量生産できるもの……これが簡単に見えて難しい。安藤氏はあるとき奥さんが天ぷらを揚げるのを見てヒントを得て，麺を油で揚げて乾燥させる「瞬間油熱乾燥法」を発明し，さらに家族総出で量産化のための工夫を重ね，1958年にインスタントラーメンを発売することができた。

　この「魔法のラーメン」は飛ぶように売れたが，まねをして類似

商品を売り出す業者が続出した。安藤氏は「チキンラーメン」の商標と製造方法の特許を出願し，商標は1961年，特許は62年に登録された。しかし安藤氏はその後，製造法の独占では新たな食品産業を育てることはできないと考

チキンラーメン開発当時の安藤百福氏
(写真提供：日清食品ホールディングス)

え，1964年以降61社に製造特許の使用許諾を与え，技術を公開した。その結果，企業の参入と競争によって，インスタントラーメンは大きな産業に成長し，世界に拡がったのである。

　イノベーションにはたいてい，長い時間と多大な労力・資金が必要になる。しかし，それだけのものを費やして，どれだけ努力しても，新しい技術や製品の開発に成功し，苦労が報われるとは限らない。安藤氏は努力が実ってインスタントラーメンの発明と商品化に成功したが，研究開発はリスクの高いものであり，技術的に成功する保証はない。また，新技術を発明できても，それを商品化できるかどうか，また商品が売れるかどうかもわからない。誰かが先に開発に成功するかもしれないし，後からより優れた商品を出してくるかもしれない。

　人々は基本的にリスクを避ける傾向を持つので，成功したときに得られると予想される利益（期待利益）が不確実性やリスクの高さに見合うほど高くなければ，研究開発に取り組もうとはしないだろう。つまり，研究開発へのインセンティブが失われる。多くの人がそのように考えると，社会全体で研究開発が少なくなり，イノベーションが生まれにくくなる。安藤氏の場合は，破産状態で失うものは何もないという状態のために，またインスタントラーメンの製

造・販売から期待される利益が十分に大きいために、最後まで真剣に研究開発に取り組むことができたのだろう。

　研究開発のインセンティブを下げるのは、成果の不確実性や失敗のリスクだけではない。新しい技術は、有用なものであるほど他の人や企業にまねされやすい。初期のチキンラーメンにも、ただちに多くの類似・模倣商品が現れた。新しい技術はさまざまな方法で発明者から他の人や企業に流出し（これを技術の「スピルオーバー」と呼ぶ）、模倣されるので、その利益を発明者が長く占有するのは難しい。技術のスピルオーバーが大きければ、それだけ発明者の利益は減り、研究開発の努力の成果を他の人や企業がただで得ることになるので、発明者が研究開発に取り組むインセンティブは少なくなる。その結果、イノベーションが生まれにくくなるのである。

　技術や知識は、それを理解できる人が同時に利用できるという性質を持つ。これが例えばラーメンであれば、そうはいかない。インスタントであろうとなかろうと、私のラーメンをあなたが同時に食べることはできない。もちろん、2人で分けて食べることは可能だが、あなたが食べた分だけ、私の食べる分は減る。しかし、インスタントラーメンを製造する方法（知識）は、私もあなたも同時に学び、利用することができる。しかも、それに対してお金を払わなくてすむのなら、多くの人が、自分で発明せずに、他人の発明をただで利用しようと考えても（これを「ただ乗り」と呼ぶ）不思議ではない。そうなると、誰も自ら進んでイノベーションに取り組もうとはしなくなり、イノベーションが生まれにくくなってしまう。各人が自分にとって最も都合の良い行動をとることによって、全体的な利益が低下してしまうのである。

❈ イノベーションに対する政府の役割

　それでは，人や企業の研究開発へのインセンティブを高めて，イノベーションを活発にするには，どうすればよいだろうか。

　その1つは，発明の成果を勝手にまねしてはいけない，という明確なルールを作ることである。一定期間は，発明者だけが発明の成果を利用できることにする。誰かが他人の発明をまねしたことが明らかになれば，それを差し止め，まねによる損害を賠償させる。このような社会的なルールが，特許や商標を含む知的財産権の制度である。安藤氏はその制度を利用して類似・模倣商品を排除し，また他の業者が「チキンラーメン」という同じ商品名（商標）を使って利益を得るのを防いで，自分の利益を守ることができた。日本にこのような制度がなくても，安藤氏はインスタントラーメンの開発に取り組んだかもしれないが，この制度がないと日本全体でイノベーションに取り組む人は減り，イノベーションはより少なくなっただろう。

　政府はこのように，特許などの知的財産権の法律を作り，執行することによって，発明者の権利を保護し，研究開発への人々のインセンティブを高めることができる。しかし，イノベーションを促進するためには，さまざまな技術や知識が公開され，広く利用されることも重要である。ある研究開発のために必要な知識が利用できなければ，その研究開発は進まない。安藤氏は，早期にインスタントラーメンの基本的な製造特許を公開し，多数の企業に使用許諾（ライセンス）を与えることによって，模倣を監視しつつインスタントラーメンの市場を大きく育てることに貢献した。

　特許について重要なことは，それが新たな発明を模倣から守るだけでなく，特許登録によって，その発明に関わる技術知識が市場で取引できるようになるということである。特許の使用許諾（ライセ

ンス)を通じて,企業は他人の発明の成果(の利用権)をお金(ライセンス料の支払い)で買うことができるようになったのである。

このように,発明の成果を保護するのも,それを技術の取引の対象として公開するのも,特許権が法的に確立しているからこそ可能である。その意味で,特許制度には,技術の独占を認めて発明のインセンティブを高めることと,技術の公開・普及を促すことの,2つの相反する役割がある。制度の設計においては,両者のバランスをうまくとることが重要である。

イノベーションを促進するために,政府はこのようなルール作りの他に,より直接的な方法を用いることができる。研究開発の足りないところを政府が補うのである。研究開発のインセンティブが低下して研究開発が減少するなら,個人や民間企業に代わって,政府が出資する国立大学や公的な研究機関が研究を行い,その成果を公開すればよい。実際,日本にも多くの国立・公立の研究機関があり,文部科学省の統計資料によれば,日本の研究費の8割が民間企業,残りの2割は公的研究機関によって支出されている。公的機関による研究の比率はアメリカやEU諸国平均ではさらに高く,3割前後である。

安藤氏はインスタントラーメンの開発において公的研究機関に頼ることはなかったが,「チキンラーメン」の発売直後に国立栄養研究所(当時)に商品の栄養成分分析を依頼し,その結果に基づいて厚生省(当時)から「特殊栄養食品」のお墨付き(認可)を得た。実は,安藤氏にインスタントラーメンの開発を勧めた人こそ,この研究所の当時の所長であった。国立研究機関の知見と分析能力が「チキンラーメン」の成功を間接的に支えたことになる。近年「産学官連携」の名のもとに,民間企業(産)と大学(学),公的研究機関(官)の共同研究開発を含むさまざまな技術連携が注目され,政

府をあげて支援されているが、人材も資金も科学知識も乏しい、当時の安藤氏のような新規開業者や中小企業にこそ、産学官連携は重要である。

研究開発が足りないとき、政府は研究開発を行う人や企業に補助金を出して、足りない分を埋め合わせることもできる。仮に、あるイノベーションのために100の研究開発投資が必要なときに、実際には50の研究開発投資しか行われていないなら、残りを政府の補助金によって補うのである。これは実際、イノベーションを促進するために、多くの国で行われている政策である。しかし、補助金を得た企業がその分自己負担を減らし、研究開発投資が結局は増加しない可能性（クラウディング・アウト）や、「身銭を切らないと真剣に取り組まない」（モラル・ハザード）という問題もあるため、民間企業の研究開発に補助金を出す場合には、それらの問題を考慮した適切な政策設計が必要である。

✼ イノベーションの経済学の意義

イノベーションに関して、経済学の視点から考えることのできる問題は他にもいろいろある。例えば、インスタントラーメンの開発は1人の企業家の努力の成果であるが、大企業では多くの研究者が共同で研究課題に取り組んでいる。そのような場合、それぞれの研究者の責任と権限、報酬や待遇をどのように決めるかで、イノベーションの成果が左右される。彼らのインセンティブを考えて、それらの条件を適切に設定することが望まれる。

イノベーションを生み出すのは生命科学や電子工学等の科学技術分野であるが、イノベーションは経済学における主要な研究テーマの1つである。制度や政策、企業の組織や契約を適切に設計するための指針と分析道具を、経済学は私たちに与えてくれる。日本の経

済社会の将来を考えるとき,経済学の立場からイノベーションを考えることは重要である。だから,理系志望の人たちにもぜひ経済学を学んでいただきたい。

➡ **読書案内**　イノベーションとそれを支える科学技術は,企業や発明家というミクロの視点と,日本の経済や政策というマクロの視点の両方から見ることが重要である。

　ミクロの視点については,個々の発明の事例紹介を含む多くの文献があるが,本稿で引用したインスタントラーメンの発明については,発明者本人の回想録,①安藤百福『魔法のラーメン発明物語』(日経ビジネス人文庫,2008年)に詳しい。マクロの視点については,②文部科学省『科学技術要覧』が,さまざまな統計データに基づいて,日本の科学技術と研究開発の動きや世界の中の位置づけを展望している。また,日本の科学技術政策とイノベーション支援は③文部科学省『科学技術白書』にまとめられている。いずれも文部科学省のホームページから無料でダウンロードできる。

　研究開発やイノベーションは,産業組織論などミクロ経済学の応用分野で研究されている。この分野の多くの教科書のうち,内容はやや高度であるが,④小田切宏之『企業経済学(第2版)』(東洋経済新報社,2010年)を勧めたい。イノベーション戦略を含む,企業の戦略と組織を理解するために,ミクロ経済学の考え方と分析手法がいかに有用であるかがわかるだろう。

[岡室博之]

第2章
経済学的な発想とは？

2-1 効率とは？ 格差とは？ 衡平とは？

✿ 経済と福祉

「経済」と聞くと，日々の生活からは遠い世界の出来事のように感じるかもしれない。新聞やインターネットのニュースを見ても，経済の欄には何やら難しい言葉が並んでいる。けれども，経済なしには，私たちの生活は一日として成り立たない。私たちには，まずは食べるもの，暑さ寒さから身を守る衣服，雨風をしのぐ住居，そして安全快適な環境が必要である。さらに，病気のときに治療してくれる医師，友人に会いに行く交通手段，教養と社会生活の知恵を身につける教育などもなくてはならない。

人間の生活にとって価値のあるモノを，経済学では「財」（goods）と呼び，医療や教育など，人の生活に有益な活動を「サービス」（service）と呼ぶ。経済とは，財やサービスを生産し，分配し，消費する社会システムのことである。このシステムのおかげで，私たちは日々，多種多様な財やサービスを享受することができる。

では，経済を構成している要素は何であろうか。それは，私たち1人ひとりに他ならない。まず，財やサービスを生産するためには「もとで」，つまり資源がなければならない。資源という言葉からは，石油とか鉄鉱石などを思い浮かべるかもしれないが，これらの天然資源だけがあっても生産は始まらない。人間が，自分の持つ時間を使って働いて初めて，生産活動が動き出す。つまり，各人の持つ，労働に使える「時間」こそ，最も重要な資源なのである。

人々の労働は，生産と分配のあらゆる局面で必要である。経済を動かしているのは，まさに私たち自身に他ならない。さらに，生産・分配された財やサービスを最後に消費するのも私たち人間であ

る。つまり,私たちは経済の「もとで」を所有し,経済を実際に動かし,その成果を享受する存在なのである。

このように,経済を構成する要素は私たち1人ひとりなのであるから,経済がうまく動いているかどうかという評価もまた,私たち1人ひとりが良い状態にあるかどうかに依る。人が良い状態にあることを日本語では「福祉」,英語では well-being と呼ぶ。経済の目的とは,人々の福祉をできる限り高めることにある(「福祉」という日本語は,現代では「公的扶助による生活の安定」をさすことが多いが,元来の意味は「しあわせ,幸福」である)。

現代の経済システムは大きく複雑で,産業組織,国際貿易,国内・海外投資,金融,財政,社会保障,環境といったさまざまな側面があり,私たちはついついそれぞれの表面的現象に目を奪われがちである。しかし,経済システムの中で人々の福祉に直接関わるのは,それぞれの人が日々どのような財やサービスをどれだけ消費し,労働を提供しているかということである。そこにスポットライトを当てなければならない。

人々の生活は実にさまざまである。食べ物の好みは千差万別で,肉の好きな人もいれば,菜食を好む人もいる。服の好みはなおさら多様である。働き方もさまざまで,猛烈に働いてお金を稼ぐ人もいれば,収入は少なくとも余暇を楽しむことを重視する人もいる。

このように,人はそれぞれの好みや価値観にしたがって,財・サービスの消費と労働の組合せを選択している。その選択の背後には,その人自身の「評価の順序」があると考えられる。例えば,菜食を選択するのは,自分の嗜好ないし価値観において,野菜の多い食事を肉の多い食事よりも高く評価しているからである(この評価順序のことを,経済学では「選好順序」と呼ぶ)。

人それぞれの嗜好・価値観を尊重するならば,その人自身の評価

順序において，より高く評価される消費と労働の組合せを実現するとき，福祉水準は向上すると言えるであろう。

✿ 効率の考え方

さて，「効率」とは，ある目的に対して，それを達成する手段や方法などに「無駄がない」ことを言う。逆に，「人々の福祉を高める」という経済の目的に照らして「無駄がある」状況とは，誰の福祉水準も低下させずに誰かの福祉水準を向上できるのにもかかわらず，それを実現していない状況である。

例えば，あるグループでバーベキューを楽しむとしよう。肉，野菜，焼きそばなど，すべてを全員に均等に分けたとすると，上の意味で無駄があることになる。なぜなら，肉の好きな人の分は，肉は多めで野菜は少なめにし，野菜の好きな人の分は，逆の方向に調整すれば，どちらの人も均等に分けた場合よりも自分の好みに合った組合せを得られるからである。この調整によって，他の誰にも害は及ばない。このように，「誰の福祉水準も低下せずに誰かの福祉水準が向上する」とき，「パレート改善」であると言う（パレートとは，ここで説明する効率性の基準の源となる考え方を示したイタリアの経済学者の名前である）。

バーベキューの場合は，とりあえず均等に分けた後，自由に交換できるようにすれば，パレート改善が可能である。1対1の交換に限らず，例えばAさんはBさんに肉をあげ，BさんはCさんに野菜を与え，CさんはAさんに焼きそばをあげる，といった3人の間のトレードや，さらに多くの人々が参加する交換も考えられる。こうした交換がすべて尽くされたとき，もはやパレート改善が不可能な状態，すなわち，どの人の福祉水準も，他の人の福祉水準を低下させることなしには向上できない状態が達成される。この状態を

「パレート効率的」と呼ぶ。

さらに,「肉1枚に対しては野菜2個」といった共通の交換比率を決めた上で自由な交換を行えば,よりスムーズにパレート効率的な配分に至ることができるであろう。市場システムの最も基本的な機能は,財・サービスに価格を付けることで共通の交換比率を定め,能率よく相互に利益となる交換を実現させて,パレート効率的な配分を達成することにある。

しかし,これだけがパレート効率的な配分なのではない。例えば,グループ内に序列があって,まず序列第1位のAさんが好きなものを好きなだけ腹一杯になるまで食べ,残ったものを序列第2位のBさんが同じように食べ,ということを行っていくと,やはりパレート効率的な配分に至る。たとえ,序列最下位のGさんは何も食べられなかったとしても。なぜか? 他の配分への移行,例えばAさんからGさんに食べ物を少しでも分けるとすると,Aさんの取り分は減り,その分だけAさんの福祉水準は低下するので,これはパレート改善ではない。他のどのような配分への移行もパレート改善ではない,したがって,この配分はパレート効率的なのである。しかし,明らかにAさんは大変恵まれた状態にあるのに対して,Gさんはとても悲惨な状態に置かれてしまう。このような極端な格差は,望ましいとは言えないであろう。

この例のように,パレート効率的な配分の中には,私たちの直観に照らして明らかに不適切な配分も含まれることがある。社会的に望ましい配分を実現するためには,効率性の基準だけでは不十分であり,衡平性の基準を導入することが必要なのである。

✂ 格差と衡平の考え方(1)

「衡平」とは,人々の間に格差がなく,釣り合いがとれているこ

とである。では,「福祉の衡平」とは,どのように捉えたらよいか。

まず,先のバーベキューの例で,序列に従って食べるという「序列づけ」配分を考えてみよう。序列最下位で何も食べられないGさんは,他の誰よりも自分の状態は悪いと思う一方で,序列第1位で最初に好きなものを腹一杯食べるAさんは,誰の取り分よりも自分の取り分の方が良いと感じるであろう。

ある個人が,自分の消費の組合せよりも他人のそれの方が良いと評価しているとき,その個人は他人の消費の組合せを「羨望する」と言う。この用語を使うと,上の例でGさんにとって羨望の対象となる個人は他の全員であるのに対して,Aさんにとってのそれは皆無である。このように,羨望の対象となる個人の数によって,その人の相対的な優遇・不遇の程度の差,つまり格差を表現することができる。「序列づけ」配分は,この意味で,人々の間の格差の最も大きい配分である。

次に,均等割りした上で,共通の交換比率で自由に交換した後の配分を考えよう。そこではどのような状態が実現しているであろうか。それぞれの人が自分の好きなものを増やして,嫌いなものを減らすという交換を行うので,最終的な取り分は人によって異なるはずである。このとき,他の人の取り分の方が自分の取り分よりも良いと思う人がいるであろうか。交換前の分配分は同じで,かつ交換比率も共通なのであるから,誰でも他の人の得た食べ物の組合せは,自分でも同様の交換を行うことによって実現できたはずである。それにもかかわらず,今の自分の食べ物の組合せを選んだのは,自分の評価順序では後者の方が高い価値を持っているからである。したがって,他の人の取り分の方が自分の取り分よりも良いと思う人はいない。言い換えると,他の人の消費の組合せを羨望する個人はまったくいない。このような配分を「羨望のない状態として衡平で

ある」,あるいは「無羨望配分である」と呼ぶ。

　無羨望配分においては,それぞれの人の評価順序が等しく尊重され,かつ,誰もが自分は他の人と少なくとも同程度に良い状態にあると評価しているという二重の意味で「釣り合いのとれた」状態が実現している。

✄ 格差と衡平の考え方(2)

　人々の間の格差と衡平を表す方法は他にもある。

　そもそも,さまざまな人々の状態の比較評価が難しいのは,人によって財・サービスの消費パターンが異なるからである。バーベキューのとき,肉はたくさん食べているが焼きそばは少しだけという人と,肉は少ないが焼きそばは腹一杯食べているという人とでは,どちらが恵まれていると言えるのか。複数の財の数量の組合せ(肉の消費量,焼きそばの消費量)の比較なので,この場合はベクトルとしての大小関係はつかない。比較のための何らかの指標を導入しなければならない。そこで,以下のように考えていこう。

　まず,グループの食べ物全部を全員に均等に分けた場合を基準として考える。次に各個人に,この均等割りと,現実の配分における自分の取り分のどちらが良いか比較してもらう。実際の取り分の方が均等割りよりも良いと思う人もいれば,逆に悪いと感じる人もいるであろう。そこで,現在の自分の状態は,均等割りの何倍を消費した場合と同じ程度に良いかを評価してもらう。均等割りよりも良いと思っている人は,例えば「1.5倍」,均等割りよりも悪いと思っている人は「0.8倍」などと評価するであろう。この数値は,全員で均等に分けた場合を基準として,現在の自分の状態がどの程度良いか悪いかということを示す,福祉の指標になる。これによって,人々の間の格差を表現することができる。

この福祉の指標が全員一致する（その意味で格差がない）配分を「平等等価配分」と呼ぶ。「全員が等しい取り分を得る配分と比較して、各個人が同程度によいと評価できる取り分を得ている配分」という意味である。現実にも均等に分けた場合は、もちろん平等等価配分でもある。このとき現実の配分と基準の配分とはまったく同じなので、どの人の福祉指標も1となる。

　しかし、均等配分だけが平等等価配分なのではない。それぞれの人に対して好きなものを多めに、嫌いなものを少なめに、という調整を行えば、全員の福祉を均等配分よりも高めることが可能である。それに伴って、全員の福祉指標の数値も向上していくが、その増加の程度を同じにすれば平等等価配分を実現できる。このようにして、もはやそれ以上全員の福祉指標を同時に高めることができないというところまで調整を行えば、達成される配分は平等等価かつパレート効率的となる。

　例えば、全員の福祉指標が1.3であるという配分では、どの個人も均等割りの1.3倍を消費したときと同程度の満足を得ている。均等配分の福祉指標1と、上の配分における福祉指標1.3との差は、平等等価としての衡平性を維持しつつ配分の効率性を改善したときの、改善の度合いを示している。

　本稿では、「人の福祉とは？」「効率とは？」「格差とは？」「衡平とは？」といった、社会経済における根本的な問いを考えてきた。漠然とした考えが、経済学の概念を使うことによって明瞭に整理されていくことを実感していただけたであろうか。

　私たちの社会では日々、さまざまな経済メカニズムや公共政策の是非が議論されている。これらの評価は、究極的には人々の福祉という観点からなされなければならない。福祉水準の向上という目的

に対する効率性と，人々の間の福祉水準の衡平性との両方を考慮する必要がある。

経済学は，現実の経済システムがどう動いているのかということをいろいろな側面から説明するだけでなく，どのようなシステムや政策が望ましいのかという問いにも理論的に踏み込んでいく。社会的な望ましさの基準を明確に示し，それに基づいて議論を整理することは，民主主義社会における意思決定を誤りなく導くために不可欠である。若い皆さんが経済学の考え方を身につけ，そうした議論をリードする人材となることを私は期待している。

➡ 読書案内

① Amartya Sen, *Commodities and Capabilities*, North-Holland, 1985.（鈴村興太郎訳『福祉の経済学：財と潜在能力』岩波書店，1988 年）

本稿は，各個人の財・サービスの消費量と労働の組合せを，人の福祉を測るベースとした。しかし，人々の間にハンディキャップの程度や健康状態など，さまざまな個人的特性の差異がある場合には，これらも考慮に入れて，その人が実際に「何をなし得るのか，なり得るのか」ということを福祉評価のベースとしなければならない。この問題に関するアマルティア・センの思索を凝縮したのが，上記の本である。センはまた，単に「欲する」ことと「評価する」こととの相違についても論じている。

② John Rawls, *A Theory of Justice*, Revised Edition, Harvard University Press, 1999 (1st ed., 1971).（川本隆史・福間聡・神島裕子訳『正義論（改訂版）』紀伊國屋書店，2010 年）

本稿は，主にグループにすでに与えられた財・サービスの総量を分配する問題を考えたが，これらの財・サービスは，言うまでもなく生産活動を経て得られるものである。生産を含む資源配分の問題では，「衡平と効率のトレードオフ」を考えなければならない。労働の貢献量に関わらず全員が同じ量の財・サービスを得られるならば，誰も一所懸命に働こうとはしなくなる。衡平性の極端な遵守は，しばしば経済全体の財・

サービスの生産量を低下させ，ひいてはすべての人々の福祉を低下させることになりかねない。衡平性と効率性とは，どこで折り合いをつけるべきなのか。この問題に対する1つの重要な考え方は，アメリカの哲学者ジョン・ロールズの提示した「格差原理」（The Difference Principle）である。これは，社会の中で最も恵まれない境遇にある人の状態を可能な限り高めるように分配ルールは定めるべきであるという考え方である。ロールズは，社会の基本構造を定める正義の原理とは何かを問い，この格差原理を導いた。上記の著作を読んで，「正義に適った分配ルールとは何か」という根源的な問題を深く考えてみよう。

③蓼沼宏一『幸せのための経済学：効率と衡平の考え方』（岩波ジュニア新書，岩波書店，2011年）

「人の福祉とは？」「効率とは？」「格差とは？」「衡平とは？」といった問いについて，じっくり考えてみたい読者に。

［蓼沼宏一］

2-2 需要と供給の世界
ミクロ経済学への誘い

※ 意思を伝達する市場

経済活動には,生産,消費,投資といったさまざまな行為がある。経済学は,その各々を,「需要」と「供給」という2つの言葉を使って分析していく。それによって,モノ(やサービス)の値段が社会の中でどのように決まるか,それらが取引されるプロセスやその社会的な意味が理解できるのだ。

需要と供給の働きについて考える前に,もう1つだけキーワードを押さえておこう。それは「市場」である。実際に存在するお店や,市場(いちば)をイメージしてもらってもかまわないが,経済学でいう市場(しじょう)はもっと抽象的なものをさしている。

経済学でいう市場は単にモノが売買される場ではなく,実は,社会にとって欠かすことのできない意思伝達手段(メディア)でもあるのだ。なぜなら,モノを買うという行為にはメッセージが託されているからで,市場はそのメッセージを集め,社会のみんなにそれを伝達してくれる重要な役割を果たしている――と経済学は考えている。

あなたが何かを買ったということは,あなたがそれが好きだということに他ならない。そうでなければ別のモノを買ったはずだ。そして,その「好きだ」という気持ちがメッセージとなって市場を通じて社会に共有される仕組みなのだ。

例えば,あなたがコンビニでいつもおやつにサンドイッチを選んでいるとしよう。でも,今日はいつもと違っておにぎりを買ったと考えてみよう。その購買行動にはメッセージが託されている。「今日はパンじゃなくてお米」という意思が込められているのだ。あなたがレジでおにぎりを買って,お金を払った瞬間,あなたは市場に

参加するすべての人にあてて,「ここにおにぎりを食べたい人がいますよ」という匿名のメッセージを発しているのである。

このプロセスが「社会にとって欠かすことのできない意思伝達手段」だと聞いて,もしかすると,政治における選挙に似ていることに気づいたかもしれない。その通り。実際,社会における意思共有手段として,市場と選挙には似たところが多い。選挙では,有権者間で意見は異なっているが,1人1票を持っていて,それを投票することで,最終的に何かの結論をくだす。市場では,100円使えば100票分の意思表明をしたことになる。これが選挙と市場の共通点だろう。

ただし,選挙は,頻繁に行われるわけじゃない。選挙という社会の意思伝達手段——あるいは意思共有手段と言ってもいい——は,実はたまにしか使われないのだ。それに未成年は投票もできない。

しかし,市場を使った意思伝達は,桁違いの規模だ。日本全国のコンビニで1日に約4000万人が買い物をするという(JFAコンビニエンスストア統計調査月報)。その1人ひとりが,買い物をするたびに,「今日はおにぎり」「このアイスを食べたかった」「いつもの週刊誌を買いに」といったメッセージを社会に向けて発していると考えてほしい。こうしたメッセージ発信が,コンビニだけでなく,ありとあらゆる店舗で,そして企業と企業の取引で行われている。何千万という目に見えないメッセージが常にとびかっている様子を想像してもらえればよい。

では,市場という意思伝達手段によって,社会全体では何を決めているのだろうか。選挙の場合,それは明らかだ。市長や市議会議員,県知事や国会議員を決めるのが選挙だ。では,市場は何を決めているのだろうか。

この疑問には,経済学は次のように答える:**市場によって決まる**

のは，価格（モノの値段）と取引される数量である，と。そして，その決定プロセスを説明するのが，需要と供給なのである。

取引は，買い手と売り手の両方がいて成立する。**需要とはその買い手側のこと，供給とは売り手側のこと**だと考えればよい。買い手が買おうとするモノの量が需要量で，売り手が売ろうとする量が供給量だ。ただし，この2つは必ず一致するわけではない。需要量よりも供給量の方が多ければ，売れ残る。逆に需要量の方が多いときは，売り切れ続出で品薄状態になるのだ。

このあとは，具体例をもとに考えてみよう。葉物野菜の価格と数量に話を限定して，需要と供給の役割を説明したい。

❀ レタスの需要と供給

次ページの図1は，2002年1月から11年12月までの120カ月間に東京中央卸売市場で取引されたレタスの月ごとの価格と数量のデータをまとめたものだ。横軸に1カ月当たりのレタス入荷量，縦軸にはその月の平均価格をとった。季節による変動があればそれも考慮したいので，夏場のデータは○マークで，冬場のデータは□マークで表示した。1つひとつのマークが，ある月の価格と数量に対応している。例えば，一番右下にある□マーク（8471トン，66円/kg）は，2009年10月のデータである。2009年10月の間に，総計8471トンのレタスが東京中央卸売に入荷され，それが1キロ当たり平均66円で取引されたということを意味する。図には120カ月分のデータ，全部で120のマークが打ってある。

価格も取引量も変動が大きいことに気づかれたと思う。そして，全体的にデータが右下がりの関係——価格が低いときには取引量が多く，逆に価格が高いときは取引量が少ないことを示唆している。需要側と供給側の双方の事情を考えながら，この変動を分析したい。

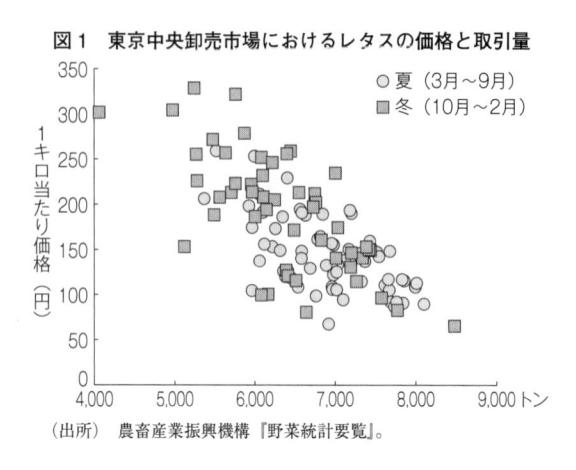

図1　東京中央卸売市場におけるレタスの価格と取引量

○ 夏（3月～9月）
■ 冬（10月～2月）

縦軸：1キロ当たり価格（円）
横軸：トン

（出所）　農畜産業振興機構『野菜統計要覧』。

　まず，需要側（買い手）と供給側（売り手）が誰なのかを思い出そう。レタスは，生産者によって畑で収穫されたものが，多くの人の手を経て，最終的に消費者の口に入る。したがって，生産者に近い方が供給側，消費者に近い方が需要側になる。この卸売市場で言えば，生産者からレタスを買いつけてきた卸売業者がレタスをこの市場に供給する。そして，そのレタスを仲卸業者が買い取り（需要し），スーパーマーケットや青果店といった小売店に流通させていく。

　供給側，需要側にそれぞれどのような変動が予想されるのだろうか。レタスは春から夏にかけてが旬ではあるが，1年を通して収穫できるので，供給側の季節性変動はあまり大きくなさそうだ。実際，図でもそれが見てとれる。冬のデータも，夏のデータも，ほぼ同じように横に広がっている。

　需要側に変動はあるのだろうか。レタスの用途は，ほぼすべてがサラダやサンドイッチ用なので，これもあまり季節性がなく，1年を通じて同じような需要が見込まれると考えよう。

　以上を考え合わせれば，レタスの価格と数量の右下がりの関係は，

次のように解釈できるだろう。

　とりあえず，何らかの事情でレタスが一時的に大量に市場に供給されたと想定しよう。例えば，天候良好のため豊作だったとか，たまたま複数の生産者の出荷時期が重なり，いつもより多めに収穫があったとか，さまざまな背景が考えられるが，とにかく供給量が多かったとしよう。

　市場はそれに対して，どのように対処するのか。

　いつもよりレタスの入荷が多くても，とにかく入荷されたレタスは売り切らなくてはならない。レタス食が健康にいいという流行でも起きていれば，レタスは飛ぶように売れてくれるだろう。しかし，需要側にそうした突発的な変動でもない限り，今まで通りの価格で大量のレタスが売り切れるわけがなく，売れ残りが出てしまう。したがって，レタスを売り切るためには値下げをするしかない。このようにして，**売れ残ったレタスが全部売り切れるまで，レタスの価格が下がっていくほかない**。だから，図の右の方にいけば——つまり数量が多いときは，そのときの取引価格は下がっているはずだ。

　反対に，何らかの事情でレタスの供給量が減少したケースも想定してみよう。いつも通りの取引価格では，買い手全員にレタスがいきわたらない。この状況で，買い手同士は限られたレタスをめぐって争いを始める。争いと言っても暴力的な諍（いさか）いではなくて，競りのような状況である。「いつもより多く支払うから，そのレタスを私に売ってくれ」と誰かが言えば，「いや，こっちはもっと高い値段で買うから，そのレタスは俺のものだ！」とやり合うわけだ。こうしてレタスの値段は上がり続ける。いつまで上がり続けるのかと言えば，その高い価格でも買いたいという需要量とレタスの供給量とが等しくなるまでだ。

　このように，供給が多いときには売れ残りが出るので，価格が下

がっていく。逆に，供給が少ないときには，買い手同士が争い，価格は上がっていく。したがって，横軸に数量，縦軸に価格をとってデータを描くと，右下がりの関係がうかびあがってくると考えられるのだ。

　ここで市場の機能のおさらいをしよう。その重要な機能の1つは，いろいろな人たちの事情をくみとり，それを価格という1つの数字に集約していくことにある。需要側の買い手の中には，少しくらい高い価格でもレタスを手に入れる必要がある（手に入れたい）人たちと，あまり高いようだったら購入をあきらめる人たちの2種類がいるだろう。市場では，そうした人々の異なる事情が価格に反映され，最終的に需要量と供給量が等しくなるように価格が調整されるのだ。このように，市場を通して多くの人のメッセージが共有され，価格が決定される。

❀ 冬の旬野菜・白菜の場合

　さて，次に白菜の例を考えてみよう。サラダやサンドイッチに使われるレタスの需要には季節性の変動があまりなかったが，白菜は何と言っても冬の野菜だ。鍋料理に必ずと言っていいほど使われる白菜は，冬になると取引量が増加する。東京中央卸売市場では，夏の間と比べて，冬の間には倍以上の量の白菜が取引されている。

　白菜の需要量（消費者が買おうとする量）には季節性の変動がある。では，需要が増えたら，価格はどうなるのだろうか。先ほどのロジックを使えば，冬になり需要が増える→限られた白菜をめぐって買い手同士が争う→価格はせり上がっていくはずだ。さて，実際はどうなのだろう。

　図2を見てほしい。白菜に関して，先ほどと同様に2002年1月から120カ月分のデータをまとめてみた。夏のデータは数量の少な

図2 白菜の価格と取引量

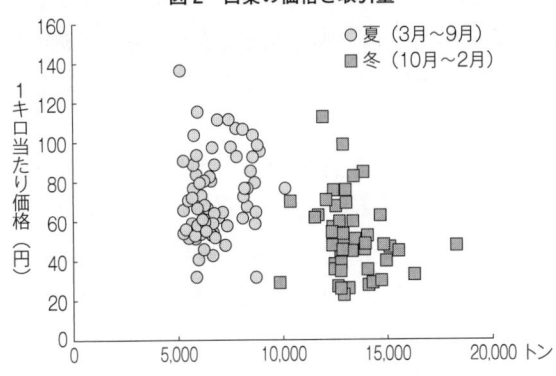

い図の左の方に集中し、冬のデータは右の方に集中していることがわかる。ところが、冬の間の白菜の取引価格は上がっていないし、むしろ夏に比べて少し下がっている。鍋の季節になって白菜の需要が増えたのに、その白菜価格は上がらずむしろ価格は下がったと結論してよいのだろうか。

ここが需要と供給の世界の面白いところだ。ここまでは需要側の季節性の変動だけを考えていた。しかし、供給側の季節性変動も考え合わせなくてはならない。

冬の取引量が夏に比べて倍増しているということは、実は、生産者の多くが冬に出荷できる白菜を作付しているからこそ、多くの白菜が市場に出回るのだ。したがって、先ほどのロジックを供給側に適用すれば次のようになる。冬になると白菜の生産量・出荷量が増える→供給量が増えれば売れ残りが出てしまう→売れ残りが売り切れるまで価格が下がり続けるはずだ、と。

つまり、白菜の季節性変動では、冬になると需要も供給もともに増加するのだ。需要が増えれば価格を押し上げる力が生まれる。供給が増えれば、逆に、価格を押し下げる力が生まれる。この2つの

力のうち，最後にどちらが勝つかによって，取引価格が上がるか下がるかが決まるのだ。白菜の場合だと，どうやら，供給が増えることによって生じた価格を押し下げる力の方が強かったと言えそうだ。

ここでは，レタスと白菜を例にとり，需要と供給の織り成す世界を簡単に紹介した。このように個々の市場の性質や動向の分析は，経済学の中でも「ミクロ経済学」という分野で行われている。

白菜の価格1つとっても，その背景には消費者，小売店，生産者といった多くの人の事情が隠されている。市場はそれらをすべて吸収統合して，取引価格という1つの情報に集約していくのだ。

市場の性質を分析することは，複雑な経済現象を理解するための第1歩であろう。市場という社会の機構を理解することで，経済全体への洞察はより深くなっていく。経済学部の学生さんだけでなく，多くの人が経済学を勉強し，それを実感してくれたらと願っている。

▶ **読書案内** 　人々の事情を価格に集約するという市場の機能に興味をおぼえた方には，ジェームズ・スロウィッキー（小高尚子訳）『「みんなの意見」は案外正しい』（角川文庫，2006年）をお勧めしたい。社会の中に存在する多種多様な意見がどのように集約されていくかを解説した面白い読み物だ。選挙に限らず，例えば，会議がどのように結論を出すのかなど，いろいろなやり方が考察されている。その最後の2章に登場するのが，「市場」と「民主主義」である。市場が，取引の場という役割だけにとどまらず，社会的な意見集約プロセスとしての役割も果たしていることがわかるはずだ。

［竹内　幹］

2-3 経済全体を丸ごとつかむ！
マクロ経済学への誘い

✣ マクロ経済学とは

マクロ経済学とは1つの国の経済全体を対象とする，経済学の一分野である。例えば，GDP（国内総生産）という指標が存在する。これはある国が一定の期間に生産した財とサービスの価値の合計である。

財とは別の言葉で言えば商品であり，衣服，家電製品，パソコン，自動車などいろいろあげることができる。サービスとは床屋の散髪サービス，弁護士の法律相談サービス，宅配便の配送サービスなどである。

財・サービスの中には，部品のように他の財の一部となるために使われたものが存在する。これを中間生産物という。一方で，私たちがコンビニで買ってきて食べたお菓子や，企業が工場で使い続けるために購入した機械など，最終的な使用を目的とした財・サービスを最終生産物と呼ぶ。日本の中である年の間に生産された最終生産物の価値（どれだけの価格がついたものがどれだけ生産されたか）の総計がその年の日本の GDP である。

他にも物価上昇率（インフレ率），利子率，失業率など，その国の経済を特徴づける多くの指標がマクロ経済学の分析対象となる。なかでも GDP は国の経済的豊かさの指標の1つとして重視されている。

図1は国民1人当たりの GDP の推移を1870年から2008年まで，アメリカ・アルゼンチン・日本・シンガポール・ガーナの5カ国について追ったものである。元となるデータを作成したのはアンガス・マディソンである。彼はできるだけ長期にわたってできるだけ

図1 1人当たり GDP の長期的推移

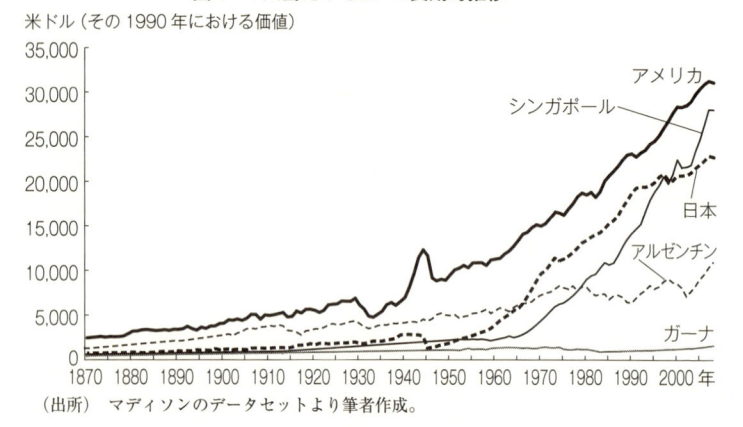

米ドル (その 1990 年における価値)

(出所) マディソンのデータセットより筆者作成。

多くの国について同一の基準で経済的な豊かさを計測するという難事業において大きな業績のあった学者であった。

　図1の縦軸は各国が各年に生産した財・サービスの価値を1990年のアメリカにおける財・サービスの価格を用いて評価して足し合わせた上で，これを人口で割ったものである（したがって単位は米ドルである）。

　図1によれば，1870年のアメリカの1人当たりGDPは約2500ドルだった。アルゼンチンがその半分強だったのに対しそれ以外の3国はアメリカの20〜30％と，似たりよったりの貧しい国々だった。

　その後起きたことは図の通りである。アメリカは順調に成長を遂げた。アルゼンチンも成長しなかったわけではない。しかし，まず日本が急激に成長し，1960年代後半からはシンガポールが続き，ともにアルゼンチンを抜き去った。いったんはアメリカに迫る勢いを見せた日本がその後減速したのを尻目に，シンガポールはアメリ

カに追いつきつつある。一方で低成長を続けたガーナは同じようなところから始まったアジアの2国に大差をつけられている。

✿ 企業の技術

GDPをはじめとする一国経済を特徴づける諸変数の決定をどのように理解したらよいだろうか。マクロ経済学では，経済学の他の分野と同じように，この問題の肝要な部分だけを取り出して抽象的に理解するため，数学を利用する。何本かの式の組合せである「モデル」を構築して，それを解くことを通じて経済の仕組みに関する理解を深めようと試みるのである。

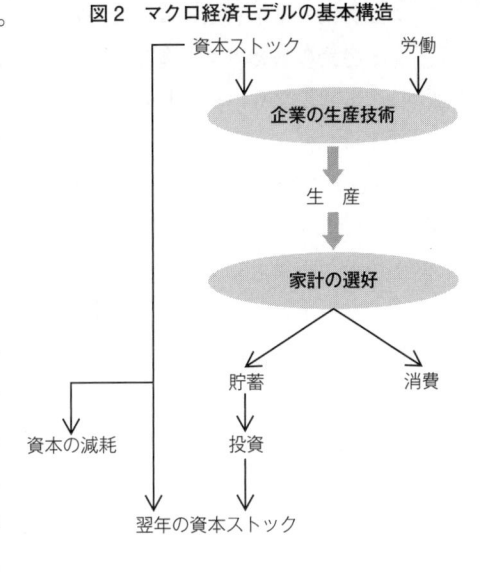

図2は基本的なマクロ経済モデルの構造を視覚化したものである。このモデル経済は家計と企業という2種類のプレーヤーからなっている。そのキーワードは企業の「技術」と家計の「選好」なのだが，以下，順を追って説明していこう。

ある年の初めに，企業はある一定量の資本ストックを持っていたとしよう。資本ストックとは機械設備や工場，オフィスなどの総称である。企業はまた家計から労働の提供を受ける。この2つが与えられたときに企業がどれだけの財・サービスを生み出せるかを決めるのが企業の生産技術である。技術の形は生産量を左辺，資本ス

トックと労働の量を右辺に置いた関数として表される。同じ資本ストックと労働のもとでより多くの財・サービスを生産できる経済ほど、技術の水準が高いとされる。

このように、一国のGDPの大小を決定するのは資本ストック、労働、技術の3つである。なかでも、前項で見た1人当たりのGDPにおける国と国の間の差に関しては、技術水準の差が決定的に重要な役割を果たしていることがデータ分析からわかっている。つまり、ガーナがなぜシンガポールより貧しいのかを知るカギは両国の技術水準の差にあるというわけである。

❈ 家計の選好

企業が行った生産の成果は、賃金支払い、利潤の配当支払いなど、さまざまな経路を通じて、家計の所得となる。今度は家計がその所得のうちどれだけを消費（家計による財・サービスの購入をこう呼ぶ）に回すかを決める番である。所得のうち消費に回らなかった分、つまり家計が将来のためにとっておこうと考えた分を貯蓄と呼ぶ。ここで重要になるのが、家計がどのくらい将来の消費のために現在の消費を我慢しようという気になるかである。辛抱強い家計ほど、今は消費が多少少なくてもいいから将来のためにとっておこうと考え、より多くを貯蓄に回すであろう。

家計が貯蓄に回した分はどこに行くのだろうか。これは家計が持っていても仕方ないので、企業に回る。企業はこれを使って投資を行う。投資とは、将来の資本ストックの一部とするために、機械設備や工場・オフィスの建物などを新たに買い足すことである。

このようにして、図2にあるように、今期の資本ストックのうちで壊れてしまった部分（これを減耗と呼ぶ）を除いたものに今期の投資を足したものが来期の資本ストックとなるのである。

以上からわかるように、家計が我慢強い方が、生産のうちでより投資に回る部分が増えるから、より多くの資本ストックを蓄積することができる。また、企業の技術水準が高い方が、より多くの生産ができるから、投資に回る分も増やすことができて、より多くの資本ストックを蓄積することができる。

✳ 何が一国の技術水準を決めるのか？

　先ほど述べたように、一国の技術水準はその国の国民1人当たりの豊かさを決定的に左右する。では、技術水準は何によって決まるのだろうか。

　新しい技術に関する知識は必ずしも天から降ってくるものではない。技術革新（イノベーション）は、多くの場合、人が経済的利益を追求して労力・時間・資金を投下した結果として生み出されるものである。これは途上国企業が先進国の優れた技術を自分の国に合うように移植しようとする場合も同じである。だとすれば、社会的に有用な技術を生み出した者がその貢献に見合った利益を得られるような経済制度を整えることが望ましい。

　例えばある国に、着想に優れた企業家がいるとしよう。彼は、自分は長年かけて苦労すれば、素晴らしいアイディアを生み出せると確信している。ところが、この国には特権的な国営企業やわいろで役人を籠絡した私的企業がいくつも存在している。そういった企業は、彼がアイディアを生み出してそれを実用化しようとした瞬間にやってきて、その権利を持って行ってしまうだろう。そんな国では、どんなに優れた人でも、技術革新のために苦労をしようという気が起きないのではないだろうか。

　もう1つ重要なのが資源の再配分である。先ほどは家計の貯蓄がそのまま自動的に企業の投資に流れるような書き方をした。しかし

図3 資金市場の役割と資金の再配分

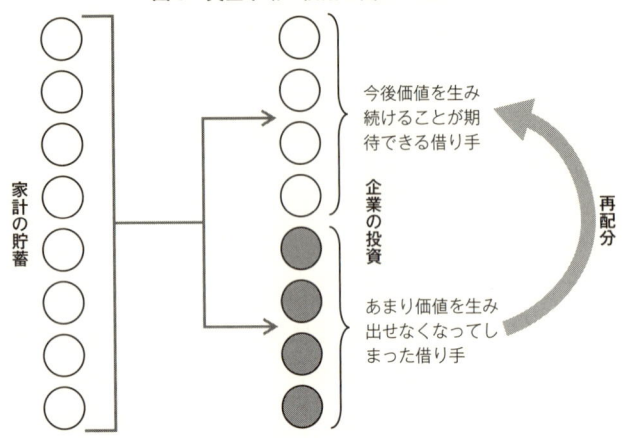

現実には、企業と言っても、提供された資金を受けて価値を生み出していく見込みが十分ある企業もあれば、そうでない企業もある。これらを見分けるのは容易なことではない。そこで間に入るのが、資金市場である。

ここでは企業審査のプロである銀行を例に考えよう。そして、図3に描いたように、かたや主力商品が時代遅れになってしまったために、これから資金を提供してもあまり価値を生み出す見込みがない企業があるとしよう。また一方には、新しい商品のアイディアが豊富にあり、資金さえあれば価値を生み出す力を持った企業があったとしよう。

銀行の審査能力が優れていれば、前者への資金供給を絞り、後者への資金供給を増やすであろう。そのようにしてより高い価値を生み出せる企業がより多くの資本ストックを蓄積できるような経済では、仮に資本ストックの総量が同じだとしても、その有効利用を通じてより多くのGDPを生み出せるはずである。そのような能力の

高さも広い意味ではその国の「技術水準」と言える。

　現代の経済では，成長産業や将来有望な企業は常に移り変わっている。それに合わせて資金の配分を変えていけるような，しなやかな構造を持った経済の方が，成長を続けていくのに適しているのである。

　同じことは労働についても言える。あまり価値を生み出せなくなってしまった企業はいつまでも労働者に対して高い賃金を支払えなくなるから，いずれ労働者は新たな企業に移動していくことになるだろう。このような労働者の再配分が円滑に行えるような経済ほど，速いスピードで成長していくことができるのである。

✂ 景気循環と財政・金融政策

　次ページの図4は日本とアメリカの失業率の推移をグラフ化したものである。失業率とは

$$\frac{\text{仕事がなくて探している人}}{\text{仕事についている人}+\text{仕事がなくて探している人}}$$

の割合のことである。

　失業率の日米比較については，かつては平均的に見て日本の方が低いということが強調されていた。最近はその差はそれほどでもなくなってしまったのだが，それよりも目立つのは短期的な振れ幅の違いである。

　そのことは2008年のいわゆるリーマン・ショック以降の景気後退期に特に鮮明に現れている。日本の失業率が一番高いときで5.4％だったのに対し，アメリカでは2008年1月に5.0％だったものが一気に上昇して2009年10月には10.0％に達している。アメリカと言えば労働を成長産業に向けて比較的スムーズに再配分していくしなやかな経済構造を持つというイメージが強いが，それは一時

2-3　経済全体を丸ごとつかむ！　115

図4　失業率の推移，日米比較

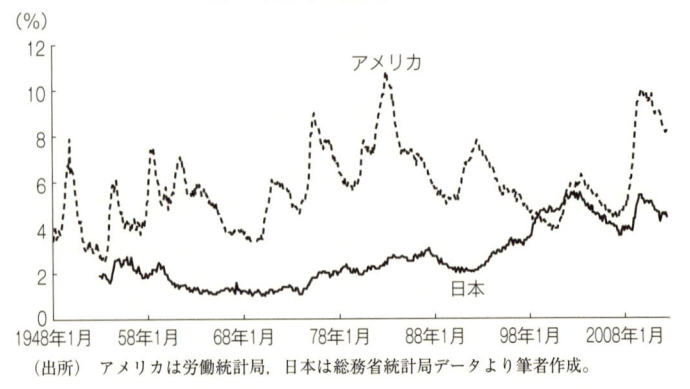

(出所)　アメリカは労働統計局，日本は総務省統計局データより筆者作成。

的な景気後退時にも大量の失職者を出してしまうという負の面を持っている。

　資金や労働の再配分機能を損なうことなく，景気後退がもたらすマイナスの影響を和らげるにはどうしたらよいだろうか。マクロ経済学者はこの問題に頭を悩ませてきた。多数派意見によれば，景気後退が起きるのは一時的に財・サービスへの需要が低下するからである。もしこの考え方が正しければ，政府の政策によって需要が減った分を補ってやれば痛みを緩和できるはずである。そのために政府が用いるのが財政・金融政策である。

　財政政策とは政府が自らの支出や課税額を増やしたり減らしたりすることで経済に影響を与えようとするものである。金融政策とは中央銀行が利子率を下げて景気を活発にしたり，逆にこれを上げて景気を沈静化させたりする政策である。景気後退時には，政府が公共投資などの支出増加や減税を行い，中央銀行が利子率を下げて企業が低コストで資金を調達できるようにしてやることで，一時的な需要減少に対応すべきだと考えられているのである。

✣「国の力」は変えられる！

本稿で見てきたように，GDPなどによって代表される国の経済的な力というものは，政府の政策や経済の仕組みの作り方によって変わりうるものである。確かに，GDPを決定する最大の要因は技術水準だなどと言われてしまうと，技術系の人の才能や偶然のひらめきに期待するしかないような印象を受けてしまう。しかし実際には，国の豊かさは新しい技術を生み出すために努力する誘因をどのように人々に与えるかに大きく依存する。また，優れた技術を持つ企業に資金や人が集まる仕組みを作れるかどうかも大事である。

もし「天の声」がすべてを決めるのではなく，人の意思が自分たちの豊かさに関わるのだとしたら，そのメカニズムを解き明かさない法はないだろう。1人でも多くの読者がエキサイティングなマクロ経済学の世界に足を踏み入れることを願ってやまない。

➡ 読書案内　経済成長が人々の暮らしぶりをどれほど劇的に変えるかを知るには，日本の高度成長時代の経験を学ぶのが一番である。①吉川洋『高度成長：日本を変えた六〇〇〇日』（中公文庫，2012年）を勧める。② D. N. ワイル（早見弘・早見均訳）『経済成長（第2版）』（ピアソン桐原，2010年）はアメリカの大学生向け教科書の邦訳だが，歴史上のエピソードやあまり知られていない統計的事実が豊富に紹介されている。理論の説明も平易である。

［塩路悦朗］

2-4 協力の科学としての経済学
ゲーム理論への誘い

　人間は、いつの時代でもどこの場所でも、社会を形成し社会の中で生きている。このことを表す一言「人間は社会的動物である」は有名だ。アリストテレスの言葉と言われるが、正確には著書『政治学』の「人間は生来、ポリス的動物である」という文言の一解釈だ。「政治的動物」という解釈もある。いずれも「社会を形成することは人間の生まれ持った性質だ」という点では共通した解釈だ。

　なぜ人間は社会を形成するのだろうか。それは、互いに協力することで、よりよい生活を送れるからだ。狩猟採集社会では、協力によって大きな獲物を安定して得ることができるし、農耕社会や産業社会においては、分業を通じたさまざまな協力が不可欠だ。人間が文化や文明を発展させることができたのも、世代を超えた協力の成果だ。人間は知識や技術を共有し、次世代に伝え、改善を重ねることができる。こうした世代を超えた協力関係は、人間だけが持つものだ。

　社会を作り協力することに長けた人間ではあるが、常に協力がうまくいくわけではない。なぜなら、個人と社会の間には利益の葛藤があるからだ。自分一人くらい協力しなくても大丈夫だろうと思って、一人ひとりが勝手な行動をとると、協力関係は崩れ集団全体の首を絞めることになる。また、全員が勝手な行動をとっているとき、自分一人が頑張っても馬鹿をみるだけだ。このように、協力関係は崩れやすく、崩れた協力関係を立て直すのは難しい。

　どういうときに、協力はうまくいくのだろうか。また、協力がうまくいかないときには、どうしたらよいのだろうか。この問題は、よりよい社会を作るにはどうしたらよいか、という問題でもある。

このため，哲学，政治学，経済学，社会学，生物学，社会心理学などの幅広い学問分野の研究対象になっている。

これは，本書のテーマである経済学でも最も重要な問題の1つだ。多くの経済学の問題がここに帰着する，と言っても過言ではない。そこで本稿は，経済学が協力についてどう考え，何をめざしているかについて述べてみたい。

❈ 交換という協力

アメリカの公共ラジオ放送NPRに，プラネット・マネーという番組がある。経済の話題をわかりやすく解説する番組だ。この番組で，交換の役割を説明するために，次のような実験を行った。子供を10人集め，一人ひとりに別々のお菓子をばらばらに配る。お菓子をもらった子供たちは，あまりうれしそうではない。お菓子が自分の好みに合わないからだ。お菓子の満足度を10点満点で評価してもらうと，平均5点と低い数字だ。子供たちに「みんなどうしたらいいと思う？」と尋ねると，ある子供が「取り替えっこをしたい」と答えた。そこで子供たちに，自由に交換してよい，と指示すると，物々交換で大騒ぎになった。交換が終わった後，お菓子の満足度を尋ねると，平均8点に増えた。

一人ではできないことを集団で実現するという点で，交換も協力の一種だ。そして，子供たちの満足度が増えたのは，その協力の成果だ。この協力は，たいていうまくいく。なぜなら，交換によって皆が得をするからだ。子供たちでも，このことを知っているのだ。

交換は自然発生する。例として，第二次世界大戦中のドイツの捕虜収容所にまつわるエピソードを紹介しよう。捕虜の経験を持つ経済学者のラドフォードが，自身の経験として報告したものだ。収容所の捕虜たちは，配給物として，牛乳，ジャム，バター，ビスケッ

ト，缶詰牛肉，チョコレート，砂糖，タバコなどを受け取っていた。それぞれの配給量は，捕虜全員で同じだ。しかし，全員が同じ量の牛乳やジャムを欲しいわけではない。また，タバコを吸わない捕虜や，甘いものは苦手な捕虜もいる。このため，捕虜の間で物々交換が始まった。最初のうちは，交換は収容所内の建物ごとに行われ，交換比率もまちまちであった。例えば，チョコレート1つと交換できるタバコの本数が，建物ごとに異なっていたのだ。しかし，別の建物同士でも交換が行われるようになると，交換比率の違いはなくなった。また，交換比率をタバコを基準にして表現するようになった。チョコレートとタバコの交換比率が1対10，ビスケットとタバコの交換比率が1対5ならば，チョコレートとビスケットの交換比率は1対2，といった具合だ。さらに，タバコは何とでも交換できるようになった。例えば，チョコレートを手放してビスケットを手に入れたい人は，先にチョコレートとタバコを交換しておき，後で，ビスケットを手放したい人をみつけて，タバコと交換すればよい。つまり，タバコが貨幣の役割を持つようになったのである。

合意できる交換がある限り交換は起こる。このとき，交換の当事者の満足度は必ず増える。そして，合意できる交換がなくなると交換は止まる。このときよりも個人の満足度を増やすことはできない(そのような交換はない)，という意味で，これは協力の成果を最大にした状態だ。これを専門用語で「コア」という。

コアを実現するには，交換を繰り返す必要がある。しかし，集団のサイズが大きいときは，交換の繰り返しに膨大な手間と時間がかかる。効率よくコアを実現するには，どうすればよいだろうか。

1つの方法は，交換の仲介人が需要と供給が等しくなるように交換比率を決めて取引を行う，というものだ。例として，タバコとチョコレートの交換を考えよう。まず仲介人が，タバコとチョコ

レートの交換比率10対1を提案する。タバコを貨幣と考えれば、チョコレート価格は10タバコ、ということだ。タバコの代わりにチョコレートを手に入れたい人は、いくつのチョコレートを買いたいかを正直に申告する。チョコレートの代わりにタバコを手に入れたい人は、いくつのチョコレートを売りたいかを正直に申告する。タバコの需要が供給より大きければ、価格を11タバコに値上げし、小さければ9タバコに値下げする。いずれの場合も、需給の差は縮まる。このプロセスを繰り返し、需給が等しくなる価格を決める。

この方法で決めた価格で取引を行えば、コアが実現する。例えば、需給が等しくなる価格が10タバコで、この価格で取引を行った後の状態を考えよう。このとき、もし9タバコ以下の価格でチョコレートを買う機会があれば、追加的にチョコレートを買いたいと思う人がいるかもしれない。しかし、この価格でチョコレートを売る人はいない。なぜなら、チョコレートの売り手は、価格が10タバコのときに、すでに売りたい量を売り切っているからだ。したがって、9タバコ以下の価格では、どんな交換も合意できない。同じように、11タバコ以上の価格でも、どんな交換も合意できない。この価格でチョコレートを買う人はいないからだ。つまり、需給が等しくなる価格で交換を行った後の状態では、合意できる交換はない。これがコアである。

「需給が等しくなる価格で取引を行えばコアを実現できる」という主張を、「厚生経済学の基本定理」という。この主張は、市場原理主義の根拠と誤解されることがある。市場原理主義とは、市場に任せればすべてうまくいく、という考え方だ。しかし、厚生経済学の基本定理は市場原理主義を支持しない。なぜなら、現実の市場には上述のような仲介人はいないからだ。確かに現実の市場でも、需要が供給を上回れば値上がりし、供給が需要を上回れば値下がりす

る。しかし、その結果として決まる価格と、上述の仲介人が決める価格は、必ずしも一致しない。現実の市場と、厚生経済学の基本定理の市場は、まったく別物なのだ。後者は理論上の理想的な市場にすぎない。

そこで、考えるべき問題は、現実の市場が理想的な市場とどこが違い、どこをどう直せばコアの実現に近づくか、という問題だ。自由化が望ましい場合もあれば、規制強化が望ましい場合もある。この問題を考えるのが経済学だ。これは「協力の成果が最大になる状態を実現するには、どうしたらよいか」という問題でもある。この意味で、経済学は協力の科学なのだ。

✻ ルソーの鹿狩りとゲーム理論

共同作業で皆が頑張っていると、自分も頑張る気になる。しかし、皆がさぼっているときは、どうしても自分もさぼってしまう。誰にでもこういう経験はあるはずだ。全員がさぼると協力は失敗する。

そのような例として、フランスの啓蒙思想家ルソーが『人間不平等起源論』で述べた鹿狩りの寓話がある。

「一頭の鹿を共同で狩りだす作業を考えてほしい。そのためには各人が持ち場を守る必要があることは、誰もが理解していた。しかし誰かの近くを野兎が駆け抜けたとしよう。するとその人は持ち場のことなど気にせずに、野兎を追いかけるに違いない。そして兎を捕らえてしまえば、仲間が獲物を取り損ねたとしても気にもかけないのである。」（ルソー（中山元訳）『人間不平等起源論』光文社古典新訳文庫、129～130ページ）

話を簡単にするため、次のような状況を考えよう。ハンターは、野兎を見逃し鹿狩りに協力し続けるか、野兎を追いかけて一人で兎狩りをするか、いずれかを選ぶ。兎狩りは必ず成功する。鹿狩りは、

一定人数以上が協力したときだけ成功する。鹿の価値は、兎の価値よりもはるかに高く、鹿狩りに参加した人だけが分け前を受け取る。このとき、鹿狩りと兎狩りのどちらが得だろうか。その答えは、他のハンターの選択に依存する。全員が鹿狩りを選ぶなら、自分も鹿狩りを選ぶ方がよく、全員が兎狩りを選ぶなら、自分も兎狩りを選ぶ方がよい。この状況を「ルソーの鹿狩り」と呼ぼう。

ルソーの鹿狩りにおいては、全員が協力する状態も、全員が協力しない状態も、両方とも個人の合理的な選択の結果だ。一方、全員にとって望ましいのは、全員が協力する状態だ。この状態を実現するには、全員が協力に合意し、それを信頼し合うことが必要だ。

ルソーの鹿狩りと同じような状況はたくさんある。イギリスの哲学者ヒュームは『人間本性論』で、次の例をあげている。2人の人がボートを漕いで、目的地に向かっている。2人とも漕げば目的地にたどり着けるが、一人でもさぼればたどり着けない。このとき、相手が漕ぐなら自分も漕いだ方がよく、相手が漕がないなら自分も漕がない方がよい。一人だけ漕いでも、目的地にたどり着けないからだ。

ルソーの鹿狩りもヒュームのボート漕ぎも、自分と相手の選択の組合せで結果のよしあしが決まる。この共通部分を抜き出したものを「ゲーム」といい、ゲームを使って集団内の個人の行動を分析する理論を「ゲーム理論」という。ゲームと聞くと、コンピューターゲームを思い出すかもしれないが、ゲーム理論のゲームは、トランプなどのカードゲームや、将棋などのボードゲームに近い。ルソーの鹿狩りも将棋も、自分と相手の選択の組合せで結果のよしあしが決まるという点では、同じようにゲームなのだ。

ルソーの鹿狩りを表すゲームは、次のようなものだ。個人Aと個人Bが、それぞれ協力と非協力のいずれかを選ぶ。両者ともに

2-4 協力の科学としての経済学

協力を選ぶ場合を（協力，協力），個人Aが協力，個人Bが非協力を選ぶ場合を（協力，非協力），個人Aが非協力，個人Bが協力を選ぶ場合を（非協力，協力），両者ともに非協力を選ぶ場合を（非協力，非協力），とそれぞれ書くことにしよう。個人Aにとっては（協力，協力）が最も望ましく，その次が（非協力，協力）または（非協力，非協力）で，（協力，非協力）が最も望ましくない。（協力，協力）では鹿を手に入れ，（非協力，協力）と（非協力，非協力）では兎を手に入れるが，（協力，非協力）では何も得られないからだ。一方，個人Bにとっては（協力，協力）が最も望ましく，その次が（協力，非協力）または（非協力，非協力）で，（非協力，協力）が最も望ましくない。

このようにゲームでは，お互いの選択の組合せを，望ましい順に並べることができる。そこで，結果の満足度を数字にして，同じ順番を表したものが表1だ。この表では，個人Aは行を選び，個人Bは列を選ぶ。選択の組合せに対応する数字の組が，各個人の満足度を表す。左側の数字が個人Aの満足度で，右側の数字が個人Bの満足度だ。例えば，（協力，非協力）のとき，個人Aの満足度は0，個人Bの満足度は1だ。こうした満足度の数字を「利得」と呼ぶ。（協力，協力）と（非協力，非協力）では，各個人が互いに，相手の選択に対して最適な選択をしている。これを「均衡」と呼ぶ。この2つを比べると，利得2を得る（協力，協力）の方が，利得1を得る（非協力，非協力）よりも望ましい。しかし，相手の協力を信頼できない場合には，非協力を選んだ方がよい。なぜなら，自分が協力を選んだとき，もし相手が非協力ならば，利得は0に

表1 信頼ゲーム

	個人B	
	協力	非協力
個人A 協力	(2, 2)	(0, 1)
個人A 非協力	(1, 0)	(1, 1)

なってしまうが，非協力を選べば，相手が何を選ぶかに関係なく利得1を得るからだ。協力関係の成立には，互いの協力への信頼が必要だ。このことから，表1のゲームを信頼ゲームと呼ぶ。

　経済現象でも，信頼ゲームと同じ構造のものはたくさんある。一例が銀行取り付けだ。銀行取り付けとは，預金の安全性に不安を持った預金者が，払い戻しを求めて銀行に殺到することだ。昭和金融恐慌のときに全国各地で発生した。近年では，世界金融危機や欧州債務危機の影響から，欧米で発生している。預金者が「銀行が破綻する」と予想するとき，銀行取り付けが起こる。銀行が破綻すると，預金を払い戻してもらえないからだ。一方，銀行の経営状態に問題がない場合でも，預金者が「銀行取り付けが起こる」と予想するとき，実際に銀行取り付けが起こる。銀行取り付けが起こると，一度に多くの預金者が払い戻しを要求し，銀行はそれに応じることができず破綻してしまうからだ。つまり，すべての預金者が預金を引き出すならば，自分も預金を引き出した方がよい。一方，すべての預金者が預金を引き出さないならば，自分も預金を引き出さない方がよい。「預金を引き出す」を非協力，「引き出さない」を協力にあてはめると，銀行取り付けを信頼ゲームとして見ることができる。銀行の経営状態に問題がない場合の銀行取り付けは，協力の失敗である上に，他の銀行にも連鎖的に影響が及ぶ可能性がある。これを防ぐために，預金を保護する仕組みとして預金保険制度がある。預金保険制度とは，銀行が破綻した場合に，預金者に対して一定額の保険金を支払う仕組みだ。保険金があれば，慌てて預金を引き出さなくてもよく，全員がそう考えれば，銀行取り付けは起こらない。つまり，預金保険制度は信頼ゲームの「信頼」を担保するための仕組みなのだ。

社会的ジレンマ

共同作業で皆が頑張っているとき、自分一人くらいさぼっても問題はないから、少し手を抜いてしまおう、という誘惑を感じたことはないだろうか。もし全員がこの誘惑に負けると、協力は失敗する。

この状況は、表2のゲームで表せる。(協力, 協力) と (非協力, 非協力) を比べると、利得2を得る (協力, 協力) の方が、利得1を得る (非協力, 非協力) よりも望ましい。一方、相手が協力を選ぶとき、自分の利得は非協力の方が高く、相手が非協力を選ぶときも、非協力の方が高い。つまり、相手が何を選ぶかに関係なく、非協力を選んだ方が利得は高いのだ。そして、2人とも利得の高い非協力を選ぶと、望ましくない方の (非協力, 非協力) が実現する。信頼ゲームと異なり、互いに協力することに合意できたとしても、非協力を選ぶ誘惑は消えない。個人の合理的な選択と、社会としての合理的な選択が相反するこの状況を、「社会的ジレンマ」という。

社会的ジレンマの例はたくさんある。例えば、温室効果ガスの増加による地球温暖化などの環境問題だ。各個人は、自動車に乗って排ガスを出すか、エアコンで多量の電気を消費するか、といった形で、省エネに協力するか、協力しないかの選択を行う。各個人にとっては、自動車に乗り、エアコンを使うことによって、快適に生活できる。つまり、非協力の方がよい。しかし、全員が非協力を選ぶと、温室効果ガスの排出量が増え、結局は全員が大きなコストを払うことになる。

資源の枯渇問題も社会的ジレンマだ。公海における乱獲の結果、枯渇状態になる漁業資源が増えている。各漁業者は、たくさんの魚を捕るか、捕る量を

表2 社会的ジレンマゲーム

		個人B	
		協力	非協力
個人A	協力	(2,2)	(0,3)
	非協力	(3,0)	(1,1)

制限するか,といった形で,協力か非協力の選択を行う。各漁業者は,多くの魚を捕る方が利益になるが,全員が無制限に魚を捕ると,漁業資源は枯渇してしまう。

社会的ジレンマでの協力の難しさは深刻だ。このため,地球温暖化問題でも漁業資源問題でも,世界各国が協力し,国際社会として問題に取り組むことが必要なのだ。

✣ むすびにかえて：利他性と利己性

社会的ジレンマに直面したとき,全員がまったく協力しないわけではない。協力的にふるまう人も少なくないはずだ。このことは,社会的ジレンマの状況を人工的に作り,被験者に協力か非協力を選ばせる実験によっても確かめられている。非協力より利得の小さい協力を選ぶ理由は,その人が個人の利益より,集団の利益を重視し,利他的に行動しているからだ。

近年の心理学研究によれば,人間は生まれつき利他性を持つことが明らかになっている。認知心理学者のマイケル・トマセロは,人間は幼児でも人助けをしようとするが,サルはそうした利他性を持たないことを実験で示した。人間が協力できる理由の1つは,生まれ持った利他性にあり,協力できることが人間の進化の上で有利に働いたのではないか,とトマセロは述べている。

しかし,利他性だけでは社会的ジレンマを解決できない。利他性と利己性の両方を持つのが人間なのだ。だからこそ社会的ジレンマは,さまざまな学問分野の研究対象になっている。先にも述べたように,協力を達成する仕組みを考えるのが経済学だ。その際,多くの経済学理論では「人間は合理的で利己的である」ことを前提にする。利他性は考えない。「人間は利他的ではない」と言っているのではない。利他性に頼ることなく,協力を達成する仕組みを作りた

いのだ。

　利他性についてはまだわからないことが多い。したがって，利他性よりも利己性に頼る方が確実だ。また，利他的に行動できるかどうかは相手に依存する。親密な相手の方が，利他的にふるまえる。同じ集団の仲間に対しては利他的にふるまえるが，他の集団に対しては利己的になりがちだ。その顕著な例がジェノサイド，つまり他民族の徹底的な殺戮だ。将来，人間の利他性についての理解が深まり，利他的行動を正確に予測できるようになれば，利他性を前提に協力を達成する現実的な仕組みを作れるかもしれない。そんな夢を若い読者に託したい。

➡ **読書案内**　入手しやすい新書に限定し，本章に関連するものを紹介する。ゲーム的な考え方の重要性については，①山岸俊男『「しがらみ」を科学する』（ちくまプリマー新書，2011年）が最も説得的だ。しかし，この本にはゲーム理論の解説はない。もう少し詳しく知りたい人には，②松井彰彦『高校生からのゲーム理論』（ちくまプリマー新書，2010年）と③川越敏司『はじめてのゲーム理論』（ブルーバックス，2012年），本格的に勉強したい人には，④武藤滋夫『ゲーム理論入門』（日経文庫，2001年）を勧めたい。社会的ジレンマについては，⑤山岸俊男『社会的ジレンマ』（PHP新書，2000年）が詳しい。協力するときには，成果を公平に分配することが重要だ。経済学が公平性をどう考えるか，については，⑥蓼沼宏一『幸せのための経済学：効率と衡平の考え方』（岩波ジュニア新書，2011年）が参考になる。

　トマセロの実験については，⑦ Michael Tomasello, *Why We Cooperate* (Boston Review Books, 2009) を読んでほしい。英語も平易で読みやすい。

［宇井貴志］

2-5 社会をデザインする
腎臓移植で考えるマーケットデザイン

　私の大好きな映画に「バッファロー '66」がある。刑務所から出たばかりの若い男が両親に電話をかけ，これから妻と一緒に実家を訪ねるという嘘をついた。その嘘をつき通すために，彼は女性を誘拐し，その彼女に妻役を演じることを強要するところから物語が始まる不思議な映画である。さて両親に会いに行く前に，2人は証明写真撮影用のボックスに入り，夫婦としての写真を撮ろうとする。そのとき，妻役をすることになった彼女は良かれと思い，抱きついたりして幸せそうな夫婦を演出しようとした。しかし，ごく普通の写真が欲しかっただけの男は，彼女の行動を非難し，さらには，なけなしのお金を無駄にしたことに異常に腹を立てる。そして，次に撮影する写真は彼が思うところの「普通」の夫婦に見えなければならない，お金をこれ以上無駄にすることはありえないということを懇々と諭し，次のような台詞が続く。

　（男）Okay? Now, just do it right, all right?

　（女）All right. I'll do my best.

　（男）Don't do your best. Do it right, okay?

　男が言った最後の台詞を日本語に訳すと「頼むから一生懸命頑張るなよ。ただ，きちんとやれ」となるだろう。ここでの教訓は，「一生懸命やることそれ自体は美徳ではない。結果が良くなければ，その心がけは無意味であるどころか，場合によっては有害でもある」ではあるまいか。この主人公は非常にエキセントリックと思えることが多々ある人物だが，この台詞は物事の本質を突いている。

　社会をデザインすることに話を近づけよう。社会とは非常に一般的な言葉である。日本全体も1つの社会であるし，東京全体も1つ

の社会であるし,高校の1つのクラスも社会と言える。どのような社会を想像しようとも,理想をみんなに語りかけ説得することが「一生懸命やる」ことに相当し,理想を実現するための制度的裏づけを提案することが「きちんとやる」ことに相当する,と大雑把に言えると思う。この文章の目的は,「きちんとやる」ことを社会をデザインするための指針として皆さんに提案・実行することである。さらには,巷で語られている印象とは違う,お金以外のことを語っている経済学の顔を見てもらえればと思う。

腎臓交換とは?

具体的な例を使って,きちんと制度的仕組みをデザインするとはどういうことかを説明したい。2006年の段階で,アメリカでは7万人以上の患者が腎臓移植を待ち,名簿に登録している。これらの患者は心肺機能停止あるいは脳死後の患者からの腎臓の提供を待っている。この中で,実際に1万1000人の患者が腎臓移植を受けた。そして同じ2006年に,およそ5000人の患者は,亡くなるかあるいは病気の症状が悪くなりすぎ,移植のためのこの名簿から取り除かれた。名簿に登録されている人の待ち時間は大体3年以上である。同じような事態は日本でも起こっているが,状況はアメリカのそれと比べて非常に悪い。その最大の原因は腎臓の提供が圧倒的に少ないからである。2006年のデータによると,日本での腎臓移植の件数はやっと1000件を超えたそうである。さらには,日本での腎臓移植を待つ患者の待ち時間は大体15年を超える。

臓器移植の中で腎臓移植は特別な位置を占めている。なぜなら健康な人は2つの腎臓を持っており,1つの腎臓を家族に提供したとしても,日常生活を送る上では問題はないからである。つまり生きている腎臓提供者(ドナー)からの移植が可能となる。加えて,生

きているドナーからの腎臓を提供された患者の手術成功率は，亡くなられた人から提供された場合よりも格段に良い。

さて，腎臓移植を行うためには，2つの項目をチェックしなければならない。1つめは患者とドナーとの血液型の適合性。2つめは，患者とドナーとの抗体の適合性である。つまり，ある患者とドナーのペアが両方の適合性の条件を満たさないと，当然腎臓移植はできない。ここで考えてみたい社会は，適合性を満たしていない多くの患者とドナーのペアから構成される。これに加えて，生きているドナーを持たない患者の名簿も存在する。この名簿には何らかの優先順位がすでに与えられているとする。

例えば，ある男の人の妻が腎臓移植を必要としており，夫である彼がドナーになりたいようなペアを考える。この夫婦は残念ながら適合性の条件を満たしていない。また他方に，適合性を満たしていないもう1つの患者とドナーのペアがいるとしよう。ペアが変わらない限り，腎臓移植は不可能である。しかし，それぞれのペアのドナーが入れ替わることで，適合性の条件を満たせるとしたらどうだろうか？ こうした方法は「腎臓交換」と呼ばれる。これによって，適合性の条件を克服し，腎臓移植が可能となる。他方，間接的な腎臓交換もある。適合性を満たしていない患者とドナーとのペアは，適合性を満たしており，腎臓移植を待っている名簿の優先順位が最も高い患者に腎臓を提供することもできる。そして，この腎臓を提供したペアの患者は，名簿の高い優先順位をもらうことができ，できるだけ早い腎臓移植が可能になる。

ここでの目的は，できる限り多くの腎臓移植を可能にする制度のデザインである。このデザインを考える上で，以下のような点に注目していきたい。

(1) お金のやり取りは禁止されている。

2-5 社会をデザインする

(2) 適合性を満たしてない患者とドナーのペアからなる，大きなデータベースを確保しなければならない。
(3) 2つのペア同士や3つのペア同士間での腎臓交換をする場合は，手術を同時に行わなければならない。

✽ お金のやり取り

　移植に利用できる腎臓の数は，それを欲している患者数に比べて圧倒的に少ない。このような問題を解決するとき，経済学者はしばしば腎臓を売買するマーケットによる取引を提案することが多い。例えば，2007年11月13日付けのウォールストリートジャーナル・オンラインの中のある記事では，2人の大学教授が腎臓マーケットの可能性を議論している。いずれにしろ，明らかにお金を使った腎臓の取引は好ましくないというのが，大方の人々の意見であろう。実際，ほとんどの国で腎臓の売買は違法である。

　ここでは，お金のやり取りを許さない制度のデザインを考える。これは医療関係者からの理解も得られやすく，かつ実際の使用に耐えうる制度をデザインすることを意味する。日本でも，偽装結婚あるいは偽装の養子縁組を用いての腎臓移植が行われたことがある。もちろん，この偽装の背後には多額のお金のやり取りがなされている。このような行為を法的に取り締まることも重要であるが，なぜそのようなことが起こっているかを考えると，腎臓移植の件数があまりにも少なく，移植を待つ時間が途方もなく長いことが大きな理由であろう。

　とすると，腎臓交換をより活発に行い，待ち時間を減らすことができるのであれば，このような違法行為を間接的に抑止することができるかもしれない。

❈ 大きなデータベースの必要性

　先にも述べたように，腎臓移植のためには適合性の条件を満たさなければならない。ここでは少しだけ詳しく適合性について見ていこう。例えば，O型のドナーはどの血液型の患者にも腎臓を提供できるが，O型の患者はO型のドナーからの腎臓のみ移植可能である。ということは，O型のドナーは腎臓交換にとって非常に便利であり，希少性が高い。反対に，O型の患者はドナーを見つけることが非常に困難である。AB型のドナーはAB型の患者にしか腎臓を提供できない。言葉は悪いが，「不便な」ドナーである。そして，AB型の患者はすべての血液型のドナーから腎臓を提供してもらうことができる。言葉は悪いが，非常に「得な」患者である。A型の患者はA型かO型のドナーからの腎臓を移植でき，A型のドナーは，A型かAB型の患者に腎臓を提供できる。同様に，B型の患者はB型かO型のドナーからの腎臓を移植でき，B型のドナーは，B型かAB型の患者に腎臓を提供できる。このように，血液型に応じて，腎臓交換がやりやすい人とやりにくい人が出てくる。したがって適合性を満たしていない多くの患者とドナーにデータベースに加わってもらうことが，より多くの腎臓交換を可能とするために重要である。

　患者とドナーのペアが病院を訪れて，適合性のチェックをしてもらったとしよう。その結果，適合性の条件を満たしていない場合，彼らはそのまま家に帰るだけ。そして彼らのデータは病院に残ることもない。他方，もし彼らの適合性条件が病院のデータとして残るならば，潜在的に他のペアとの腎臓交換が可能となるかもしれない。このような人たちにもデータベースに入ってもらうことによって，潜在的な腎臓移植の可能性を高めうると考えられている。反対に，ある患者とドナーのペアがお互いに適合性の条件を満たしていたとしよう。たとえこの場合でも，もう1つの適合性を満たしていない

患者とドナーのペアと腎臓交換をすることによって，移植可能件数を増やすことができる。すなわち，適合性を満たすペアにもデータベースに参加してもらうことによって，腎臓交換が容易になりうる。もちろん，お互いに適合性を満たしている患者とドナーのペアは，データベースに加わる義務も理由もない。あえてこのようなペアに腎臓交換に参加してもらうためには，何らかのお金の支払いが必要かもしれないが，腎臓の売買を許すよりは，このようなお金の介入であれば，人々の反発が少ないと私は思う。もちろん，この種の問題はより慎重な議論が必要であることは言うまでもない。

いずれにしろ，より多くの腎臓移植を可能とするためには，より多くの患者とドナーのペアに情報を登録してもらい，そのデータベースを使って適合性のマッチングを容易にすることが必要である。最近のコンピューターの性能向上は，私たちに大きなデータベースを扱うことを可能とさせ，さらにはベストな腎臓交換マッチングを比較的短時間で見つけることを可能とする。腎臓交換を実施できる環境は整いつつあるようである。

❈ 手術は同時に

さらにすべての腎臓交換は同時に遂行されなければならない。もし手術を逐次的に行えば，次のような問題が起こりうる。患者とドナーの2つのペア間で腎臓交換をすることを考えよう（図1）。2つのペアをA, Bと呼ぶ。まずペアAの患者がペアBのドナーから腎臓を提供してもらい，移植が行われたとする。翌日，ペアAのドナーはペアBの患者に腎臓を提供する予定になっているとする。しかしながら，ペアAのドナーは腎臓の提供を拒否する場合がありうる。より簡単な言葉で言うと，ドナーの気が変わってしまう可能性である。そのようなドナーを道徳的に非難することは可能だと

しても，腎臓提供を法律的に強制することは不可能である。

そこですべての手術を同時に行うことによって，上記のペアAのドナーが示した，事後的に腎臓の提供を拒否する行動を抑止できる。ただ，ペアA, Bとの腎臓交換を同時に遂行するためには，4つの手術室と4つの手術チーム（腎臓の摘出を行う2つの手術

図1　2ペアの腎臓交換

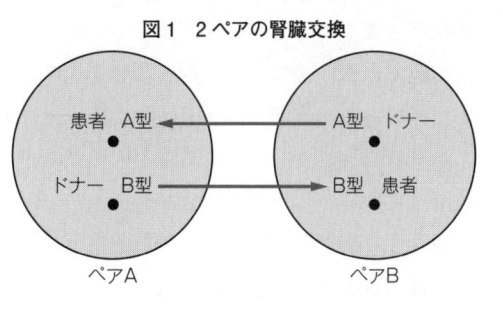

ペアA: 患者 A型、ドナー B型
ペアB: A型 ドナー、B型 患者

図2　3ペアの腎臓交換

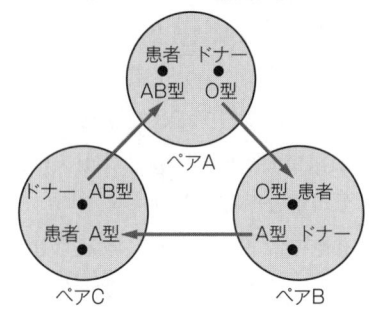

ペアA: 患者 AB型、ドナー O型
ペアB: O型 患者、A型 ドナー
ペアC: ドナー AB型、患者 A型

チームと，腎臓の移植を行う2つの手術チーム）が必要となる。さらに，3つのペア，A, B, Cによって腎臓交換が可能となるとしよう（図2）。ペアAのドナーがペアBの患者に腎臓を提供し，ペアBのドナーがペアCの患者に腎臓を提供し，最後に，ペアCのドナーがペアAの患者に腎臓を提供するとする。こららの手術を同時に遂行するためには，6つの手術室と6つの手術チームが必要となる。

実際には，6つの手術を同時にかつ1つの病院で行うことは容易ではない。例えばペアA, B, Cのそれぞれの患者はそれぞれ別の病院にいるとする。ペアAのドナーはペアBの患者のいる病院へ，ペアBのドナーはペアCの患者のいる病院へ，最後に，ペアCのドナーはペアAの患者のいる病院へ行くとする。こうすると，各

2-5　社会をデザインする

病院で必要なのは2つの手術チームだけであり，これは比較的容易に実現できる。後は，各病院で調整をして，手術を同時に行えばよいだけである。実際，アメリカのニューイングランド地方の外科医グループは，3つのペアの同時手術までは可能であろうという見解に至っている。

適合性を満たしていない多くの患者とペアとの間でのより望ましい腎臓交換を考えると，原理的には，患者とドナーの多くのペアから成るサイクルが必要になるかもしれない。しかしながら，最近の研究によると，最も望ましい腎臓交換を実行するためには，4つのペアから成るサイクルが必要にして十分であることが知られている。さらには，2つのペアだけで可能な腎臓交換から3つのペアまで許容する腎臓交換への移行は，状況を飛躍的に改善する一方，3つのペアまで可能な腎臓交換から4つのペアまで可能な腎臓交換へと拡大したときの改善は，非常に限定的なものであることも知られている。すなわち，3つのペアが関わる腎臓交換が可能になるだけで，考えられる限りほぼベストな腎臓交換が可能となる。これは，実際に病院が直面している物理的な制約と整合的であり，非常に希望の持てる話である。

アメリカやイギリスでは，ここで示したアイディアを実際の制度設計に生かし始めている。反対に，日本では腎臓交換はまったく行われていない。

この相違は，国ごとに異なる倫理観や臓器斡旋のシステム構築に費やした歴史の長さによるだろう。日本が腎臓交換を可能とするための問題は山積みである。しかし，現実の使用に耐えうる制度のデザインを考え続けることは，将来の人たちがこの困難を乗り切るときに役立つと私は信じている。

➡ **読書案内**　このエッセイの初稿を書き上げた後の 2012 年 10 月，ロイド・シャープリーとアルビン・ロスの 2 人にノーベル経済学賞が授与された。「マーケットデザイン」と言われる分野への貢献がその受賞理由である。筆者が今回扱ったのは，腎臓交換が行われる「マーケット」のデザインであり，ロスの貢献の 1 つである。さらに，腎臓交換マーケットのために提案されたのは「トップ・トレーディング・サイクル」というアルゴリズムを応用したものである。このアルゴリズムは今回の受賞者シャープリーとハーバート・スカーフの 2 人によって提案された。

　マーケットデザインに関する本で最も初学者向きなのは，①ジョン・マクミラン（瀧澤弘和・木村友二訳）『市場を創る：バザールからネット取引まで』（NTT 出版，2007 年）である。通常の「市場」（マーケット）という概念よりも広い「制度的仕組み」をその対象としている本であり，普通の人がイメージする経済学を良い意味で覆してくれる良書である。ある制度のもと，人々がどのような行動をするか，あるいは反対に，どのような制度のもとでならば，人々の望ましい行動を導き出すことができるかを考えるきっかけとしては，② S. D. レヴィット／S. J. ダブナー（望月衛訳）『ヤバい経済学（増補改訂版）』（東洋経済新報社，2007 年）を勧める。この本は経済学を語っているというよりは，優秀な経済学者は世の中をどのように見ているかを垣間見させてくれる。『ヤバい経済学』には続編もあり，そちらもお勧めである。嘘みたいだが，タイトルは③『超ヤバい経済学』（東洋経済新報社，2010 年）である。どちらの本も経済学の知識をまったく必要としないが，皆さんが経済学を学んだ後でも非常に楽しめる本でもある。たとえ経済学そのものはどんなものかはっきりわからなくとも，面白いことを考える経済学者に心惹かれて，経済学を学んでくれる人が皆さんの中にいることを私は秘かに期待している。

［国本　隆］

2-6 為替レートの決まり方
為替で確実に儲ける方法!?

❀ 為替レートと外国為替取引

　成田空港から飛行機に乗ってある外国の空港に降り立ったとしよう。長い入国審査を終えて自由になったあなたはとりあえずコーヒーが飲みたくなった。そこで，今では世界中どこにでも見かける光景だが，空港内のスターバックスコーヒーに立ち寄り流暢な外国語でコーヒーを1杯注文する。しかし，ここでもし日本円しか持っていなかったら，すぐに重大な問題に直面する。クレジットカードで払おうとするが受け付けないと言われた。慌てて近くの外貨両替商に駆け込むと，電光掲示板に現在の日本円と現地通貨の交換レートが2つ表示されている。1つは円から現地通貨への交換比率，もう1つは現地通貨から円への交換比率である。あなたは前者の交換比率に基づいて手持ちの日本円を現地通貨に交換してもらい，急いでコーヒーショップに戻る。

　日常の生活の中で「為替レート」と「外国為替取引」に直面する機会はこのようなものかもしれない。ここで為替レートとは日本円と現地通貨の交換比率のことであり，その交換比率のもとで行われる通貨の交換が外国為替取引である。少し専門的ではあるが，「**ある通貨とその他の通貨の相対的な価格**」を「**名目為替レート**」と経済学では呼んでいる。そして為替レートの決定メカニズムを研究する経済学分野を「国際金融論」と呼ぶ。

　本稿では為替レートが外国為替市場でどのように決まるか，国際金融論において標準的な2つの見方を紹介する。そこでは裁定取引と呼ばれる人類の「教養」とも言うべき経済学の本質的な考え方が中心的な役割を果たす。

✼ 裁定取引と一物一価

例えばあなたが訪れている外国はアメリカだとする。外貨両替商の電光掲示板の数字は次のように示している。

円から US ドル：100 円/ドル，US ドルから円：98 円/ドル

つまり日本円を 100 円持っていてドルに両替すると 1 ドル手に入れることができ，1 ドル持っていて円に両替すると 98 円手に入れることができる。前者の為替レートを「オファー」（ドルの売り値，「アスク」とも言う），後者のレートを「ビット」（ドルの買い値）とそれぞれ呼ぶ。またビットとオファーの差を「ビット・アスク・スプレッド（差）」と呼ぶが，このスプレッドが両替商の差益と考えることができる。取引にかかる費用（例えば人件費など）がないとすれば，このスプレッドは限りなくゼロに近づくことは可能だが，決してマイナスになることはない。両替商はドルを安いビットで買い，高いオファーで売るからだ。

ここで別の両替商がいるとする。あなたが両替商に慌てて駆け込む前に，この別の両替商は揉み手をしてあなたに近づきこう囁く。「うちのオファーは 99.9 円で，ビットは 98.1 円ですが，どうでしょう？」あなたは 99.9 円で 1 ドル買えるわけだから，こちらの両替商との取引を望むだろう。スプレッドは 1.8 円であり，2 円よりも安いがまだプラスの差益を確実に得られるから，この両替商もあなたとの取引を望んでいる。

ところが，そこに別の両替商が出現し，99.8 円のオファーと 98.2 円のビットを提示したとしよう。あなたはこの両替商との取引を望み，スプレッドは 1.6 円なので両替商はまだプラスの差益を確実に得ることができるように思われる。しかし，そこにまた別の新たな両替商が出現することにより，この両替商が利益を得る機会は失われる。極端ではあるが，瞬時に無数の両替商があなたの前に現れる

状況を考えることができる。このときオファーとビットは限りなく近づき，スプレッドはゼロになる。スプレッドがゼロになったとき，新しい両替商は現れなくなる。なぜなら差益はこの先マイナスになってしまうからだ。

　上記の両替商の例は「裁定取引」という経済学において本質的な考え方を端的に示している。裁定取引とは追加的な費用なしに「確実」に利益を得られる機会（「裁定機会」と言う）が存在するとき，その利益を得ようとする経済的な行為（つまり「サヤ取り」）のことを意味する。上記の例では，スプレッドがゼロになるまで，両替商はより高いビットとより低いオファーを提示することにより，確実にプラスの差益を得ようとする。この裁定取引を行う主体のことを「裁定者」と言うが，プラスのスプレッドがある限り，新しい裁定者が瞬時に出現し，極限では裁定機会が瞬時に消滅する。この裁定機会が無くなった状態のことを外国為替市場の「均衡」と呼び，外国為替市場で成立する円ドルのビットレートとオファーレートは理論的には一致する。これを「一物一価の法則」と呼ぶ。ここで空港で見た両替商たちのビットとオファーのずれ，つまり厳密に一物一価が成立しない現実を理解するには，非常に小さな取引費用の存在を考えればよい。このとき，スプレッドが完全にゼロになる前に両替商の差益は消え，裁定機会がなくなるからだ。

　そこで裁定取引の理解をさらに深めるため，次の問いを考えよう。外国為替市場の均衡で決まる名目為替レートは，今日いったいどの水準になるのだろうか。次項では，2種類の標準的な名目為替レート決定の経済理論を紹介する。1つは「購買力平価」仮説でありもう1つは「金利平価」仮説である。これら理論的な仮説においても裁定取引が決定的な役割を担っていることを吟味してほしい。

✻ 為替レートの決まり方

購買力平価　注意深い読者は，今までの議論が「名目為替レート」に限定されていることに気がつくかもしれない。「名目」があるならば「実質」がある。ここで「実質為替レート」とは「**同一財の同一通貨単位で測ったときの相対価格**」を意味する。

例えばあなたは空港でアメリカのコーヒーが日本のそれより安いという印象を持ったとする。すると日本のコーヒー1杯でアメリカのものを何杯買うことができるかを計算する。それが日本のコーヒーの「購買力」であり，このときコーヒーという同一財で測った円ドルの実質為替レートを計算しているのである。実際にイギリスの経済誌『エコノミスト』はスターバックスコーヒーで測った2国間実質為替レートを「スターバックス指数」として報告している。

ここで関税や輸送にかかる費用なしで，アメリカの空港でコーヒーを買って日本に持ち帰ることができるとする。このとき，持ち帰ったコーヒーを日本で売れば確実に差益を得ることができる。なぜなら日本でのコーヒーはアメリカのものと比べ高いからである。そして，もし多くの裁定者がこの裁定行動に参加すれば，アメリカのコーヒーの価格が上昇し日本のそれが低下して，裁定機会が消滅する均衡では「一物一価の法則」が成立するため日米のコーヒー価格は一致する。そして，このコーヒーに基づいた日米の購買力の差，つまり実質為替レートは1に等しくなる。

より一般的には，それぞれの国で代表的な家計（消費者）が典型的に消費する財の組合せ（つまり買い物バスケット）を想定する。この買い物バスケット1単位の価格は「消費者物価指数」と呼ばれ，当該国の一般物価水準の指標となっている。この一般物価水準を共通通貨単位のもと，日米間で比較したものが，円ドルの「実質為替レート」である。つまり実質為替レートとは，名目為替レートを日

米間の物価水準で調整したものと考えられる。例えば，もし日本の一般物価水準がアメリカのそれよりも低くなれば円の「実質減価」（実質的な円安），逆に高くなれば円の「実質増価」（実質的な円高）と言う。

ここで同じ消費バスケットを日米が共有し，消費バスケットを構成するすべての財を輸送費をかけず日米間で売買できるとしよう。すると個々の財で裁定取引が起こり，すべての財においてそれぞれの価格は共通通貨単位において日米間で等しくなる。つまり日米の購買力が等しくなり実質為替レートは1になる。このとき，名目為替レートは日米の消費者物価の比に等しく決まる。このような財の裁定取引に基づいた為替レートの決定理論を「購買力平価説」と呼ぶ。

この購買力平価説は，名目為替レートの長期的な趨勢をかなり正確に捉えることが知られている。

金利平価　次に「金利平価説」を概観しよう。そのため例えば読者が100万円を手元に持っているとする。そしてある晩次のように考える。「タンス預金では利子がつかないし，ましてや火災や盗難などの危険もある。ここはひとつ安全な銀行に預金しよう。」

銀行預金にも2つ選択肢がある。つまり国内銀行（以下邦銀と呼ぶ）の円預金（円で預金する）か外国銀行（以下外銀）の外貨預金（外貨で預金する）かである。例えばアメリカドルの外貨預金を考えよう。このドル預金は1ドル預けると1年後に確実に1.05ドル返してくれる（つまり年利5％）というものだ。一方，邦銀の円預金も1円預けると1年後に1.05円を確実に返してくれる（つまり年利5％）としよう。

その晩テレビの経済情報番組を見ると，為替の動向予測で世界的に著名な経済評論家が次のようにコメントしていた。「円ドルレー

トは現在1ドル100円ですが，1年後円は120円まで減価するというのが私の見方です。」

あなたはすぐに計算を始める。100万円を邦銀に預金すると1年後には預金の受け取りは105万円になる。一方外貨預金をすると，現在の100万円は1万ドルだから，1年後には1万500ドルを受け取れる。それを1年後円に再び交換しなければならない。著名な経済評論家の予測は1ドル120円である。この予測が確実ならば外貨預金は日本円で126万円（＝1万500ドル×120円）となる。差益はなんと21万円（＝126万円－105万円）である。「ボロ儲けだ！」と確信し，翌朝外銀に駆け込んで1万ドルのドル預金口座を開設しようと硬く決意したあと，あなたは就寝する。

朝起きてテレビをつけると，耳を疑うニュースが入ってきた。「今朝シドニーの外国為替市場で円がドルに対し急落し，現在120円で取引されています。」こうなると120円のレートでは外貨預金をしても1年後あなたは105万円しか受け取れない（練習問題のつもりでぜひご確認ください）。つまり邦銀に預金しても外銀に預金しても結果は同じである。ドル預金をすることで円預金よりも確実に儲けることはできない。いまや著名な経済評論家の予測はうまい儲け話ではなくなった。

なぜこのようなことが起こってしまったのだろうか。その理由は経済評論家の予測をテレビを通じて多くの市場参加者が知ってしまい，さらにあなたと同様その予測を確かなものとして受け入れたことにある。無数の市場参加者があなたと同様に外貨預金を開設しようとする。すると現時点において外国為替市場で瞬時に大量の円が売られドルが買われることになる。ドルの方が円より相対的に希少になるので，円の価値はドルに対して相対的に下がる（つまり1ドル100円から120円へと円安に動く）。

この円売りドル買い行動がこの例における裁定行動である。この裁定は円預金とドル預金の差益がゼロになり，裁定機会が消滅するまで起こり，均衡では現在の為替レートが100円から瞬時に120円まで減価する。

　このような2国間金利差に対する裁定取引に基づいた為替レートの決まり方を「金利平価仮説」と呼ぶ。名目為替レート決定の標準理論として，この金利平価のもとでは現在の為替レートは2国間金利差と将来の為替レートに対する予測に基づいて決まる。

✣ 教養としての経済学：確実な儲け話はない

　本稿で紹介した金利平価と購買力平価の例は，生き馬の目を抜く過酷な経済を日々生き延びるための「教養としての経済学」を私たちに示唆する。裁定行動は確実な利益が消滅するまで起こり，為替レートは瞬時に調整される。そのとき，例えば著名な経済評論家の予測は経済的価値を失う。この均衡では誰もこの経済評論家の予測で確実に儲けることはできない。「確実な儲け話」などの類は，裁定行動を無視した経済学的根拠を欠いたものである，ということをぜひ覚えておいてほしい。最近日本では低金利が長きにわたり続いているが，「確実に儲かる外債投資」などという甘言には近寄らない方が身のためである。「自分だけは市場で売りぬくことができる」などと考えていたら，それこそが禍の源である。

　最後にこの経済評論家のその後が気になるかもしれない。逆説的であるが，この経済評論家は著名だからこそ彼の予測の情報価値は市場で早く劣化する。そしていつも儲からない予測しかしなくなるので多くの聴衆はこの経済評論家への興味をなくすだろう。1年後にもしあなたが儲けられたとしたら，それは予測とは異なりさらに円が減価して120円から，例えば130円になったときである。しか

し予測が外れたという意味で,この経済評論家はやはりその信奉者を失うのである。

➡ 読書案内　　高校生や大学教養課程の初学者が裁定取引の経済的含意を身近な経済現象を通じて理解するための良書として,三輪芳朗『誰にも知られずに大経済オンチが治る』(ちくま新書,2002年)を紹介したい。ハードルは高いが,ぜひチャレンジすることをお勧めする。

　裁定取引の考え方を一度把握してしまえば,本稿で紹介した為替レートの標準的な経済理論を正しく理解することは初学者でも容易である。経済学は鬱蒼とした国際社会というジャングルを上手く渡るための強力な地図です。どうぞ良い旅を!

［加納　隆］

2-7 変動するものの価値を評価してみよう

K君は今春めでたくも、首都圏にあるH大学経済学部に入学した。大学生活を大いに楽しもうと思うものの、学費を出してくれる保護者の経済状況からも、留年などはせずにちょうど4年で卒業し、社会に出て働きたいと考えている。そのためには、卒業に必要な単位を計画的にそろえたい。一般に大学では、履修科目を決めるにあたりある程度の自由さがある。必修科目やいくつかの制限を除けば、自分が興味を覚える範囲で、それほど労力をかけずに単位が取得できそうな講義を選べばよいだろう。そうすれば4年で無理なく卒業できるかもしれない。

いろいろ調べていると、I教授の「金融工学入門」という講義が開講されるのに気がついた。経済に工学？とは何かずれている感覚を覚えるが、将来は金融機関で働きたいと考えているので興味が湧かないわけでもない。講義の案内文には、「金融危機の遠因とも非難されているが、それにもかかわらず金融工学の知識は、現代の金融の世界では必須である」と変に勇ましいことが書かれている。ここはひとまず履修登録しておき何回か出席してみて、面白ければそのまま真面目に勉強し期末試験を受けて単位をねらおう。一方、案内文はまったくの虚言であり勉強するのが時間の無駄に思えるようならば履修を撤回しよう、とK君は考えた。

以上は単なるお話にすぎないが、K君のこの考え方に対する分析は、戦略的見地のものを始めとして何通りか可能であろう。ここでは、次の観点から考察してみたい。論点をはっきりさせるためにも、改めて次のような問題として整理しておこう。

問題 K君は，最終的な選択をするにあたり，講義の価値をどのように見積もり，最初の何回くらい出席するのが適当だろうか．

I教授の「金融工学入門」なる講義は，案内文はあるものの，K君にとって今後どのように展開されていくのかわからない．その意味で，K君にとって講義の価値は回を重ねるごとに絶えず変動しており先が見通せるものではない．履修登録とは，そのような変動するものに対して試験を受けるという権利を得ることに他ならず，最初の何回か出席して試してみるのは，その権利を行使するかどうか見極めるためのある種の保険料とみなすことができる．もちろん履修登録には，保険料のようなリスク（risk）の対価という意味はないので，単に表面的な類似性と心得てほしい．ともあれ問題の意味することは，不確実な変動をしていて先が見通せないリスキーな対象について，どのようにその価値を見積もるのか，言い換えれば，どのようにリスクヘッジ（risk hedge）を行うか，ということになる．そのためには，不確実に変動する対象を記述する何らかの数理モデルを設定する必要があり，さらに加えて，いくつかの仮定のもとで見積もることとなる．例えば，不確実な対象が日々変動している株価の場合には，株価変動モデルがいくつか知られており，その上に，リスクなしに利益（return）を得ることはない，という無裁定の原則（principle of no arbitrage）を用いてさまざまな金融派生商品（financial derivatives）の理論価格を導出する．以下では，数式はできるだけ用いずに，このような理論の骨組みを紹介したい．

❦ 変動するものの価値評価

有為転変は人の世の常である．数学の定理のような永遠不変の真理を除けば，一般には，世の中の物の価値や行動に対する評価は

刻々と変動する。しかもその変動が不確実なときが問題である。日々変動する場合でも，もしその変動が昨日から今日，今日から明日へと決定論的に変化する場合は，あらかじめ対処が可能であり，特に大きな問題とはならないだろう。決定論的とは，今日の状態が昨日の状態からはっきり決定されるような状況をさす。

これに対して，不確実に変動する対象を一般にリスクと呼ぶ。

そして不確実に変動する過程を記述する道具として知られているのが確率過程（stochastic process）である。確率過程とは，各時刻 t に対して確率変数（random variable）$X(t)$ が定められる時間 t の関数のことである。ここで確率変数 X とは，X の取りうる値に対してその実現する確率が定められているものである。確率変数の例として，例えばサイコロ投げは次のように表される。

確率変数の例（サイコロ投げ）

X の取りうる値はサイコロの出る目の $\{1, 2, 3, 4, 5, 6\}$。

それぞれの目 $k(k=1, 2, 3, 4, 5, 6)$ に対して，$X=k$ である確率 $P(X=k)$ が

$$P(X=k) = \frac{1}{6}$$

と定められる。

この記号 P は，確率（probability）の頭文字に由来する。ここで全体の確率は，1/6 が 6 つで 1 となることに注意しておこう。

さて，I 教授の講義を強引に確率過程としてモデル化してみる。講義の回数は全 15 回なので時間 $t=1, 2, \cdots, 15$ である。各 t に対して確率変数 $X(t)$ がとる値は，講義の面白さ

$X(t) = \{$面白い，まあまあ，つまらない$\}$

とする。これに対して各 t でそれぞれの確率が定まると考えるのである。K 君が実際に感じた確率の数値を設定することは，ここでは I 教授の名誉のために控えておくが，I 教授自身は，

$P(X=面白い)=0.7$,

$P(X=まあまあ)=0.2$,

$P(X=つまらない)=0.1$

くらいを目標にしているようである。

ところで，このような確率過程において最もよく知られているのがブラウン運動（Brownian motion）を用いるモデルである。株価変動，金利の変動，会社の資産変動，などなどさまざまな対象に応用されている。ブラウン運動とは，もともとはイギリスの植物学者であるロバート・ブラウン（Robert Brown, 1773〜1858）により 1828 年に報告がなされた自然現象である。水面に浮く，花粉から出た微粒子がちょこまかと落ち着きのない動きをする。このような乱雑な動きは，水面に限られることもなく，また微粒子が花粉由来である必要もない，きわめて普遍的な現象である。詳細は省略するが，微視的（microscopic）な運動と巨視的（macroscopic）な現象が結びつけられた最初の例として大変に有名である。

このブラウン運動において基本的な役割を成すのが，伊藤清教授（1915〜2008）により創始された伊藤算法（Ito calculus）と呼ばれる理論である。これは 20 世紀数学の偉大な成果の 1 つであることを付記しておこう。

✿ 派生商品（デリバティブ）

履修登録は期末試験を受ける権利とみなすことができる。以前は，実際に試験を受けなければ最初から履修しなかったこととされたので，まさに単なる権利にすぎなかった。最近はこれと異なる制度の

大学が多いが，ここでは簡単にするために，以前のような単なる権利であると解釈しておこう。そうするとこの履修登録は，I 教授の講義の面白さが変動するというリスクに対して，一種の保険の機能を果たすものと考えられる。強引な解釈であるが，この意味で履修登録は，変動する講義の面白さの行く末から派生して考えられた仕組みとみなすことができる。

　同じような仕組みは，生活の知恵，あるいは社会生活上の知恵としてさまざまな局面でそれとなく用いられている。例えば，旅行ツアーに参加するときには，旅行会社に申し込む際に申込金をいくばくか支払い，その後にツアー開始何日か前までに残金を支払うという形を取ることが多い。申込金を支払った日から残金を支払う日までの間に，何か不都合が生じてツアーそのものに参加できなくなったときには，申込金は返済されないものの残金を求められることはない。すなわち申込金の段階では，申込金はツアーに参加する権利を得るための契約料（premium）にすぎない。変動しているのは，ツアーに参加できるかどうかという状態である。

　その他にも生命保険がある。生命保険は，各自の余命という不確実で変動する対象を元に，保険料という参加のための契約料を支払い，保険金を受け取る権利を得るものと解釈することができる。

　一般に，このように変動するというリスクに対するリスクヘッジの商品を派生商品（デリバティブ：derivatives）と言い，元となる変動する対象を原資産（underlying asset）と呼ぶ。原資産から"派生"して考えられているので派生商品と呼ぶのである。生命保険の例では，各自の余命が原資産，生命保険がその派生商品である。そして，権利を得る契約という形をとる派生商品をオプション（option）と言う。これらの派生商品は，主に金融の世界で多く考案されており，オプション以外にも，先物契約や先渡し契約なども派生商品の部類

である。

以上をまとめると，最初に提示した問題は，派生商品の価値をどのように見積もるのが適当か，すなわち契約料はどれくらいが適当か，という問題と同等なものとなる。

ちなみに，このような派生商品の取引に関して日本は先進的な国である。江戸時代の享保15年（1730年）に，大阪堂島米会所の公設先物取引所が時の幕府によって許可されている。これは公設の市場としては世界初の優れた制度である。江戸時代の米の生産は，現代以上に天候という不確実に変動する対象に大きく依存していた。そしてまさに米価格はその生産量に大きく依存する。このリスクに対するリスクヘッジとして，すなわち米価格の安定をもたらす仕組みとして，公設先物市場は存在意義が認められたのである。

タダメシは存在しない

派生商品の価値を評価するためには，元となる原資産の不確実な変動を記述するモデルに加えて，経済学の発想が必要である。その核となる考え方が無裁定の原則，あるいは俗に言う「タダメシは存在しない」（there is no free lunch）である。例で考えてみよう。例えばまったく同じ菓子が1つの店で200円，別の店で150円で売られており，さらに空想的な仮定ではあるが，両店の間で売買の取引が自由に行われることが可能だったとしよう。当然，安い店で購入し高い店で売却すれば，リスクなしに利益を得ることができる。このような取引を裁定取引，あるいは俗にさや取り取引と言う。もちろん実際には，このような単純な状況はありえないが，金融の理論においては，市場が十分に効率的ならば，すなわち，情報が参加者全員に瞬時に伝わり取引費用も存在せず空売りを含めて売買も自由にできる，などなど幾分にも空想的な仮定のもとでは，裁定状況は確

かに発生しないとあらかじめ仮定する。リスクなしに利益を得ることはないのである。これを無裁定の原則と言う。

現在の理論では，派生商品の価値を評価する際に，その変動過程が計算可能なものを用いて，求めようとする派生商品と最終の満期時点で同じ価値を持つように組み合わせる。そうすると，無裁定の原則により両者は満期より前の時点においても同じ価値を持つことが導かれる。このようにして派生商品そのものの価値が計算されるのである。

最初の問題に戻れば，I教授の講義と同じ面白さとわからなさで，同じ単位の別の教授の講義が開講されていれば，K君にとってはどちらも同等，といささか味気ない結論となるかもしれない。無裁定の原則は，金融商品の理論価格を導出するのには確かに強力であるが，導出のための前提条件は相当に厳しいものであることを認識しておく必要があるだろう。

❀ おしまいに

最初の数回出席してみて，よくわからないまでも楽しそうな内容ではあるので，結局K君はそのままI教授の「金融工学入門」の履修を続けることにした。期末試験はまだ先である。単位を落とさない程度に，あわよくば良い成績を取る程度に勉強しよう。

本稿筆者の得意とする，不確実変動の数理モデルである確率過程であるが，現実にはこれを本格的に勉強するためには，準備が割と大変である。まず大学初年級の数学と統計の知識はしっかりと押さえておく必要がある。学部後半になっても準備は続き，急いだとしても卒業間近になりようやく確率過程に取りかかることが可能となる。忍耐を持って勉強することが肝要である。この分野は，伊藤清教授の影響もあり，世界の中でも日本は先進国であり続けている。

金融への応用は，研究の面からも実務の面からも今後ともさらに強化がなされるべき領域である。皆さんの参加を期待している。

なお最後に，I教授に代わって「金融工学入門」の学習に関する紹介を述べて本稿の終わりとしたい。

▶ **読書案内**　まず全般に関しては，書かれた立場は異なるものの，ともに名著の誉れが高い，①高橋誠・新井富雄『ビジネス・ゼミナール デリバティブ入門』（日本経済新聞社，1996年）と②齊藤誠『金融技術の考え方・使い方：リスクと流動性の経済分析』（有斐閣，2000年）をあげる。派生商品そのものに関してならば前者を，経済学の立場で取り組みたいならば後者を，となるのであろうが，やはりどちらも推奨する。また，金融市場における無裁定の原則の意義については，③刈屋武昭『金融工学とは何か：「リスク」から考える』（岩波新書，2000年）がよくまとめられている。

［石村直之］

2-8 公正かつ自由な競争とは何か？

競争が「公正」かつ「自由」であることの意味について考える。ここで競争とは「すべてを獲得することができない何物かがあるとして，その獲得をめざして，個人・企業・国家などが対抗しあうこと」とやや広義に定義しておく。以下，競争の意味を考える手がかりとして，ごく身近な事例から話を始めることとしよう。

⚜ 大学受験・就職活動における競争

日本の大学受験や就職活動のあり方については，長年にわたり百家争鳴の状態が続いている。しかし，望ましい選抜メカニズムについて意見が収束する傾向は一向に見られない。受験や就職は人生の針路を決めるというインパクトの大きな経験だけに，誰もが自らの経験に囚われがちとなるためかもしれない。

受験競争や就職活動の経験は，「公正」かつ「自由」な競争に対して，各々の世代に特有の感覚を醸成してきたように感じられる。例えば，生まれ年の巡り合わせという，本人の努力では如何ともしがたい事情によって，昭和ひと桁世代が戦争を経験し，ベビーブーマーが激しい受験競争や出世競争に直面する。あるいは，好・不況の波は本人の努力では対処のしようがないにもかかわらず，バブル崩壊やリーマン・ショックのあおりを受けた大学生が就職活動に苦労する。さらに，どのような家庭で生まれ育ったかは，本人の努力では如何ともしがたいことであるが，大学受験では高学歴で裕福な両親をもつ学生が有利となる傾向がある。このように，経験や境遇の違いに応じて，大学受験や就職活動に対する公正性の感覚は大きく異なっていても不思議ではない。

これらの例からわかるように，多くの人は公正かつ自由な競争が行われるべきであることに賛同するであろうが，具体的にどのような競争ルールが公正かつ自由であるかについて合意を得ることは容易でないのである。

✼ 事業者の競争を律する独占禁止法

利益を求めて競い合う事業者同士の競争においても，公正かつ自由な競争を実現するための規範が強く求められる。競争は弱肉強食であり何をしてもよいなどということに同意する人は誰もいないであろう。しかし，具体的な競争ルールを施行し個々の事例に即して運用していくことは大変難しいことである。実際，事業者同士が裁判などの場で争う事例は枚挙に暇がない。

このような事業者同士の競争を律する法の1つに独占禁止法（独禁法）がある。独禁法は，「公正且つ自由な競争を促進」することによって，「一般消費者の利益」を確保し，「国民経済の民主的で健全な発達を促進すること」を目的としている。商業・工業・金融業を問わず，およそすべての事業者は，ほぼ例外なく独禁法を遵守することが求められる。

しかし，どのような場合に違法となるかを，あらゆる行為類型にわたって，独禁法があらかじめ詳細に定めているわけではない。特に，独禁法では同調的に行動することが違法とみなされる場合があることに注意してほしい。「カルテル」や「談合」と呼ばれる行為がそれに該当する。このような同調的行動の是非を，同じく身近な事例から考えてみることとしよう。

✼ 同調的行動とクール・ビズ

日本の官庁街である霞が関を歩いていると，妙な威圧感というか

圧迫感を覚えることがある。その原因の1つに（私も他人のことを言えないが……）霞が関を行き交う人たちの没個性的な服装と髪型がある。服装はほぼ紺かグレーの背広，髪色も茶色は見られずほとんど黒か白，また，男性の比率が非常に高く，その表情の多くはいくぶん険しげである。

この印象は，6月1日からいっせいにネクタイが見られなくなることによってますます深まる。室内温度は28度と決められ，日々の寒暖の差や個人の体感温度の違いは考慮されない。そして10月1日にいっせいに元に戻る。いわゆる「クール・ビズ」である。しかし，クール・ビズと言っても，ポロシャツなどカジュアル系の人はほとんど見られない。いつでもネクタイが締められる，まさに臨戦態勢の構えである。整然として均質的な印象が驚くほど維持されているのである。

このような服装や身なりの均質性が維持されている理由を2通り考えてみた。1つめの仮説は，各人の身なりが暗黙裡に共通の規範へと収束したものとみなす。独禁法の研究では，これを「暗黙の協調」とか「意識的並行行為」と呼ぶ。霞が関で仕事を進める際に服装や髪型で個性を発揮することは不都合が多く，各人が合理的に選択した結果，周りの人たちと同様の身なりをするようになったと考える。

2つめの仮説は，特定の服装の規範（ドレス・コード）が明示的に定められていると考える。メンバーの帰属意識を高めるため，また同調的な行動を促すために，企業や学校で制服が導入される理由と同じである。この仮説に依れば，霞が関の服装は明示的な合意に基づいており，もし個性的な服装で仕事をすると，集団から拒絶（いわゆる「村八分」）される危険が高まる。それゆえ，この合意には強制力を伴う。このメカニズムは，独禁法で厳しく禁じられる「カル

テル」や「談合」にも通じるところがあると言えよう。

❀ 慣習・規範の役割

このような服装の例に見られるように，どの職場や組織でも，メンバーの行動を規律づける「慣習」や「規範」がある。そして，どのような場面であれ，何らかの合意を取り結ぼうとする場合には，参照されるべき規範や慣習が必ず存在するはずである。私たちの間で慣習や規範に共通点が見出せなければ，合意形成はそれだけ難しくなってしまうであろう。

「暗黙の協調」と「明示の協調」の違いは，独禁法の違法性の判断の際には大問題となる。価格カルテルのように明示的に協調して価格引き上げを行うと，課徴金を課されるばかりでなく，刑事罰の対象ともなりうる。法的には，当事者間に「合意」は存在したか，それを立証する「意思の連絡」があったかが厳しく問われることになる。

服装について大袈裟な，と思われることを承知の上であえて言えば，カルテル・談合とドレス・コードの心理的メカニズムには相通じるところがあると思う。以前，経団連の会長が，「日本では談合はなくならない」という趣旨の発言をして物議を醸したことがあったが，このような心理的機微に染まった慣習・規範が日本では根強く残るという意味に解釈すれば，それはある程度正しいのではないか。日本では2つめの仮説の方がより強く妥当すると言えそうである。

❀ なぜ競争は望ましいのか？

それでは，日本的とも言えそうな同調的行動が維持できなくなるにもかかわらず，なぜ競争は望ましいと言えるのだろうか。競争が

もたらしてくれるメリットは，一言で言ってしまえば，私たちの経済・社会を「効率的」にしてくれることにある。経済学では，競争を通じた効率性の改善は3つのルートを通じて実現すると考える。

第1に，競争は，個人や企業の間の優劣の比較を容易にする。これによって，誰が，どの商品・サービスが，どれぐらい優れているのかが明瞭となる。この「比較を通じた競争」こそ，効率性を高めようとする誘因（インセンティブ）を個人や企業に与える。

第2に，競争とは，それがなければ誰も知りえなかった事実や情報が発見されるプロセスとみなせる。どのような企業が存在し，どのような商品・サービスが提供されるのか，また，どの商品・サービスが消費者の支持を獲得するのかは，競争を通じて初めて人々の知るところとなり，広く周知されることとなる。

第3に，競争のもたらす最大のメリットは，新しい生産方法，新しい商品，新しい組織形態，新しい供給源，新しい取引ルートや新しい販売市場の開拓といった形でもたらされる。このような動学的イノベーションこそが市場競争の本質である。すなわち，競争はイノベーションを促進するのである。以上をまとめると，

(1) 効率化へのインセンティブの付与
(2) 情報発見プロセスと選抜メカニズムの提供
(3) イノベーションの促進

の3点が競争のもたらしてくれるメリットである。これらのメリットは，最終的には消費者のメリットにつながるものである。独禁法が「消費者保護法」と呼ばれ，また独禁法がめざすのは「競争の保護」であって「競争者の保護」ではないと言われるのは，このような文脈を考慮してのことである。

✿ 自由な競争とは何か？

このような効率性の観点からの競争のメリットは、まさに経済学が強く主張するところである。しかし、忘れてはならないもう1つの重要な競争のメリットは、自由を実現することである。ここでいう自由とは、消費者や企業に独自の目標を自律的に追究する「機会」を提供すること、および、競争を公平・透明に実現する「手続き」を提供することである。自由な競争には、「機会」と「手続き」という2つの質的に異なる側面が含まれるのである。

このうち、さらに「手続き」には、「個人が自律的に選択できる範囲」と、「他者からの干渉を免れること」という2つの意味がある。前者を「ポジティブな自由」(への自由)、後者を「ネガティブな自由」(からの自由)と呼ぶこともある。

クール・ビズへの違和感から見えてくるように、服装は個性を発揮し、心の平衡を維持する大切な手段のはずである。独禁法のめざすところも、ごく簡単に言えば、他者(他社)との差異を大きくすることによって個性を発揮しよう(利潤を高めよう)とする「自由」な営みを支えることにある。単に「競争は善」であり、「効率性を高める」と言っているだけでは、競争の指針は何も見えてこない。

✿ 公正な競争とは何か？

競争の効用は効率性を高めることにあると先に述べた。しかし、効率性のみに依拠した判断が人々の常識的判断からかけ離れてしまう危険は常に残る。望ましい競争のあり方は、それを取り巻く制度の状況が明確に規定されたもとで初めて厳密な分析が可能となるとも言える。しかし、経済学では公正性に言及されることはきわめて少ない。このような公正性と効率性を分離する分析的態度が多くの経済学者に採用されてきたのは、より客観的な分析が可能となる領

域に分析対象を限定する傾向があるという、実に便宜主義的な理由によるという他はない。

野球やサッカーなどのスポーツでは、実に細かいルールが数多く定められている。これによって、チームの間に勝利への公平な条件と均等な機会（level playing field）を提供しようとしている。にもかかわらず、実際の試合の中で、フェアプレイと感じたり、あるいはズルいと感じたりする場面を経験することはよくある。最初の例であげた受験競争や就職活動においても、何が公正かという点に無関心な人はいないであろう。このような感覚を自覚し、その根拠を理解しようとする態度が、公正な競争を理解するためには大切である。競争のもたらす効率性のメリットを最大限に希求しつつ、やはり同時に、公正な競争とは何かを追究する態度も失うべきではない。

最後に、「公正かつ自由な競争」を考えるヒントとして、競争の行為規範として法哲学者から提案されるルールを列挙しておく。
(1) 他人の行為にただ乗りする者（フリーライダー）は勝者となるべきでない。
(2) 貢献に応じた褒賞が与えられるべきである。
(3) 凡庸な競争者の集団的エゴイズムによって卓越した競争者の勝利が妨害されてはならない。
(4) 挑戦者の権利が成功者の既得権に堕してはならない。
(5) 自分が勝者となる場合にのみ競争促進を求め、敗者となるときは競争を制限しようとするような二重基準を設けてはならない。

これらのルールを直感的にもっともであると感じる人は多いのではなかろうか。それは、効率性の基準のみでは測れない競争ルールが存在すべきことを強く示唆している。また、公正かつ自由な競争

は，効率性の向上とも整合的となりうると考えるべきであるし，そのような方向をめざして競争ルールが構築されるべきである。

ただし，現実の市場は，公正かつ自由な競争への共通の了解が得られない状況がしばしば生じることも忘れてはならない。だからこそ，スポーツのさまざまな規則に見られるように，公正と自由を織り合わせるための数多くの細かなルールの設定や見直しが必要となるのである。公正かつ自由な競争を唱導することは，「公正」や「自由」を名目とした温情的な政府規制──実は「不公正」で「不自由」な競争を強いる介入を招く危険と隣合わせとなっているのである。

➡ **読書案内**　競争の意味・意義を，広い視野からわかりやすく解説しているものとして，①大竹文雄『競争と公平感：市場経済の本当のメリット』（中公新書，2010 年），②齊藤誠『競争の作法：いかに働き，投資するか』（ちくま新書，2010 年）がある。本稿のテーマである独禁法の審判決事例を法的・経済学的に解説したものに，③岡田羊祐・林秀弥編著『独占禁止法の経済学：審判決の事例分析』（東京大学出版会，2009 年）がある。本稿の最後に触れた法哲学者による公正競争への論考として，④井上達夫「公正競争とは何か：法哲学的試論」（『法という企て』所収，東京大学出版会，2003 年）がある。

［岡田羊祐］

2-9 増税も国債も同じこと？

　経済全体のモノの売れ行きを示す「景気」。景気が落ち込み，不況になると，失業をはじめとするさまざまな社会・経済問題が発生する。そこで，政府に対して，景気回復のための政策が求められることになる。

　これまで有効と考えられてきた政策の1つは，国債を発行することで得られる財源を用いて，減税することである。2012年度の国の歳出額は，約90兆円。この歳出のうち，約半分に当たる約44兆円が国債の発行で，つまり借金で賄われる予定である。

　税率5％の消費税からの予定税収は約10兆円である。したがって，仮に消費税率が10％であったとしても，現在の歳出を賄うためには約34兆円の国債発行が必要となる。日本では，国債発行に大きく頼る財政運営を1990年代から約20年続けてきた。その結果，2012年度には国債の累積発行額は700兆円を超えることになる。

　この巨額の借金を返済していくのは，主として，これから日本を背負っていく日本の若者である。もちろん，国債の利払いや償還は現在も毎年行われている。元利償還額は，例えば2012年度では約22兆円にのぼる。巨額ではあるが，実はそれ以上の国債発行が行われ，元利償還も借金で賄っている状況である。借金の返済は将来世代に先送りされている（→1-5）。恐ろしい話である。

　なぜ，このような財政運営が続けられてきたのだろうか。一言で言えば，国民が増税に反対してきたからである。特に，バブル経済が崩壊した1990年代以降，日本は長期的な不況に陥っていると考えられており，景気への悪影響を考慮して，増税が行われずにきたという経緯もある。つまり，深刻な不況を回避するために，国債発

行による減税が行われてきたも言える。

このような財政運営は，経済学的には，どのように評価されるのであろうか。実は驚くべきことに，国債発行も増税もまったく同じことなので，気にする必要はないという経済理論が存在する。

この理論は，国債と増税は同じという意味で「等価定理」と呼ばれる。さらに，国債発行による減税は，増税による減税と同じなので，景気に対してまったく影響を与えられないという意味で「中立命題」とも呼ばれる。

もし，この理論が正しいとすれば，これからの日本を生きる若者も，現在の日本の財政状況をまったく心配する必要はなくなる。私たちは，そのような理論を信じてよいのだろうか。

以下では，「中立命題」を紹介しながら，経済理論を学ぶことの意義や面白さについても少し書いてみたい。

まずは，上述の中立命題を少し詳しく見てみよう。国債発行による減税が景気に対して中立的と考えられるのは，国債は元利償還のための将来の増税を必要とするからである。それを正しく認識する人々は，国債発行と増税は結局同じことと考え，将来の増税に備えて，減税分をすべて貯蓄してしまい，消費を増やすような行動はとらないと考えられるのである。

合理的な人は，減税で100万円戻ってきても手放しで喜んではいけない。減税が国債発行で賄われたのであれば，将来増税が行われることを認識しなければならない。国債の累積額が大きくなるにつれて，将来の増税を意識する人は実際増えてきている。

この中立命題の基礎となるのは，国債も増税も基本的には同じという「等価定理」である。この議論は，比較優位の理論でも有名なイギリスの経済学者デビッド・リカード（1772～1823）が，『経済学および課税の原理』という本の中で指摘していたことで，「リカー

ドの等価定理」とも呼ばれている。

　このような等価定理や中立命題は，確かに理論的には理解できる。しかし，この理論が正しいとすれば，増税には反対するが国債発行は容認するという人々の行動を上手く説明できない。つまり中立命題が成立しているとは考えにくい。実際の政策論議でも，中立命題は，「机上の空論」として無視されることも少なくない。

　しかしながら，経済学者の多くは，この中立命題を重要と考える。それは，どのような条件のもとで，政策が有効性を持つのかを明らかにし，効果的な政策を立案するためのきわめて有用な情報を与えてくれると考えるからである。

　例えば，上述の中立命題が成立するためには，さまざまな条件が必要であるが，特に次の2つの条件は重要である。

(1) 国債の元利償還のための増税は，減税の恩恵を受けた人々が生きている間に確実に行われる。
(2) 人々は，国債と同じ金利で，自由に借金や貯金を行える。

　現実の経済で，この2つの条件が満たされるとは考えにくい。しかし，中立命題が成立するための条件が明確になることで，景気に良い影響を与える減税政策のあり方も見えてくる。

　まず，条件(1)について考えてみよう。人々が，増税に反対し，国債発行を容認する最大の理由は，この条件が成立していないと考えられるからだろう。国債の元利償還のための増税は確かに必要だが，それはずっと先の話で，自分たちがその負担を全部負うことはないだろう。このような意識が，増税と国債発行に関する意見の違いとなって現れているように思われる。

　ここで，償還のための課税が確実に生存期間中に行われると意識されれば，減税分を貯蓄して将来の増税に備える人も出てくるだろう。逆に言えば，償還のための課税は，減税の恩恵を受けた人々の

生存期間中には行われないことが明確にされれば、人々は将来の増税を心配することなく、消費を増やすと考えられる。

次に、条件(2)について考えてみよう。通常、私たちは借金したくても、市場でお金を借りることは難しい。借金できたとしても、一般に国債よりもはるかに高い金利を支払わなければならない。

そのような制約に直面する人々にとって、政府が国債発行によって減税してくれるということは、大変ありがたいことである。政府が国債の金利で借金をしてくれていることと同じだからである。もともと借金して消費を行いたいと考えていた人々は、減税分を消費の拡大に向けるだろう。

消費拡大効果が大きいと考えられる人々に、集中的に減税を行うことで、減税政策は景気拡大策として有効な政策になりうる。中立命題が成立するための条件を吟味することで、効果的な政策の姿が見えてくるのである。

つまり、景気拡大効果を期待するのであれば、減税は、国民全員にばらまくのではなく、生存期間が短い高齢者（条件(1)）、あるいは、借金したいけれど安い金利で借入を行うことが難しい低所得者や若者（条件(2)）に重点的に行うことが有効な政策となる。

言い換えると、これまでの国債に依存した日本の財政運営の恩恵を受けてきたのは、上記のような人々であったと考えられる。国債に頼る財政運営は、景気の下支えという観点からは一定の効果を持ったと考えられるが、公平性の観点からは疑問も残る。中立命題は、公平性の観点からの議論を行う上でも有用である。

ところで、この中立命題に関しては、アメリカの経済学者ロバート・バロー（1944～）が1974年に公表した論文を通じて、さらに重要な議論が行われることになる。それは上記の条件(1)に関わる議論である。

バローは，元利償還のための増税が減税の恩恵を受けた人々の生存期間中に行われなかったとしても，人々が子孫を持ち，子孫への愛情から遺産を残そうと考えているのであれば，中立命題は成立するという議論を行ったのである。

　というのは，公債償還のための将来の増税は，愛する子孫の可処分所得を低下させるため，そのようなことが起こらないように，人々は減税分をすべて貯蓄し，遺産を増やして，増税の対象となる子孫の厚生が低下しないように行動すると考えられるのである。

　この場合には，国債償還のための増税がかなり先の話であったとしても，国債発行と増税は等価となり，国債発行による減税は景気に影響を与えないという中立命題が再び成立することになる。

　政策的に興味深いのは，上記のような世代連鎖が人々の間に存在する場合，国債の負担が将来世代に転嫁されることはないという事実である。つまり，国債発行を通じて将来世代に先送りされているかのように見えた税負担は，人々の貯蓄および遺産の増加を通じて，世代間の所得移転により相殺されるため，将来世代への負担の先送りは起こらないと考えられるのである。

　例えば，日本の巨額の国債に関しても，償還のための税負担分の遺産を将来の若者は親から追加で受け取ることができるはずなので，心配いらないということである。中立命題や等価定理は，世代間の公平性の問題を考える上でも重要な意味を持つ。

　確かに，すべての人が子供を持っているわけではない。また，子孫への愛情に基づいて遺産を残すわけでもない。したがって，上記のようなストーリーは完全には信じがたいところがある。しかしながら，「リカード・バローの中立命題」は，世代間の公平性の問題を考える際には，国債残高だけでなく，遺産の大きさも考慮すべきであることを教えてくれるのである。

そして、そのような議論の中で注目されるようになったのが、人々の贈与・遺産行動に関する議論であった。バローが考えるように、人々は子孫への愛情から遺産を残しているのだろうか。子供からの愛情や扶養をつなぎ止めるために、遺産をちらつかせている場合もあるのではないだろうか。人々が持つ子供の数は、中立命題とどう関連するのだろうか。さまざまな興味深い議論や理論が、中立命題の研究の中から派生的に生まれてきた。

中立命題に関する議論が示唆しているのは、政策の有効性を考える上で、政策に対する人々の反応を考えることの重要性である。国債発行による減税という政策に対して、合理的な人々は将来の増税を見通して、減税分をすべて貯蓄するという反応をとるため、景気拡大効果がまったくなくなるというのが中立命題の本質であった。

このような「中立命題」が、経済学ではいくつか知られている。もう1つ事例を紹介しておこう。

現在、日本でも、寄付やボランティアなどを通じて、便益をみんなで共有できる「公共財」を、人々が自発的に提供する機会が増えてきた。例えば、2011年に起きた東日本大震災では、被災者支援のために、多くの人が寄付やボランティア活動を行った。もちろん、政府もまたさまざまな被災者支援を行った。

実は、そのような政府による支援に関して、何ら効果を持つはずがないという「中立命題」が存在する。その議論は、こうだ。

例えば、自然災害を受けた地域の支援のために、人々が100億円の寄付を行うつもりだったとしよう。ここで、被災者支援の重要性に鑑みて、政府が60億円の支援を行う政策をとったとしよう。支援額は合計160億円になると期待してよいだろうか。

「中立命題」は、支援金の総額は、結局100億円のままだろうと予想する。なぜなら、政府が60億円の追加支援を行うためには、

60億円の増税を行わざるをえないが、寄付者は、もともと寄付するつもりだった額（合計100億円）のうち、課税額分（合計60億円）は政府を通して被災者に届けられるのだから、自らはその差額分（40億円）を寄付すればよいと考えると予想されるからである。

この結果、民間の寄付額は100億円ではなく40億円に減少し、政府による支援金60億円と合わせて、支援金の総額は、結局100億円にとどまると考えられるのである。これが、近年、注目されるようになった公共財供給に関する「中立命題」である。政府による公共財供給が民間による公共財供給を押しのけてしまうという意味で「クラウディング・アウト命題」とも呼ばれている。

この中立命題が成立するか否かについては、さまざまな実証研究が行われてきた。多くの研究は、中立命題は完全には成立するわけではないが、政府による公共財供給は、民間による公共財供給を減らしてしまう効果はあるようだとの結果を報告している。

そのような結果が得られた理由について、命題が成立するための条件と照らし合わせて考えてみると、すべての人が寄付やボランティアなどを行っているわけではないことが、最も重要な要因であると考えられる。この場合、課税を通じた被災者支援は、寄付を行っていない人たちに、強制的に支援を行ってもらうことで、支援水準を引き上げる効果を持っていると考えられるのである。

確かに、現実には、完全な中立命題が成立するわけではない。しかしながら、部分的にせよ、政策に対する民間の反応が、政策の効果を相殺する方向に働く可能性があることをよく理解しておくことは重要である。

中立命題は、人々の政策への反応に関する研ぎすまされた理論的考察から生まれる。そして、実際の政策を立案する上で、人々の反応まで織り込んだ政策を提案することはきわめて重要である。中立

命題は，人々の合理的行動に強い関心を持つ経済学的思考の特徴が，最も鮮やかな形で現れる命題の1つである。

確かに，中立命題は現実の経済で成立しているとは言いがたい。しかしながら，例えば増税と国債発行は本質的に同じであるということに気づくことは重要である。そして，それが意味することについて考え，それらが異なる効果を持つ可能性について考えることで，私たちの経済に関する理解は深まり，政策のあり方について緻密な議論を行えるようになる。

巨額の国債を抱える日本で，いま必要な政策は，減税よりも国債発行を減らすための増税，そして，政府による公共財供給の拡大よりも民間の公共財供給を促す政策であろう。そのような政策のあり方を考える上でも，中立命題は有用な出発点となる。

中立命題をはじめとする抽象的な理論を出発点として，複雑な経済を見る目を養っていくというアプローチの面白さを感じてもらえたら幸いである。

➡ **読書案内**　財政の基本的な考え方に関しては，①神野直彦『財政のしくみがわかる本』（岩波ジュニア新書，2007年）が平易でわかりやすい。政策のあり方についての経済学的議論については，②畑農鋭矢・林正義・吉田浩『財政学をつかむ』（有斐閣，2008年）を，入門書として紹介しておきたい。地方債まで含めると900兆円を超える巨額の公債を抱える日本。日本の未来を担う若い人たちには，ぜひ，政策の影響やあり方についてもしっかり学んでもらい，自分たちの問題として，これからの日本の進むべき道に関する議論に参加してもらいたい。

[山重慎二]

第3章
歴史の中の経済社会

3-1 歴史の中の私たち
グローバルな視座と社会の律動

　本書を手に取られた皆さんは，経済学にどのような想いを寄せておられるだろうか。

　国際的に活躍するエコノミスト，世界を股にかけて活躍するビジネスリーダー，国家の経済政策を策定し，遂行する行政マン。世界を舞台に活躍する経済学徒たちの姿が，あるいは皆さんの念頭にはおありかもしれない。

　ここでは，私が長らく研究に携わってきた「経済史」という学問の射程と魅力についてお話ししてみたい。その一端をご紹介する中で，経済学を中心に大学でいかに学ぶか，について，ともに想いを巡らせていただければ幸いである。

✤「私」をグローバルに定位する

　私たちは，学者であれ実業人であれ，わが国また国際社会の経済・政治の動きを，的確なデータを踏まえて分析・理解し，合理的な判断をもって行動できる人になりたい，と思っている。

(1) 経済学的思考に基づき，合理的判断のできる人
(2) 統計データを踏まえて行動計画（政策）を策定できる人
(3) 世界各地域の経済社会事情に通暁して活躍できる人
(4) 各国・地域における政策を評価できる人

　私もまた，およそ以上のような人になりたいと思って，経済学部の門をたたいた。

　ただ，現実の「世界」はそう甘くはない。現在の日本の経済情勢を的確に分析できる能力に限っても，生半可な心構えでは得られないし，「世界」各国・地域の諸事情に通じるのは，並大抵の努力で

は，まず不可能というものだ。しかし，この遥かなる道も，ヴィジョンとパッション，そしてパースペクティヴを持って歩めば，いずれ拓ける，と私は思って励んできた。

ヴィジョン（構想力）がなければ，よりよい未来社会像は描けないし，パッション（熱意）がなければ，明るい将来も実現できない。そして，パースペクティヴ（視座）がなければ，想い描いた，現実の，そして未来の社会像も，ひとりよがりなものでしかない可能性がある。社会の現状に対する的確な認識・分析があってはじめて，有意な目標や，そこに至るべき合理的道筋も構想できる，というものではないだろうか。

歴史的現在と経済構造分析

そのために，私たちは大学で，「世界」や「私」の現在を歴史的視座のもとに定位し，分析できるよう，学ばなければならない。

つまり，①「現在」という時間の流れを，多層な組成において理解できること，また，②現在のようにならなかった可能性（客観的可能性）を含めて，現在ある世界の構図の来歴を認識できること，が求められている。

大学に入ったら，まずはそのためのセンスを磨くとしよう。センス（sense）とは，「感性」という意味とともに，「方向（付け）」という原義を持つフランス語だ（発音は「サンス」）。この本来の意味において「現在」を解析できようになること。そうしてはじめて，今ある社会が今後歩むべき道も展望できるというものだろう。

私の専門は，ヨーロッパ経済史，なかでも前近代の経済社会構造分析である。とりわけ「古代末期」という時代（4〜6世紀）の重要性に注目してきた。

この文章をお読みの皆さんは，遠いヨーロッパ（古代末期）の話

と現代世界とに何の関連があるのか,と訝（いぶか）しく思われるかもしれない。ところが,この両者は密接に連動していて,現代の世界経済を律する原理もまたこの旧い時代に形成された,と了解されるのである。現代のヨーロッパも,実は「古代末期」に形成された経済規律の枠内にある（後述）。「ヨーロッパ」の基層文化を学ぶことで,現代世界の構造的理解も得られるというわけだ。

EUに統合される地域,その広がりに思いを巡らしてみよう。すると興味深いことに,その全体が「キリスト教ローマ帝国」の版図とほぼ一致していることに気づくだろう。そう,今日のヨーロッパは,4世紀にまでさかのぼる「キリスト教ローマ帝国」の制度的遺産の上に営まれている。そして,「近代」の過程でヨーロッパが世界をリードするようになったことにより,古代末期に形成された種々の機構・制度が,現代世界を規定することになった,というわけである。古代末期と現代という両者の連関を語るロジックについては後述するとして,ここではまず,理解の一助として「時間の構造」論について一言しておこう。

フェルナン・ブローデル（Fernand Braudel, 1902～1985）は,『フェリペ2世時代の地中海と地中海世界』（原著1948年刊,以下『地中海』藤原書店,2004年）という大著で,16世紀の地中海・ヨーロッパ世界の出来事を分析したフランスの歴史学者である。ただ,彼を単なる歴史家とかたづけてはいけない。彼は,経済学や社会学にも多大な影響を与えた社会科学の巨人だった（読書案内①を参照）。

ブローデルは,歴史（歴史的現在）を分析するのに,時間の多層性に注目した。人間の活動は,「事件」（évenement）の積み重ねである。しかし同時に,ある「構造」（structure）に規定されている。また,地形や気象など「環境」（milieu）に限定されて営まれている。

『地中海』の第1部は,ほとんど動かない歴史,つまり人間と環

境との間にゆっくりと流れ，目立った変化を示さない歴史を分析している。この緩やかな動きは「長期持続」（la longue durée）と呼ばれる。つづく第2部でブローデルは，緩慢なリズムを持って現象する経済，国家，社会，文明といった人間集団の歴史を扱う。この「変動局面」（conjoncture）の中間的な速度は「中期持続」と呼ばれてもよい。第3部は，人間の引き起こす「事件」を描く伝統的な歴史の叙述になる。個々の人間の個性が瞬間的に現れもする素早い運動のドラマ。それは，彼の言葉になぞらえれば「短期持続」ということができる。しかし，ブローデルはこれらをことさら「出来事の歴史」と呼び，事件ばかりを追い求める伝統的な政治史研究者にたいへん批判的な姿勢を見せるのである。

弟子のジャック・ル＝ゴフ（Jacques le Goff, 1924～）は，この「長期持続」を，時間軸を長くとるという意味ではなく，ゆっくりであれ進んでいく周期運動のこと，と解釈している。ル＝ゴフによれば，ブローデルは歴史の進化が異なる複数の周期運動の混成から生まれると見て，3つの周期運動，つまり「3つの時間」の組合せを重視した。ほとんど動かない歴史ではなく，景気循環などの周期運動に関心を抱いたというのだ。ブローデルは，根本的には経済史家だった。そんな彼にとって，出来事の歴史である短期持続は重要でなかったのである。

構造的理解，という概念がある。短期的に継起する出来事よりも，それらを生み出し，また規定する舞台装置としての経済や社会の構造に注目して分析する学問的態度である。経済史家は，そのような態度で，中長期的な構造分析に関心を持つ。そこでは，遠い過去とのつながりの中に「歴史的現在」が立ち現れてくるのである。

❉ 市場社会の由来を考える視座

　私たちの「世界」は、「自由な個人」が相互にモノを売り買いする「市場経済」を基礎として営まれている。近代ヨーロッパで生成されたこの原理は、現代経済を動かすメカニズム（機制）に他ならない。ヨーロッパの「近代市民」が、自らの努力で獲得した「自由」と「責任」の機制。経済史は、この原理と規範を、その形成メカニズムとともに分析する学問、と言ってもよい。

　さてしかし、ここで私たちは2つの疑問に逢着する。

(1)　市場を介した「自由な個人」なる存在（「近代市民」）は、いつ、どのような契機で誕生したのか。

(2)　市場経済に規定された近代社会より前の社会（前近代）とは、どのような機制の上に生活が成り立っていたのか。

　市場経済という機制は、改めて指摘するまでもなく、歴史的に形成されたものである。それは、人々が現実の歴史の中で培い、やがて鍛え上げられた原理なのだ。

　私たち経済史家は、この世界史上の重要問題の解明に取り組んでいる。日本も、またある段階で旧い社会関係を脱却して、この機制を採用した。アジアやアフリカでは、なお「近代化」の途上にある地域も存在する。

　私は学生時代に、ヨーロッパの歴史の中でのみ自然発生的に誕生したこのメカニズムのカギを探求したい、と思った。経済学の学習を通じて私は、この「近代」的なメカニズムを学ぶとともに、「近代－前近代」の比較経済構造論、社会変動論に魅了された。そして、西洋経済史の分野で研究者になった。そこでは、①市場社会や資本主義の原理、②その形成のメカニズム、の解明ばかりでなく、③前近代ヨーロッパで営まれていた農業社会、④また、領邦国家、帝国、といった国家構造の分析、が魅力的な課題として待っていた。

ヨーロッパ史において，近代社会は「都市民」(Burgus) によって切り拓かれた。「都市民」は，12世紀に誕生し，市場交換を介して自由な人間関係を切り結ぶようになる。Burgusというラテン語は，ブルジョワ (Bourgeois) の語源である。増田四郎 (1908～1997：読書案内④を参照) によれば，彼ら (都市民) は，領主が経営する所領経済空間とは原理的に異なる「都市」空間を出現させた点で重要だった。そこは，自由で平等な商人や職人たち (市民) が集い，助け合う空間だったのである。

　「公共性」(Öffentlichkeit) という概念がある。当初，このコトバは，皇帝や王，諸侯など，政治的支配者が，臣民の前で行う祝祭的儀礼に象徴される「再現前性」(Representation) を表していた。この中世 (＝前近代) の身分制的社会秩序に規定された「政治的公共性」が，やがて，「市民の平等」を前提にした，「自由」で「公正」な行動規範を意味するようになるのだった。近代 (18世紀後半) に生まれる経済学 (近代経済学) が前提とするのは，まさにこの「市民的公共性」(bürgerlichen Öffentlichkeit) なのである。

✤「個」の誕生

　市場社会を生んだヨーロッパの経済社会変動は，人間の歴史にとってきわめて重要な画期となった。その変動過程の解明は，汲めども尽きぬ魅力に満ちている。

　改めて要点だけを記しておけば，それは，①「自由な個 (人)」の存在を前提とし，②個と個の平等性を尊重し，③公正で合理的な取引 (相互交渉) を行おうとする。ヨーロッパ世界で醸成されたこの「市民的公共性」の世界は，前近代 (古代，中世) の身分制社会 (領主－農民関係や，種々の主従関係) とは対蹠的で，まさに「近代的」(Modern) だった。

さて,それでは最後に,私が研究してきた「古代末期社会」とこの「近代社会」との関係について一言しておこう。それは,近代市民の実態として想定される「個」が,理念として,また実体としていつ誕生したか,という問題と関わっている。

　アメリカの歴史家ピーター・ブラウン (1930～) は,古代末期 (彼の場合,2～7世紀) という時代を,古代でも中世でもない固有の時代相のもとに把握しようとする碩学(せきがく)である。ブラウンは,この時代に,多くの思想家が登場したことに注目する。

　イタリア界隈で活躍した思想家に限っても,ラクタンティウス (250頃～317頃),アンブロシウス (340?～397),アウグスティヌス (354～430),ペラギウス (354～420?),ボエティウス (480～524/5) など,錚々たる人物が輩出した。ビザンツ帝国の版図となるギリシャ語世界 (ヘレニズム世界) にまで視野を広げるなら,それこそ綺羅星のように,多くの思想家が活躍した時代だった。

　この百花繚乱の思想状況の中に,ブラウンは,「個の誕生」の物語を読む。教義をめぐる論争の中で,論者らの主張がまっ向からぶつかり合った。その様相は,大学で学ぶ思想史の教科書でも,まったく整理されていないほどだ。しかし,むしろその混沌状況にこそ,彼は「個」の星雲を見るのだった。

　神や子,聖霊についての侃々(かんかん)たる議論。譲らぬ主張。その営為の中で,神に向き合う「個」意識が醸成された,という。そのような「個」の意識は,当時,満天の星の個々になぞらえられて,自覚化されていった,という指摘も,まことに興味深い。

　まったく同様のことを,わが国でも倫理学の坂口ふみが説いていた。いわく,

　　「純粋な個としての個,かけがえのない,一回かぎりの個の尊厳,そういったものが思想的・概念的に確立したのは,近代より

はるか以前のことだったと思われる。遅くとも紀元5,6世紀の,あのローマ帝国末期の教義論争のなかで,それははっきりとした独自の顔をあらわし出している。……あのローマの教義論争の時代には,近代の個よりは少し漠然とした,しかし,まだ「意識」に還元されきってはいない,それゆえいかにもみずみずしく,生命にあふれた「個」の概念が生きてはいなかったろうか。」(『個の誕生』岩波書店,1996年,27ページより)

古代末期の構造変動への現代的視点

古代末期に展開したこの「個」の誕生が,もとよりそのまま「近代世界」を生み出したわけではない。しかし,EUを主導する人々が「ヨーロッパ統合1600年の歴史」を語るとき,その背景にこのような議論があることを承知しておきたい。

私は,以上のような「個」の誕生の物語が,国家財政の規律と制度においてもある変容として顕在化した,と考えた。拙著『帝国と慈善』で私は,①この「後期ローマ帝国」で展開された,キリスト教会・修道院による慈善活動の制度化,また②帝国財政における優遇措置,などについて分析した。

それまでのローマ世界では,人々の「貧困」は,イエ(家族)の中で解消され,あるいは地域社会(コミュニティ)において解消されていた。この貧困状態は,「社会的貧困」(social poverty)と呼ばれる。ところが,キリスト教の浸透とともに,このイエのあり方に変化が生じる。地中海(ローマ帝国)の諸都市で,むき出しの,文字通りモノを持たない「経済的貧困」(economic poverty)者の群れが発生するようになったのである。

5〜6世紀,この「貧困者」の群れを収容する施設が,市民の寄進によって設立され,教会・修道院がこれらの慈善施設を経営する

ようになった。ローマ帝国は，市民による寄進行為や，教会による施設運営を，財政面から支援した（免税等，税制特権の賦与）。むしろ，積極的に帝国財政の中に包摂しさえしたのである。欧米社会に特徴的な「慈善社会」は，こうして誕生したのだ。

　現代でも，もとより「貧困者」は公共的に救済されるべきものとされる。「近代国家」は，19世紀以降，この公共的ミッションを国家の職分において引き受けた。だが，ヨーロッパ世界の伝統的な経済（＝政治・財政）システムにあっては，このミッションは長らくキリスト教会によって担われていた。古代末期のヨーロッパで生成されたキリスト教的慈善と，近代国家による福利制度。今日でも，両者が市民の日常的な生活風景を形づくっていることは，改めて指摘するまでもないだろう。

　「個」と「個」の触れ合いの中から生まれる相互認証は，およそ私たち近代人の基礎にある生活哲学である。自由意思に基づく活動の場の確保。そして，自由な個人の活動（の失敗）に対するセイフティ・ネットが準備されること。およそ大学とは，西洋世界で醸成されたこのような理念や概念，また社会装置を，アジアなど他の文明世界との比較の視座から吟味しながら，自らのものにしていく場に他ならない。

　私たちもまた，かかる生活哲学に基礎づけられた「市民の学」としての社会科学，そして「近代ヨーロッパ」が生んだその清雅としての「経済学」について大いに学ぶとしよう。これからの大学生活で皆さんが，「各自の問題」を発見し，大いに研鑽(けんさん)に励んでもらうことを願ってやまない。

➡ 読書案内

①F. ドス編（浜名優美監訳）『ブローデル帝国』（藤原書店，2000年）。フェルナン・ブローデルの仕事が社会科学の世界に与えた影響を多角的に紹介する。パリの社会科学高等研究院 Ecole des Hautes Etudes en Sciences Sociales を創設したブローデル。その事績を学んで，フランス留学を考えてみてはどうだろうか。

②J. ハーバーマス（細谷貞雄・山田正行訳）『公共性の構造転換：市民社会の一カテゴリーについての探究』（未來社，1994年）。「市民的公共性」の概念は，中世から近代にかけて，また19世紀において大きく変貌した。その変容は，政治・社会構造の転換のあらわれだった。経済社会の変動過程を，政治学の立場から論じた傑作である。

③P. ブラウン（足立広明訳）『古代末期の形成』（慶應義塾大学出版会，2006年）。「過渡期」としてポジティブな意義を与えられてこなかった時代が，実は，現代世界の基層を形成した，と論ずる刺激的書物。着眼点の独創性や発想の柔軟性も学びたい。

④増田四郎『大学でいかに学ぶか』（講談社現代新書，1966年）。平易に説かれる社会科学入門。旧い書物ではあるが，「ヨーロッパ」が経済学や社会科学の基礎を与えた，との指摘は，EU，そして現代の世界経済を考える上で，今なお有益だ。

⑤大月康弘『帝国と慈善：ビザンツ』（創文社，2005年）。ヨーロッパ・地中海世界の経済基層文化について分析した論文集。4～6世紀に形成されたヨーロッパ世界の経済社会システムを，ローマ帝国の財政構造論の視座から論じる。この時代（古代末期）に形成された経済社会システムが，現代世界の基層文化を形づくっていることを指摘した。

［大月康弘］

3-2 上海経済の170年
土地制度と都市開発をめぐって

　2012年現在，首都である北京をしのいで中国最大の経済都市となっている上海は，東は東シナ海に面し，黄河と並ぶ中国の二大河川の1つである揚子江の支流，黄浦江の沿岸に位置している。1842の開港以来，沿海の交易都市として，上海は，海外との貿易，人の移動，投資や送金を，広大な中国国内各地と取り結んできた。そうした立地と経済的な機能は，170年の年月が経過し，都市の産業構造が，貿易や海運から，工業，そして金融へと多角化・複雑化しても，いまだに引き継がれている。

　このように「海の街」であり「河の街」である上海の，過去と現在を一瞥するには，黄江浦西岸の外灘（The Bund，ワイタン）と呼ばれる地区に行くのがよい。河に面した中山東一路沿いの1キロ余りには，壮麗な西洋建築が建ち並んでいる。

　19世紀末から1937年の日中戦争前夜まで，上海は，人口，工業生産額，貿易量などいずれの指標をとっても，すでに中国最大の都市であった。そして，1935年当時には，人口の約45％，工場の70

外灘　1929年（出所：Lynn Pan, *Shanghai: A Century of Change in Photographs, 1843-1949*, Hong Kong: Hai Feng Pub. Co., 1993, p. 82)

から80％,そして商店や銀行といったサービスの過半が,上海市の面積のわずか6％余りを占めるにすぎなかった外国人租借地区（租界）に集中していた。なかでも,最初に開発された外灘には,欧米や日本の銀行,商社,領事館,新聞社などが相次いで凝った趣の建築物を建造した。それらは以後,日中戦争や太平洋戦争,国共内戦といった戦乱に耐え,中国共産党が政権をとり,土地や建物の所有者と使用目的が変遷しても存在し続けた。現在は,上海浦東開発銀行や中国海関（税関）といった政府系機関が置かれる一方で,欧米の高級ブティックやホテル,レストランがテナントとして借り上げ,外国人旅行客や中国の富裕層を引き付けている。

外灘から黄浦江を隔てた東岸に目を転ずると,景観は一転する。1992年から急速に開発された浦東新区では,東方明珠電視塔を取り囲むように,金茂大廈,上海浦東HSBCタワー,上海環球金融中心といった超高層ビル群が,摩天楼を形成している。

黄浦江の両岸に位置する外灘と浦東との対比が際立つのは,建築様式の差異だけによるものではない。2つの地区は,それぞれ異なる制度のもとで,特定の主体が独自に開発したものである。そうした意味で,両地区は,100年以上にわたる上海経済の変容を,具現している。

浦東　2011年
（写真提供：PANA）

19世紀半ばから現在までの長期の射程で，中国（経済）と世界（経済）との関係を見るとき，中国が世界と密接な関係を有していた時期と，外部に対して閉じていた時期とに，比較的はっきりと分けることができる。19世紀中葉から1950年代初頭までの「開いた」1世紀を経て，中国経済は，徐々に「閉じて」いった。中華人民共和国政府，それ以前の政権に比べてはるかに厳しく経済をコントロールし，国内における統制と海外からの隔絶は1960年代から70年代初めにかけての文化大革命で頂点に達した。現代中国経済を考えるときのキーワードである，「改革・開放」の重要性は，この「閉じた」中国との関係で理解することができる。そして1978年12月以降，中国はそれまでの政策を大きく転換し，対外経済開放を進めてきた。中国が「再び」開いて，30年余りが経とうとしている現在，海外から進出した企業のネオンが瞬く浦東の摩天楼を見ていると，中国が閉じていた時代を思い出すことさえ難しくなりつつある。それよりも，さらに遠い過去として一般の人々の脳裏から消えつつあるのは，19世紀から20世紀にかけての「開いた」中国経済である。そうした中で，外灘は，単なる懐古に止まらず，過去への注意を喚起している。すなわち，長期の時間軸で中国経済を振り返ることは，中国と世界，中国における市場と政府との関係，あるいは，20年余りの「閉じた」時期が現代中国において持つ意味，といった興味深い問題に考察を加える端緒となる。本稿は，租界と浦東という2つの地区の土地制度と開発のあり方を比較することを通じて，これらの問題に接近する試みである。

✼ 戦前期上海租界地区の発展

アヘン戦争（1840～42年）でイギリスに敗れた中国は，戦後結んだ南京条約で上海を含む5つの港を欧米諸国に対して開くことを約

図1　上海租界地区の拡張

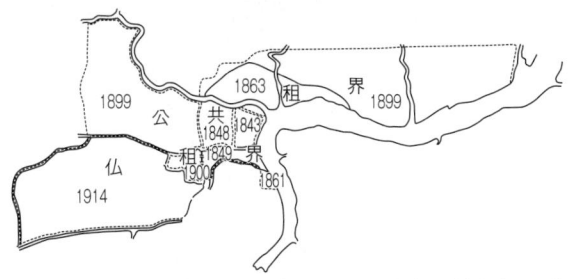

（出所）　高橋孝助・古厩忠夫編『上海史：巨大都市の形成と人々の営み』（東方書店，1995年），79ページ。

した。引き続き，1845年には第一次土地章程（Land Regulations）を結び，黄江浦以東，洋涇濱（現・延安東路）以北，李家荘（現・北京東路）以南の区域内で，中国人土地所有者が，イギリス人へ土地を永代租借することを許可することを規定した。租界の始まりである。この第一次土地章程では，明確に定められなかった租界の西の境界は，翌年1846年にバリアー・ロード（現・河南中路）に確定された。租界は，以後数回にわたって拡張されたが，第一次土地章程で定められた土地貸借形式は，フランス租界およびイギリス租界とアメリカ租界が合併した共同租界にも継承され，1943年の租界撤収まで存続した。中国人の土地所有者と外国人の永代借地人との一対一の取引関係の上に成り立っていたことが，上海租界の租借形式の特徴である。そして，租借に際しては正確な測量の後に外国領事館に土地が登記されるとともに，中国政府側は永代土地租借の証明書を発行した。

租界の土地所有は，所有権が明確であったばかりでなく，中国政府からの治外法権を享受したという点でも，有利であった。注目されるのは，外国人だけではなく，多くの中国人が，外国人名義で土

図2 上海共同租界の人口動態（1855〜1930年）

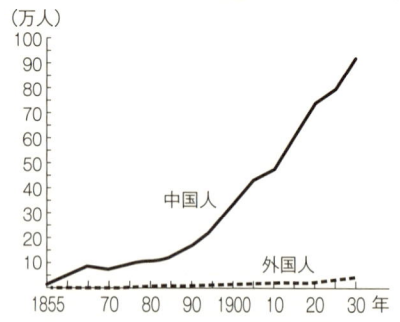

(出所) 村松伸『上海：都市と建築 1842-1949』(パルコ出版局, 1991年), 146ページ (原資料：リチャード・フィータム『フィータム報告書』(南満州鉄道株式会社満鉄国際叢書第6編, 1936年), 図表第1表, 第2表)。

地を登記することにより，租界の土地を実質的に所有し，またそれに付随する特権にもあずかっていたことである。外国人から中国人への名義の貸与と，中国人による土地所有は，いったん中国人が外国人に土地を信託し，それを外国人が自己名義で登記する，という形式をとった。その際に取り交わされる土地信託証書と前述の中国政府が発行する永代土地租借の証明書を併せ持つことによって，中国人の租界内の土地に対する所有権は確認され，また，中国人の間で土地信託証書の名義を書き換えれば，両者の間で所有権を移転することができたのである。実際に，1927年の調査によれば，共同租界内の4つの地区（中区，北区，東区，西区）のうち，外灘が位置した商業中心地である中区では，700区画のうち522区画（74.5%）が中国人に所有されていた。

このように，20世紀初頭には，租界の土地所有者の多くが中国人であったばかりではなく，租界居住者の大多数も中国人が占めるようになっていた。もともと第一次土地章程は，租界内に中国人が

図3 上海公共租界各区の地価 (1903〜30年)

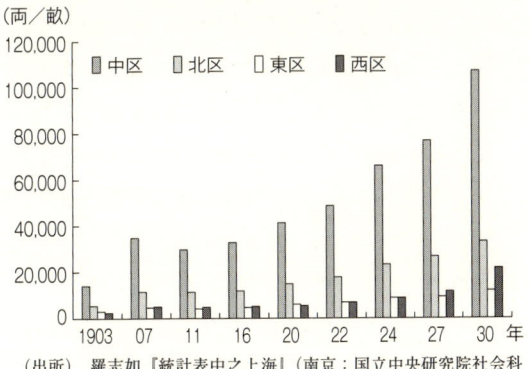

(出所) 羅志如『統計表中之上海』(南京:国立中央研究院社会科学研究所, 1932年), 20ページ.

土地を借りることも家屋を建築・賃借することも禁止するという「華洋(中国人と西洋人)分居」の原則を立てていた。しかし, 1850年代, 太平天国の乱を始めとする内乱のために租界内に流入した中国人難民に対して, 欧米商人が家屋を賃貸して利益を上げたことを契機に, 第二次土地章程では,「華洋雑居」が容認された。以後, 職を求める他地域からの移住者によって, 上海租界の中国人人口は, 大幅な増加が続いたのである (図2)。

こうした流入人口に住居を提供するべく, 住居の建設が進んだが, その慢性的な供給不足を反映して, 賃貸料は常に上昇傾向にあった。このことは, 租界の地価の動向とも密接に関係している。上海の卸売物価も上昇していた (1912〜31年に68.7%) が, その影響を勘案しても, 地価は顕著に上昇し続けている。所有権の安全性と相まって, 租界の土地はきわめて価値の高い資産とみなされるようになり, それ故にいっそう地価が押し上げられた (図3)。

租界地区の開発との関係で特に重要であったのは, 外国銀行を含む上海の金融界が, 土地を担保にした貸付を積極的に行ったことで

ある。中国の伝統的な金融機関は，個人の信用に基づく短期融資を主としてきた。資金調達は，19世紀末から20世紀初めに，中国人企業家が多額の長期資金を必要とする機械制製造業等を立ち上げようとする際，大きな問題であった。伝統的な金融システムの限界を超えて，土地・家屋を抵当に金融機関から貸付を受けることが可能となったのは，当時の上海経済の発展にきわめて大きな意義を有した。

こうした上海租界の土地制度，価格，取引は，相互に連関していた。すなわち，上海租界への産業の集中は，都市就業人口の増加を伴い，土地・家屋に対する需要を喚起した。価格の上昇は，租界の不動産所有権の安全性とも相まって，資産としての不動産の価値を高め，いっそうの投資を促す。同時に，不動産に対する信用の拡大は，租界内に拠点を置く産業が融資を受ける有利な条件となる。こうして，土地・不動産をめぐって正の循環が働くこととなったのである。

❀ 浦東の開発

1949年の中華人民共和国成立以降，中国共産党政権は，土地の接収を進めた。基本的に現在に至るまで，都市の土地は，全民＝国家に所有されている。確かに，1990年代以降，有償の期限付き土地使用権（住宅用地70年 工場用地50年，商業・観光・娯楽用地40年など）の市場での取引が認められてきた。しかし，公有制における所有権の不可譲渡性は，上海の土地制度の根幹を成している。

そして，1950年代以降，中華人民共和国政府は，経済の社会主義化を進めていった。都市では，民間企業の都市集団所有制企業・国有企業への再編が急テンポで進んだ。同時に，農村では，農業の協同組合化（集団化）が強行され，のちには，すべての生産手段が

人民公社のもとで共有され,また生産物の消費や生活も統制されることとなった。そして,貿易や国際金融が国家の統制のもとに置かれ,急速な工業化を志向する計画経済が進められる中で,上海はそれまでのように貿易・商業・金融業・製造業を多角的に融合することなく,一工業中心地としての開発が進められることとなった。

　しかし,計画経済は,必ずしも当初見込まれた成果をあげることはなく,また文化大革命とその後の社会経済的混乱への対応を迫られる中で,政府は経済政策の枠組み自体を大きく変更することとなった。1978年12月,中国共産党は4つの近代化政策を承認し,その1つが中国経済の対外開放であった。4年後の1982年に,胡耀邦主席は,この政策のもとで,「他国との経済関係を発展させるために,われわれは,①外資を導入し,②先進的な技術を学び,③労働力の移動を奨励し,④輸出を振興する」と説明した。数十年にわたる世界経済との乖離を経て,中国は再び海外に門戸を開いた。

　それでも,上海,さらにその中の浦東地区が,改革開放政策の中で中心的役割を果たすようになるのは,1990年代に入ってからのことである。改革開放政策開始当初に重視されたのは,深圳をはじめとする中国南部の経済特区であり,また人民公社の解体以降,農村部で起業された中小企業（郷鎮企業）であった。すでに,戦前から開発されていた上海は,老朽化したインフラストラクチャーにより,むしろ,中国経済における重要性を減少させていた。この状況を一変させたのが,1989年の天安門事件である。学生運動家を中心とする市民を,政府が武力で天安門から退去させたこと,すなわち天安門事件は,欧米や日本で強い反感を呼び,また改革開放政策への疑念を高めた。こうした状況の中,当時,鄧小平の主導下にあった中国共産党政権は,改革開放政策の堅持を国内的にも対外的にも顕示する必要があった。国際貿易港としての伝統を持つ上海を

ハブとして，改革開放政策の影響を揚子江上流域にも伝播させることを標榜した，浦東新区の開発は，その1つである。それまで，浦東の大部分は，上海市の管轄下にはなく，川沙県の農村であったが，1990年の中央政府の政策決定を経て，1992年に浦東新区が設置されると，貿易・工業・金融センターたるべく急速な変貌を遂げた。その開発のプロセスは，一貫して政府主導の色彩が濃いものであった。特に，積極的な外国資本の優遇・誘致と，浦東国際空港や黄浦江両岸を結ぶ大橋建設をはじめとする大規模なインフラ建設は，計画の中核を成している。しかし，浦東新区設置から20年余りが経過した現在，こうした開発のあり方に対しては，外資の進出がむしろ中国の民間企業の成長を妨げている，あるいはインフラ建設のための資金調達の手段である，政府による有償の土地利用権の民間への譲渡が，汚職の温床となっている，等の批判が寄せられているのである。

　黄浦江をはさんで対峙する旧租界と浦東新区との土地制度と発展のパターンを比較するならば，中国と外国との関係のあり方や，そして市場と政府との関係に関する，重要な特徴を指摘できる。
　租界の制度自体は，外国との間の不平等条約の結果であったが，その運用の過程で，一種の慣例として，租界における土地所有権の安全性が中国人にも拡大されることとなった。こうした条件のもとで，資産としての不動産は高い価値を持ち，それに対して金融機関の信用が供与されることが，租界地区の発展の核を成していた。上海租界の開発と発展の過程は，長期に資金を提供する組織や，信用を保証する制度に乏しい状況下で，不動産金融が重要な機能を果たした一例となっている。
　このように，戦前期上海租界の発展が，民間・市場主導であった

のに対し，1990年以降の浦東開発には，政治的判断と政府の政策が大きく作用していた。改革開放政策自体が，鄧小平を中心とする政府幹部の政治的選択であっただけでなく，1989年の天安門事件後，中国共産党政権は経済への介入度を大きく高めたとされる。市場を介した取引を採用しつつも，国有企業や国策が大きな役割を果たす，現代中国の経済システムは，「中国的特徴を持った資本主義」あるいは「(共産党を示す色である) 赤い資本主義」等と称され，特に上海は民間企業よりも政府系企業の重要性が大きいという意味で，その代表例とする見解もある。それでは，例えば，国家による土地所有といった社会主義経済システムの根幹を成す制度を維持したまま，中華人民共和国は，現行の開発モデルを追求し続けることができるのであろうか。現在，浦東の摩天楼の後方に広がる，建設途中の道路や未完成の工場プラントの帰趨は，この問題への具体的な回答の1つとなるであろう。

▶ **読書案内**　上海という都市に焦点を当てて，その歴史をまとめた本としては，①高橋孝助・古厩忠夫編『上海史：巨大都市の形成と人々の営み』(東方書店，1995年) がわかりやすい。②岡本隆司『中国「反日」の源流』(講談社，2011年) は，19世紀半ばを境とする中国社会の変動を，最新の研究成果も踏まえながら，同時代の日本との比較で紹介している。本稿の背景となる中華帝国最後の王朝である清朝末期の対外関係に関しては，③坂野正高『近代中国政治外交史：ヴァスコ・ダ・ガマから五四運動まで』(東京大学出版会，1973年) が今なお体系的かつ具体的な必読書である。

[城山智子]

3-3 経済成長の光と陰
家計簿から見た中国の格差問題

中国は,1970年代末に,毛沢東時代の閉鎖的な計画経済体制から脱して,「改革・開放」をスローガンに市場メカニズムを取り入れる経済改革を開始した。「改革・開放」後の中国の経済成長は著しい。1979年から「改革・開放」30周年を迎える2008年までのGDP実質成長率は年平均9％を超えている。2010年に中国のGDP総額が日本を上回り,世界第2位の規模になったことは記憶に新しい。経済のグローバル化の中で中国は,日本をはじめ多くの国・地域と緊密な貿易関係を作り上げ,中国の経済動向は世界経済全体に大きな影響を与えるに至った。

急速な経済成長は,しかしながら他方で,個人と世帯の所得・資産の格差を拡大させた。後にデータで確認するように,今日の中国は世界で最も所得格差の大きな国の1つとなっている。所得は経済活動の成果であり,所得の構造変化や所得格差の変動から,経済・社会全体の特徴を読み取ることができる。そこで本稿では中国の家計所得の動向を紹介しながら,背景にある構造問題を考えていくことにしよう。

✺ 中国家計の姿

まず表1から,過去20年間にわたる中国家計の平均的な姿を眺めてみよう。この表は,中国の国家統計局（日本の総務省統計局に相当）が毎年実施している都市・農村別の家計調査から,1990年,2000年,2010年を基準年に選んで,主要な統計指標をまとめたものである。この表からまず第1に,この間の経済成長により,世帯の所得と消費の平均が大きく底上げされたことが確認できる。1990

表1 中国家計の平均的な姿：都市世帯と世帯農村

	1990年	2000年	2010年
世帯規模（人）			
都市世帯（都市戸籍保有世帯）	3.5	3.1	2.9
農村世帯（農村戸籍保有世帯）	4.8	4.2	4.0
世帯員1人当たり年間所得			
都市世帯（元，名目額）	1,510 (100.0)	6,280 (193.7)	19,109 (487.2)
農村世帯（元，名目額）	686 (100.0)	2,253 (155.3)	5,919 (306.7)
都市／農村比率	2.20	2.79	3.23
世帯員1人当たり年間消費			
都市世帯（元，名目額）	1,279 (100.0)	4,998 (182.1)	13,472 (405.6)
農村世帯（元，名目額）	585 (100.0)	1,670 (150.3)	4,382 (298.9)
都市／農村比率	2.19	2.99	3.07
エンゲル係数（食費/消費支出総額）			
都市世帯（％）	54.2	39.4	35.7
農村世帯（％）	58.8	49.1	41.1
携帯電話（100世帯当たり保有台数）			
都市世帯	--	19.5	188.9
農村世帯	--	4.3	136.5
パソコン（100世帯当たり保有台数）			
都市世帯	--	9.7	71.2
農村世帯	--	0.5	10.4
自家用車（100世帯当たり保有台数）			
都市世帯	--	0.5	13.1
農村世帯	--	0.3	2.8

（注）世帯1人当たり年間所得と年間消費の下段カッコ内は，1990年を100として都市・農村別消費者物価指数により実質化した指数。なお人民元1元は為替レート換算で日本円13～15円相当。

（出所）国家統計局編『中国住戸調査年鑑2011』中国統計出版社，2011年，13～15ページ。

年から 2010 年にかけて,世帯員 1 人当たりの所得（可処分所得）は,実質で,都市世帯で 4.9 倍,農村世帯で 3.1 倍にまで膨らんだ。同様に過去 20 年間の 1 人当たり年間消費の変化を見ると,実質で,都市において約 4.1 倍,農村も約 3 倍となっている。消費水準の向上は,都市・農村ともにエンゲル係数（消費総額に占める食費の割合）が減少していることからも見て取ることができる。また,携帯電話やパソコンが都市・農村ともに 2000 年代に急速に普及したことも,中国家庭の生活が近年大きく変化したことを物語っている。

　しかしながら,以上はあくまで平均値で見た中国家庭の変化であり,所得・消費の格差や貧困の問題はまた別の話である。まず貧困について見ておこう。多くの国・地域の事例は,経済成長によって経済全体のパイが大きくなることは,単に家計の平均所得を引き上げるだけでなく,「絶対的貧困」（生存維持ぎりぎりの極端な貧困）問題も緩和させることを示している（ビノッド・トーマスほか『経済成長の質』東洋経済新報社,2002 年）。中国もこの点で例外でないばかりか,むしろ世界的な優等生である。中国の公式の「絶対的貧困」基準によれば,農村部における貧困人口比率（農村総人口に占める「絶対的貧困」層の割合）は,2000 年の 10.2％から 2010 年には 2.8％にまで減少した（国家統計局『中国農村貧困監測報告 2010』,中国統計出版社,2011 年）。中国の公式の貧困基準は,国際比較に多く用いられる世界銀行の基準（生活費が購買力平価で 1 日 1.25 ドル以下）よりも低い。そこで,筆者を含む国際研究チーム（China Household Income Project,以下では CHIP チームと略称する）が独自に行った全国的な家計調査を用いて,世界銀行基準による絶対的貧困人口比率を推計してみると,2002 年に約 19％であったものが,07 年には約 8％に低下している。世界銀行基準を用いても,2000 年代の中国における絶対的貧困緩和の成績は顕著である。

✖ 都市 – 農村格差

　以上は家計から見える中国経済の光の側面であるが，表1は同時に，中国経済の陰の側面，最も深刻な構造問題である都市 – 農村格差をも表している。世帯員1人当たり所得における都市と農村の格差を見ると，1990年には都市世帯が農村世帯の2.2倍であったものが，2010年には3.23倍にまで格差が拡大している。世帯員1人当たりの消費についても同様に格差拡大が認められる。2010年時点で都市世帯の1人当たり消費額は農村の約3.1倍である。ただし農村の物価水準は都市より低いので，こうした単純な比較では都市 – 農村格差を過大評価する可能性がある。そこで199ページの表2に，CHIPチームが都市 – 農村間の物価水準（購買力）の違いを調整して推計した2002年と07年の都市 – 農村間所得格差を示した。それによると都市世帯1人当たり所得は2002年には農村の2.17倍であったものが，07年には2.68倍に広がっており，表1に示した公式統計に基づく単純比較より格差の絶対値は小さくなるが，拡大傾向は変わらない。

　都市 – 農村格差は，どのような歴史的要因に根ざしているのであろうか。中国では1950年代末以降，都市（非農業）と農村（農業）に分けた戸籍登録により，人々の自由な移動とりわけ農村戸籍保有者の都市への移動を厳しく制限する制度が作られた。閉鎖的な国際環境のもと，資本集約的で雇用吸収力の小さい重工業優先の工業化（富国強兵）路線を推進した1970年代末までの毛沢東時代において，農村 – 都市間の移動制限には，都市部において完全雇用という社会主義の建前を維持し，農村部では豊富な労働力を集団農業組織（人民公社）に組織し，強力に動員することで農業生産の飛躍的増大と農村経済の多角化（農村工業化）をめざすという意図があった。それは1950年代から60年代までの日本がたどった，農村から都市へ

の人口移動と都市化を伴う経済発展のプロセスとは大きく異なっている。日本が経験した経済発展プロセスは，大づかみに言えば，農村に滞留する労働力が都市部の製造業・サービス業に吸収されていき，労働移動が一定段階を超えると農村の労働力プールが枯渇して，経済全体が「人余り」から「人手不足」となり，実質賃金が上昇し，所得が向上していくというものであった。台湾や韓国も，時期は異なるが，日本と同様の経済発展プロセスをたどった。

　東アジア諸国・地域の経済は，農業・農村の比重が高く，狭い耕地の上に多くの人口が乗っているという歴史的特徴を共有している。農村から都市への人口移動を通じた日本の経済発展は，こうした歴史的特徴（経済学では初期条件と呼ばれる）に照らして，いわば自然なプロセスであったと言える。これに対して同様の初期条件から出発しながら，都市と農村を人為的に切り離すという毛沢東時代の中国の経済発展戦略は，今から振り返ってみると，かなり無理のある戦略であった。計画経済システムは国家による都市・工業優先の資源配分を可能とし，それにより1970年代末までに重化学工業体系は一通りできあがったが，その代価は人口が滞留したままの農村が支払うこととなった。人民公社は国家が工業化に必要な資源（食糧，工業原料）を農村から吸い上げる手段としては強力に機能した。しかし，社会主義的な集団農業システムでは農民の生産意欲を引き出すことができず，人口1人当たりの農業生産は，毛沢東時代を通じて低い水準で停滞したままであった（ただしより正確に言えば，毛沢東時代に人口は持続的に増加したので，人口増加を上回る農業生産の発展が実現できなかったということである）。1970年代末から80年代初め，経済改革開始時点における中国経済は，大量の労働力が農村に滞留し，農村人口のおよそ3分の1が「絶対的貧困」水準にあるという袋小路状態であった。こうした状態への党・国家の危機感こそが，

市場メカニズムを導入し,国際経済に門戸を開く「改革・開放」路線への転換の背景にあった。

「改革・開放」後,豊富な労働力に依拠し,海外市場に目を向ける労働集約的製造業が急速に発展し,中国は「世界の工場」となった。これは他の東アジア諸国・地域が経験した経済発展プロセスを,周回遅れで,かつスピードを速めてたどるものであったと言える。その主要な担い手は,「農民工」と呼ばれる,第二次・第三次産業に従事する「農民」(農村戸籍保有者)である。国家統計局の推計によれば,2009年における「農民工」総数は2億2980万人,これは農村労働力総数4億6900万人の49％に相当する。「農民工」のうち1億4530万人(「農民工」総数の63％,農村労働力総数の31％)は,地元農村を離れて働く者たちであり,その大半は都市部で製造業・サービス業に従事している。他方,地元農村で非農業に従事する者は8450万人(「農民工」総数の37％)である(国家統計局編『中国住戸調査年鑑2011』中国統計出版社,2011年)。「農民工」の大半は,農村戸籍身分のまま農村から都市に出てきて働く「農民」である。

「農民工」という独特の表現が示唆するように,農村-都市間の労働移動と農村出身者の事実上の都市への定住が増加しても,戸籍身分による都市-農村の断絶は今日でもなお無くなっていない。人々の移動を制限する制度としての戸籍は意味を失っても,戸籍身分が都市における社会保障や公共サービス(教育,医療,住宅など)とリンクしている点は,なお根本的には変わっていないからである。また都市の労働市場における戸籍身分による差別待遇も根強く存在している。

表1および表2に示した都市-農村格差には,社会保障や公共サービスなど家計が間接的に享受する部分は反映されていない(年金や生活保護費など,直接,家計の所得となる部分は含まれている)。も

しこうした間接的要素を含めるならば，実質的な都市‐農村格差は広がることになる。社会保障や公共サービスの部分は地域や世帯の性格によってさまざまなので，推計の方法によって結果は異なるが，CHIPチームの一推計によれば，都市‐農村間の物価差（格差縮小方向に作用）と都市世帯が享受する社会保障・公共サービス部分の算入（格差拡大方向に作用）が相殺し合う結果，都市‐農村世帯間の実質的格差は，都市世帯の所得・消費が農村世帯の3倍以上という，表1に示した単純比較に近い水準に近づく。

❀ 中国の不平等度

　以上，主に所得の平均水準とその都市‐農村格差を見てきた。それでは中国の世帯所得は全体としてどの程度不平等であり，不平等全体に占める都市‐農村格差の比重はどの程度であろうか。中国全体の所得不平等度について公式の数値はないので，CHIPチームによる最新の推計結果を紹介する。推計は以下の手続きで行われた。まず世帯所得の定義であるが，公式統計で用いられる可処分所得（表1の数値）に持ち家の帰属家賃と賃貸住宅の家賃補助相当額を所得として加えている。帰属家賃とは，持ち家を自分自身に貸した場合に得られる家賃である。家賃補助は家賃相場と実際の家賃の差額である。いずれも一種のみなし所得であり，これらを加えることで，実質的な生活水準，家計のゆとりに大きく影響する住居費の要素を組み込むことが可能となり，また国際比較により適した所得格差の推計が可能となる。国家統計局の公式の家計調査は都市世帯（都市戸籍を持つ世帯）と農村世帯（農村戸籍を持つ世帯）をカバーしているが，都市で長期間働き，世帯を構えている「農民工」は十分カバーされていない。そこでそうした「農民工」世帯については独自にサンプル調査を行い推計に組み込んだ。流動性の高い「出稼ぎ」タイ

表2 中国の世帯所得格差の推計

	2002年	2007年
1人当たり所得の都市－農村格差 (都市世帯1人当たり所得/農村世帯1人当たり所得)	2.17	2.68
1人当たり所得の不平等度（ジニ係数）	0.391	0.423
1人当たり都市－農村格差が所得不平等度全体に占める比重	27.1%	37.5%

（注）　都市世帯に「農民工」世帯を含む。都市－農村間および地域間の物価水準の違いを調整し、また人口センサスに基づく都市－農村別・地域別の人口分布によりウェイトを付して推計。1人当たり都市－農村格差が所得不平等度全体に占める比重はタイル指数を用いた分解結果を示す。
（出所）　リー・佐藤・シキュラー編著, *Rising Inequality in China*, ケンブリッジ大学出版会, 2013年刊行予定。

プの「農民工」の所得は農村世帯に含まれているので、都市に世帯を構える「農民工」世帯を都市世帯の一部に組み入れて推計すれば、中国全体の所得不平等度と都市－農村格差をより適切に捉えることができる。

推計結果は表2に示されている。中段はジニ係数を尺度とした中国全体の世帯員1人当たり所得の不平等度であり、2002年に0.391であったものが07年に0.423と、格差の拡大が認められる。ジニ係数は0から1の間の値をとり、1に近いほど不平等なことを示す（すべての人が同じ所得という完全平等の場合に係数は0、反対に1人がすべての所得を独占する極端な不平等の場合に係数は1）。なお、これは都市－農村間および地域間の物価差を調整済みの結果であり、物価差の調整を行わない場合のジニ係数は2002年0.460、07年0.483と、さらに不平等度は大きくなる。ジニ係数の国際比較のためには物価差の調整を行わない数値の方が適切なので2007年の0.483というジニ係数を、世界銀行のデータから他の国・地域と比較すると、今日の中国の所得不平等度は、ブラジル（0.56～0.57）、メキシコ（0.51）などに次いで高く、世界的に最も所得が不平等なグループに

属することが確認できる。

次に所得不平等全体に都市－農村格差がどの程度の比重を占めているかを見てみよう。表2の下段は，タイル指数と呼ばれる尺度を用いて，所得不平等全体を都市世帯内部の格差，農村世帯内部の格差および都市－農村世帯間格差の3つに分解し，都市－農村世帯間格差の所得不平等全体に対する寄与率を示したものである。都市－農村世帯間格差の寄与率は2002年の27.1%から07年の37.5%へと拡大しており，都市－農村間格差の重要性が増していることが確認できる。

都市－農村格差拡大は農村世帯所得の停滞によるものではない。表1に見るように，2000年代を通じて農村世帯の実質所得は顕著に増加している。またCHIPチームの推計によれば，2002年から07年にかけて，都市に定住する「農民工」世帯の実質所得も高い増加率（1人当たり総所得で年平均約16%，1人当たり賃金所得で年平均約29%）を示している。しかし都市世帯の所得は農村世帯を上回って急速に増加したため，都市－農村格差の縮小には至らなかった。

都市－農村格差縮小のためには，戸籍身分による都市労働市場での差別待遇や都市の社会保障・公共サービスへのアクセス制限など，目に見える制度的障壁を取り除くだけではなく，人的資本（教育，健康）における都市－農村格差の世代を越えた固定化に歯止めをかけるために農村における教育・医療の質を向上させることなど，長期的な視点からの公共政策が必要である。しかし，根本的な制度改革と政策転換は容易ではない。社会保障・公共サービスと地元都市戸籍身分のリンクを外す改革は，地方政府にとって財政負担増大を意味し，中央－地方政府間の財政関係の改革という大きな問題を誘発する。長年の都市優先の制度・政策は，党・政府幹部を含む都市社会に広範な既得権益層を作り出している。また労働市場における

差別待遇の除去は,「農民工」と低学歴・低技能の都市下層労働者との関係を緊張させる可能性がある。農村における公共政策は2000年代以降,かなり強化されているものの,他方で農村部の学校の統廃合など公共サービスへの平等なアクセスという点で問題の残る政策もとられている。2012年11月開催の中国共産党第18回全国大会において成立した新しい指導部によって,都市‐農村格差是正のためにどのような政策が示されるかが注目される。

▶ **読書案内**　本節で扱った問題についてさらに詳しく知りたい読者は,①佐藤宏『所得格差と貧困』(名古屋大学出版会,2003年)を参照されたい。

中国の変化はとても速いので,新聞報道などに常時注意を払う必要があるが,近年の動向をコンパクトにまとめたものとして,例えば②読売新聞中国取材団『メガチャイナ』(中公新書,2011年)が参考になる。

[佐藤　宏]

3-4 電力が変える経済社会の風景
ベル・エポックのドイツ都市

　中空を彩るスカイツリーのLEDと，世界中でその是非が問われている原発。「プロメテウスの贈り物」である電力は今，現代日本社会の光と影をかつてないほど際立たせている。原発の再稼働問題に見られるように，電力の供給をめぐる議論は純粋に技術的なレベルにとどまるものではない。政治・経済状況との関係を無視しては考えられない問題であり，ひいてはライフスタイルのあり方にまで直結する広い意味での社会問題として捉えるべきものでもあるということは，いまや誰の目にも明らかになっている。

　だが，一口に電力の供給といっても，世界に目を転じると，そのあり方は一様ではない。水力・火力・原子力・自然エネルギーの比率や，また，電力供給の主たる担い手が政府なのか民間企業なのか，はたまたそれ以外なのかは，国や地域によって実に多様である。これは，発・送・配電によって構成される電力の供給構造（以下では「電力システム」と呼ぼう）が，資源のあり方や政治の仕組み，経済的慣行のあり方など，それぞれの国や地域の歴史的背景に大きく左右されているからである。

　さて，筆者が担当する西洋経済史に求められる役割の1つは，日本社会の特質について考えるきっかけを，西洋世界の歴史的経験から提供することにある。ここでは，脱原発へと大きく舵を切り，大きな注目を集めたドイツの例を取り上げてみよう。

　ドイツでは，早くから風力を中心とする自然エネルギーの積極的な利用が試みられてきたが，それと並行して近年，コジェネレーションと呼ばれる取り組みも活発化している。従来，発電の際に排出される熱エネルギーはそのまま空気中に放出されてきたが，コ

ジェネレーションでは，それを再び発電に利用するだけでなく，都市内の暖房などに転用し，エネルギー効率の向上が図られている。

これまでドイツでも，電力のほとんどは広域発電企業によってカバーされてきたが，コジェネレーションはその特性上，都市単位での電力システムに適合的な仕組みとなっている。広域発電システムと比べて規模が小さい都市電力システムは，発電コストが高くつく傾向があるが，環境意識の高まりとともに，大量生産・大量消費型社会を見直す動きが生じたのである。

そもそも19世紀後半に先進諸国で電力が実用化された際，発電は主に都市単位で行われていた。その後，第一次世界大戦前後から広域発電システムが形成され，電力業の集中化が始まる。ドイツもその例外ではなかったが，他国と比べて集中化の度合いが低く，少なからぬ数の都市発電所が現在まで存続することとなった。これは，電力システムの形成が当初から民間企業に主導された日本やアメリカと異なり，ドイツの都市電力システムは自治体によって形成され，都市発電から広域発電へのシフトにも，都市の自治や財政の問題が密接に絡んでいたからである。

以下では，現在に至るまでのドイツの電力システムのあり方が決定づけられることとなった19世紀末～第一次世界大戦前夜（この時代は「良き時代」を意味する「ベル・エポック」と呼ばれる）に焦点を当てて，歴史的背景に着目しながら電力事業の導入・展開プロセスをより具体的にたどってみよう。

✺「電力システム論争」

ヨーロッパ大陸で電力が実用化されるきっかけとなったのは，エディソンの白熱灯が出品された1881年のパリ国際電気博覧会である。訪れた人々は白熱灯の鮮烈な輝きに魅了され，その将来性を確

信した。だが，都市への電力導入が本格化するのは1890年代以降のことだった。パリ国際電気博覧会から10年あまりのタイムラグが生じた要因は，同時代の欧米諸都市の人々を広く巻き込んだ「電力システム論争」にある。

創成期の電力システムでは，発電に直流が用いられた。しかし，直流は変圧ができないため，長距離送電もできず，1つの都市全域に電力を供給するには複数の発電所を設置しなければならなかった。この問題を解決したのが，1880年代半ばに登場した交流発電である。交流は変圧ができるため，長距離送電も可能で，給電範囲の飛躍的拡大が期待された。

とはいうものの，このときすでに直流システムがある程度普及し，さまざまな電機製品も直流規格で製造されていたため，ただちに交流システムの需要を掘り起こすことは困難だった。さらに，直流システムに巨額の先行投資を行っていた企業が交流の普及に強く反発したため，直流支持者と交流支持者の間で「電力システム論争」が勃発した。この論争は，電気工学などの専門誌上で展開されただけでなく，犬・馬の殺処分や囚人の電気処刑に交流発電機を利用させるといった直流支持者のネガティヴ・キャンペーンの影響もあり，多くの一般の人々の耳目を集めた。

❈ フランクフルト国際電気技術博覧会

「電力システム論争」の影響を最も強く受けたのは，発電所の建設を模索していた各都市の行政責任者たちである。彼らは電気についての専門知識を持ち合わせていなかったため，どちらのシステムが将来の普遍的な発電方式となるのか見通しを得ることができず，発電所の建設に踏み切ることをためらっていた。ドイツ中部の都市フランクフルト゠アム゠マインもそうした都市の1つであったが，

フランクフルト国際電気技術博覧会のパビリオン内の様子（右手前にジーメンス＝ハルスケ社製の発電機が見える）
(出所：Elektrizität. Offizielle Zeitung der Internationalen Elektrotechnischen Ausstellung Frankfurt am Main 1891, S. 979)

他の都市と異なっていたのは，「電力システム論争」の行方を静観するのではなく，自らの手で実験を行い，論争に黒白をつけようとしたことである。こうした経緯から，1891年にフランクフルトで国際電気技術博覧会が開催されることとなった。

19世紀は博覧会の世紀であり，ヨーロッパ各地でほぼ毎年，多種多様なテーマの博覧会が開かれ，人々に「科学技術の進歩」や「社会の近代化」を印象づけてきた。フランクフルト国際電気技術博覧会もそうした博覧会ブームの一齣を飾るものであり，のべ100万人以上の人々が会場を訪れた。博覧会の目玉である長距離送電実験では，フランクフルトの南175kmの地点から博覧会場まで，交流による高圧送電が行われた。会場では，送電された電力が人工滝の揚水ポンプの動力や，実験に協力した企業のイルミネーションに用いられた。この実験で送電効率が70％を超えたことで，交流システムによる長距離送電の実用性は立証された。

この博覧会のもう1つの特徴は，電動機に関する展示が充実していた点である。主催都市フランクフルトの上級市長F.アディケスは，「蒸気の時代が人類に背負い込ませた罪業の一部を電気の時代に償うことができたら，また，個々の住宅，そして職場に分配可能な動力を導くことができるとしたら，それは世界史上いまだかつてない

ほどの偉業となろう」と述べている。「蒸気の時代の罪業」, すなわち産業革命以来の工業化を通じた大企業への労働力と生産手段の集中, それに伴う弊害は電気によって克服できると考えたのである。電気は, 動力源から離れたところまで大きなロスなく動力を配分できるため, 大企業の台頭に経営を圧迫されていた伝統的な手工業部門の生産力も向上できるとされ, 社会改良に向けたユートピア的な期待が託されたのである。

❊ 都市電力システムの形成

フランクフルト国際電気技術博覧会によって「電力システム論争」が決着した結果, 1890年代から都市での電力システム導入の動きが加速化する。こうして20世紀初頭までに, 人口2万～5万人の小都市の58%と, 人口5万人以上の大都市・中都市すべてで電力が供給されるようになった。そのうち, 人口5万～10万人の中都市の74%, 人口10万人以上の大都市の81%で, 電力業は都市自治体が担う公営事業として経営されていた。

都市電力システムの形成には, 博覧会の影響が見てとれる。1つは, 電力業経営からの私企業の排除である。これは, 電力以前に導入されていたガス事業の経験を教訓とするものであった。ガス事業では私企業が各都市を独占し, 価格引き下げやサービス内容の拡充を求める都市自治体との間で係争が頻発していた。このような事態を繰り返さないために, 電力業では当初から都市自治体の強いイニシアティヴが望まれていたのである。交流発電の実用化に伴い, 都市電力システムの一元的管理が可能になったことは, こうした方針の前提となった。

もう1つは, 電力の用途の多角化である。電力はもともと照明用エネルギーとして開発されたが, 博覧会の前後から電動機の実用化

に目途が立ち，工業や市街鉄道の動力源としての利用に注目が集まるようになった。用途が照明に限定されると，昼間の需要は低迷することとなるが，動力用電力の利用が進み，昼間の電力需要も高まれば，発電所の稼働率と収益性の上昇が見込まれるからである。このような基本方針のもと，フランクフルトでは以下のような都市電力システムが展開した。

まず照明用電力については，需要を喚起するためにたびたび基本料金が引き下げられるとともに，大口需要家向けに，利用電力量に比例して料金が割り引かれる従量料金制度が導入された。また，配電網は，収益性が確実に見込まれる商業中心地や富裕層の居住区に優先的に敷設されていった。照明用電力については現在のような公益事業としてではなく，あくまでも収益の増大を第一とする経営方針が採られ，電力システムの展開は都市内の経済格差を明瞭に照らし出すこととなる。ベル・エポックを通じて電灯の世帯普及率は10％に満たず，電灯は一部の住民のみが享受し得る「贅沢な灯り」にとどまった。

これとは対照的に，工業用電力と市街鉄道については社会政策的経営方針が採られた。上述のように，工業用電力では手工業者の救済に力点が置かれ，小口需要家に有利な料金体系が設定された。また，電動機そのものの普及を促進するために，手工業者に対する電動機の割引販売も実施された。

市街鉄道については，発電所の完成とほぼ同時に，それまで民間企業が運行していた馬車鉄道の路線を市が買収し，その後，全路線の電化が急ピッチで進められた。馬車鉄道は，馬の維持費がかさむために運賃が割高となり，一部の富裕層しか利用できない交通機関であったが，路面電車の投入をきっかけとして運行コストが大幅に低く抑えられることとなった。住民の通勤負担を軽減させるために，

一定水準以下の所得層を対象とする特別割引定期券も導入された。この結果，馬車鉄道時代と比較して乗客の範囲は格段に広がり，路面電車は日常の足として定着することとなった。路線網の拡充にも力が注がれ，特に市の中心部と郊外とを結ぶ路線は，郊外での住宅地建設によって中心部への人口集中を抑制しようとする都市計画の前提をなした。

✄ 電力業と自治体給付行政

ここまで見てきたように，「電力システム論争」と電動機の実用化を経て，照明用のエネルギーとして導入が図られた電力の用途は多様化した。その結果，都市電力システムは公営事業として，都市計画や，手工業者救済，労働者保護などの広い意味での自治体の社会政策との緊密な関係のもとで展開されることとなる。

19世紀後半のドイツ都市自治の特徴は，自治体給付行政の進展にあった。自治体給付行政とは，都市住民に対して，都市化を通じて需要の高まった，日常生活に不可欠な消費財や公的サービスの供給に主眼を置く都市自治体の広範な行政活動をさす概念である。その範囲は，水道・ガス・電力の供給事業に始まり，市街鉄道を中心とする交通政策や，住宅政策・土地政策を中心とする都市計画，下水道や病院，食肉処理などの保健・衛生事業，職業紹介・失業保険などにまで及ぶ。

自治体給付行政の実践が可能となったのは，ドイツに特有の強い都市自治の伝統もさることながら，当時の経済思想の転換に負うところが大きい。1870年代の「大不況」を契機として，従来の「小さな政府」を志向する古典的自由主義への信頼が薄れ，市場経済の維持に軸足を置きながらも公的介入を通じて社会問題の解決を図ろうとする，「社会的自由主義」ないし「介入的自由主義」と呼ばれ

る思想潮流が台頭したのである。こうした転換は、ベル・エポックの西欧諸国で共通して見られ、公的介入による都市の物理的な改善や都市レベルでの社会政策の拡充が進められた。特にドイツではそうした諸政策が国際的にもきわめて高い水準で遂行されたため、「都市政策の見本」と評価されるにいたった。公的部門の強いイニシアティヴのもとでのドイツの都市電力システムの形成は、このような歴史的背景に由来するものだったのである。

　以上のように、西洋経済史とは、確かに地球の裏側の遠い世界の歴史を扱う領域ではあるものの、あくまでも問題関心の出発点は、今われわれが現に生きている日本社会にある。また、現在の資本主義経済の起源が近代ヨーロッパにあることを思い起こせば、遠回りのようではあるが、今の日本社会のルーツを探る旅ともなる。今回はドイツの都市と電力という非常に限定された切り口のみを紹介したが、西洋経済史が扱う時代や地域はきわめて広く、テーマは各人の関心に応じていかようにも立てることができる。欧米世界に関心がある人だけでなく、日本社会を一味違った角度から観察してみたいという人も、経済学部に入ったあかつきには、ぜひ無限の広がりを有する西洋経済史の扉を一度たたいてみてほしい。

➡ **読書案内**　西洋経済史がどのような学問領域なのかを概観するには、①馬場哲ほか『エレメンタル欧米経済史』（晃洋書房、2012年）を初めに読むのがよいだろう。今回扱った都市の歴史に関心を持った人は、②増田四郎『都市』（ちくま学芸文庫、1994年）が古典的名著なのでぜひ一読してもらいたい。また、電力の歴史についてもっと知りたい人は、大部ではあるが、③T. P. ヒューズ（市場泰男訳）『電力の歴史―Networks of Power―』（平凡社、1996年）に挑戦してみるとよいだろう。

［森　宜人］

3-5 温泉資源から見た資源利用の歴史

「温泉」と聞いて，皆さんはどのようなイメージを抱くだろうか。旅行で家族や友人と訪れた旅館の大浴場や街なかに設けられた足湯につかったこと。また豊富に湧く温泉の光景をイメージする方が多いだろう。それは，日本中至るところに温泉施設が設けられているため，「温泉」が日本に豊富にかつ無限に存在しているような感覚を持っているからかもしれない。実際，日本の温泉は約2万7000カ所で湧き出している（高度経済成長期の2倍以上）。しかしここ数年，温泉資源の危機が叫ばれている事実をどれだけの方がご存じだろうか。多くの人々が日本に豊富に存在していると信じる温泉は，資源の枯渇や水位の低下といった問題に直面し，過剰利用や開発への対応が急務となっている。加えて，原発事故以来，新たな再生可能エネルギーとして注目され始めた温泉（地熱も含む）は，自給エネルギーとしての将来性を高く評価されている。ただ，実際の現場では，大量の蒸気を必要とする地熱発電が温泉を減少させるといった不安から，温泉旅館らの反対運動が起きている。温泉資源の用途が多様化する中で，多くの関係者が満足できるような利用のあり方が，今求められているのである。こうした温泉資源の利用をめぐる問題は，明治時代以降の多くの温泉地で経験している。そこで本節では，近代以降の温泉資源をめぐる対立に焦点を当て，過去の資源利用の調整のあり様から，今後の温泉資源の利用・開発の進め方を考えていくきっかけとしていこう。

❈ 温泉資源の特徴

では，温泉資源の利用をめぐる対立とはいったいどのようなもの

なのか。問題の中心は,温泉の権利関係(温泉が湧きだす土地の所有者や実際に温泉を支配している者が温泉を所有する権利を有している)の対立にある。特に,温泉資源を利用する際,所有者間の関連性が強く表れる点がその要因としてあげられる。

温泉資源は地下で水脈がつながっているなど,湧き出る温泉相互の関係が強いという特徴を持っている。例えば,隣接する土地所有者が,互いに開発を行った場合,地下で温泉の水脈がつながっていることが多いため,開発の度に湧出量(ゆうしゅつ)の減少や水位・温度の低下といった問題を引き起こす。加えて,互いに過度の開発を進めると温泉が自然に回復できず,枯渇してしまう恐れもある。つまり,一方が開発し多くの温泉を獲得すれば,もう一方が減少するといった「ゼロサム」の関係にある。

したがって,温泉資源を安定的にかつ持続的に利用するためには,一定の範囲内で所有者同士が秩序を保ちながら開発・利用を行い,開発しすぎることを回避する必要があった。この点,江戸時代の温泉地では,自然湧出の温泉に頼っていたため,貴重な温泉を多くの人々が利用できるように個人の勝手な開発を許さず,外湯と呼ばれる共同湯を住民は利用していた。

しかし,明治以降の近代化の過程で,温泉資源の利用のあり方は大きく変化した。外湯利用とは異なり内湯と呼ばれる旅館内に浴場を設けて利用する形態が普及した。どの旅館でも自らの敷地内で開発を行うなど,私的に利用できる温泉を手に入れるため開発を進めたからであった。その背景には,温泉地を訪れる入湯客数(温泉地に訪れる客)の増加が要因としてあげられる。20世紀初頭以降,鉄道を中心とする交通網の進展によって,明治の中頃に全国で約400万人であった入湯客数は,1930年代には約2600万人に増加している。入湯客数の増加と内湯利用の普及に直面した温泉地では,温泉

の湧出量を増加させるための開発が進展し,結果,利用をめぐる対立や紛争の増加を招いた。以下,20世紀初頭の熱海温泉を例に温泉資源の利用をめぐる対立と紛争の過程を見ていこう。

❊ 温泉資源をめぐる争いと調整:熱海温泉を例に

　静岡県の熱海温泉は,湧出量が豊富な温泉地として知られ,なかでも大湯と呼ばれる間歇泉(かんけつせん)(一定の時間ごとに湯を噴き上げる源泉)は,熱海温泉のシンボルであると同時に最も湧出量が多い温泉であった。江戸時代に将軍の湯とされていた大湯は,明治半ばには皇室の御料地(天皇家の財産)とされ,熱海に建設された御用邸(天皇家の別荘)にも大湯の湯が引用されていた。明治期の熱海温泉では,この大湯から湧き出る湯を利用する旅館(一定の使用料を支払い湯を引用していた)と自らの敷地内に湧き出る温泉を利用する旅館の2つのグループが存在していた。1884年(明治17年)には静岡県によって温泉開発に関する取締規則が,1900年(明治33年)には熱海温泉の住民や旅館営業者ら51名によって「熱海温泉場特別申合規約」が制定された。既存の温泉に開発の影響が及ばないように,開発を規制する規約を設けていた。熱海では,地域住民や旅館営業者が中心となって温泉の利用や管理を行う取締所を運営することで,無理な開発を抑止し秩序を維持していたのである。しかし,温泉の開発と保全のバランスは,20世紀初頭に大きく揺らぐこととなった。

　20世紀初頭の熱海では,東京,横浜との結びつきが強まり温泉開発が増加した。開発の主体は,熱海温泉の旅館営業者や東京から別荘建設を目的にやってきた人々であった。営業者の1人である米倉三左衛門が所有する米倉湯(温泉には所有者の名前を付けるのが一般的)は,古くから湧き出す温泉であったが,1905年(明治38年)に「修繕」という名目で温泉を掘り下げる工事を行い,湧出量を増加

表1 1903, 04年の入湯客数（単位：人）

	1903年		1904年	
	全体	男性	全体	男性
1月	14,574	9,892	16,729	10,393
2月	20,536	13,040	18,167	9,800
3月	18,569	12,686	9,873	5,721
4月	18,637	11,546	13,594	8,100
5月	8,301	4,370	7,244	4,728
6月	5,780	2,714	4,656	3,217
7月	7,631	4,728	6,641	4,877
8月	10,275	6,212	9,321	6,100
9月	7,779	5,064	26,597	23,025
10月	11,062	6,842	66,344	64,946
11月	10,275	6,407	56,156	55,281
12月	7,273	4,519	40,120	39,229
計	140,692	88,020	275,442	235,417

（注）　熱海の客数には伊東温泉も含まれる。
（出所）　高柳友彦「温泉地における源泉利用」『歴史と経済』191号。
　　　　原典は，『静岡県警察統計』明治36, 37年度版。

させている。一方，流入者の多くは政財界人であり，その1人である安保清隆（長州出身の男爵）は，別荘開発を目的に大湯のすぐ裏手で安保湯の開発を行った。

　開発が進行した背景には入湯客数の急増があった。表は1903,04年の熱海温泉の入湯客数を表したものである。

　1903年10月に1万人ほどであった入湯客は，翌年10月には6万人を超え，客の9割以上が男性で占められるようになった。熱海温泉をはじめ全国各地の温泉地が日露戦争（1904〜05年）に従軍した傷病兵の療養地として軍の指定を受けたためであった。入湯客の増加にあわせて開発が盛んになった様子は，後に大湯を調査した本多光太郎，寺田寅彦両名の報告（本多光太郎・寺田寅彦「熱海間歇泉に就て」『地学雑誌』1905年）から以下のようにうかがえる。「熱海では

1900年頃からいたるところに井戸を掘って、温泉をくみとり自家用で利用するものがあった。多くがポンプの力でくみとっている。昨年（1904年）以来井戸の開発が一つの流行のようになり、競って掘る様になって、井戸の数は二十以上になった」（筆者が現代語に訳した）。開発の進展は、1905年3月に熱海のシンボルであった間歇泉の噴出回数とその湧出量の減少を引き起こし、町を二分する紛争に発展した。

1905年3月27日大湯の湧出量が減少すると他の温泉の湧出量が急増した。このとき澤口の湯では直径5,6センチにもなる熱湯が噴出したという記録も伝えられる。その後、5月後半には、温泉を深く掘り下げていた米倉、樋口の湯からも熱湯が噴出するようになり、この2つの噴出とは対照的に大湯が噴出する周期は延び、6月に入ると日を追うごとに噴出回数と湧出量を減らした。結果、大湯を利用する多くの旅館が湧出量の不足を訴えるようになり旅館経営は大きな打撃を受けた。度重なる湧出量の減少に、大湯を利用する旅館は、取締所に事態の打開と解決を訴え、取締所はその解決を図る必要に迫られたのであった。

では、なぜ取締所による調整機能は機能しなかったのだろうか。静岡県の規則や1900年制定の申合規約を無視し開発が進行した原因として以下の2点があげられる。

第1に、規約の罰則と温泉の経済的価値に大きな差があったことである。当時熱海温泉では、温泉の権利が1300〜1600円ほどで売買されていたと伝えられている（当時の男性の平均賃金は日給50銭程度）。一方、取締規則や申合規約において違反に対する処罰は温泉の価格に比べて軽く、申合規約で5円から50円の罰金が定められていた。温泉の権利が1000円以上する中で、50円程度の罰金では、罰則として機能しないことは容易に想像できる。

第2に，紛争の原因となった温泉の多くが規則制定前から存在し，また「修繕」を行っていた点があげられる。申合規約では，深さ3尺（約1m）以上の開発が厳しく制限されていたものの，3尺に満たない「修繕」を申請した場合取り締まることが困難であった。「修繕」と申請してより深く開発する者も多かったことからも，規制の内容の不備とともに開発に対する取り締まりも不十分であったことがうかがえる。

　取締所を中心とした調整機能は，実情に合わない規則や規約，違反への制裁効果が乏しい状況下ではその役割を発揮できず，利用を安定的に維持することが困難となった。利用をめぐる対立や紛争は，温泉場内の秩序では解決できない事態となり，大湯を利用する旅館らは，取締所を通じて静岡県にその対応を求めた。そして，陳情を受けた静岡県は1905年7月，原因となった温泉（澤口，米倉，樋口）を埋め立てる判断を下し，埋め立てた後，大湯の湧出量は回復した。

　大湯が回復して一件落着したように見えるこの紛争の解決方法にはいくつかの問題が存在している。実際，最も大湯の側に位置し，間歇泉減少の原因の1つであった安保湯は，静岡県から何も処罰を受けなかった。開発者である安保が男爵という地位であったため，旅館営業者らは安保による温泉減少の被害を訴えることができなかったと伝えられている。加えて，静岡県による埋め立ての命令は，大湯を利用する旅館を一方的に保護するもので，当事者のもう一方であった開発者（米倉や樋口）の意見を汲んだ様子は見られなかった。当時，入湯客数が増加し多くの湧出量が必要となっていた熱海の実情を考慮した処置ではなく，県行政の介入は恣意的な要素が強かったと評価できる。

　この背景には当時の社会情勢も大きく影響していた。皇室が所有する大湯が枯渇するという事態は，天皇制を中心とした国家体制が

確立しつつあった日露戦争時には到底認められるものではなかった。また，当時の県知事は内務省から派遣された官選知事であり，問題を早急に解決する必要もあったのだろう。

　その後，熱海での紛争を受け，10月に静岡県は規則を紛争に対応できるように改正した。紛争への対応として，開発の認可権限を静岡県，具体的には警察に一元化し，規則に「修繕」の文言を加えた。そして，罰則を強化し，無認可での開発への歯止めとして，違反者には土地の原状回復という罰則が課せられたのである。

　熱海で起きた温泉利用をめぐる対立を通して，温泉利用をめぐる利害調整の難しさが理解できただろうか。温泉の権利関係は，複雑かつさまざまな社会関係や権力関係の中で構築されており，経済的価値だけで判断されるわけではなかった。皇室所有である大湯や爵位を持つ政財界人の温泉を保護する一方，一部の旅館営業者の権利はないがしろにされた。この点，後に規則が改正されるように，温泉の利用や開発に関しては，現実の利用に即した規則や規約の存在は重要であった。つまり，行政の恣意的な対応を防ぐためにも，詳細な内容でかつ所有者が遵守するルールが必要だった。こうしたルールを支えにして初めて，所有者間の調整が機能するのだろう。実際，熱海ではこの後温泉組合が設置され，関係者すべてが組合に把握されるようになる。そして，静岡県から委任を受けた組合が，規則を支えにしながら熱海温泉全体の利用を調整する役割を担ったのである。

　熱海での紛争は，全国どの温泉地でも，また現代にも起こりうるものである。今は，上記のような恣意的な判断はされることはないが，温泉の開発や利用に関して当事者の権利を保護し，利用を秩序づける詳細なルールを整備する必要があるだろう。現在，温泉に関する法律は「温泉法」のみであり，温泉の権利関係や財産権を保障

した法律の整備は，長い間必要とされながらも実現していない。巨大温泉施設を運営する大企業と温泉地の住民との対立など，温泉資源をめぐる関係者間の対立がますます増えていく中で，温泉の権利をいかに保護していくのか，特に温泉地の住民の利用をどのように保護しながら開発していくのか，温泉地の歴史や社会関係に考慮した利用ルールの制定といった対応が求められているのである。

➡ **読書案内**　本稿で紹介した資源をめぐる人々の争いや対立は，温泉に限らずさまざまな資源で起きている。特に，住民の共同利用であった森林資源（入会(いりあい)）の100年にわたる権利闘争を扱った文献として①戒能通孝『小繫(こつなぎ)事件』（岩波新書，1964年）があげられる。（入手困難なため公共図書館にて見ていただきたい）。比較的入手しやすい本として，民俗学の立場からサケ漁を通して河川管理の歴史を扱った②菅豊『川は誰のものか』（吉川弘文館，2006年）や近世の資源利用の歴史を扱った③水本邦彦『草山の語る近世』（山川出版社，日本史リブレット，2003年）があげられる。

［高柳友彦］

3-6 貨幣鋳造収入で平城京の造営費用を賄った!?

貨幣鋳造収入とは？

　経済学の主要な目的は，もちろん，現代社会の経済メカニズムを明らかにするところにある。しかし，経済学的な視点を持って歴史に接すると，はるか昔の出来事がずいぶんと身近に感じられることが時々ある。10年ほど前に今村啓爾氏の著作『富本銭と謎の銀銭：貨幣誕生の真相』（2001年，小学館）を読んだときも，そんな思いをあらたにした。本書が日本古代通貨の誕生に関するエキサイティングな経済学的考察に満ちていたからである。

　実は，今村啓爾氏の著書に取り組むのは，『戦国金山伝説を掘る』（1997年，平凡社）に次いで2度目であったが，歴史学的な考察と経済学的な考察との間に折り合いをつけながら慎重に進める氏の論考は，現代の経済社会を研究対象としている私のような読者にとっても大変に刺激的であった。

　マクロ経済学においても，金属地金の裏づけのない，もしくは裏づけが不十分である通貨を経済に導入することによる経済学的な帰結を考察することは，最も重要な研究課題の1つである。

　金属地金の裏づけが不十分な通貨を発行する政府にとっては，貨幣が表象する価値と貨幣の鋳造費用の差額を貨幣鋳造収入（英語では仏語を源として seigniorage，カナ書きではシーニョレッジと記される）として手にする機会を得る。一方で政府は，金属地金の裏づけが不十分な通貨の価値を安定させ，そうした通貨を流通させるために，高度な通貨管理政策を実施しなければならない。通貨管理政策に失敗すれば，通貨価値が下落し，せっかくの貨幣鋳造収入は無に帰してしまう。

もう少し具体的に考えていこう。金属地金で完全に裏づけられた千円銀貨は、千円分の価値の銀地金10グラムが含まれているとする。そこで政府は、その千円銀貨の銀含有量を200円分（2グラム）に引き下げた上で、依然として千円銀貨として流通させたとしよう。

この場合、政府は、千円銀貨1枚を発行するごとに、1000円から鋳造費用200円を差し引いた800円/枚を貨幣鋳造収入として手にすることができる。

しかし、貨幣鋳造収入を獲得しようとする政府にとっての難題は、正味で200円の価値しかない銀貨を千円の価値を持つ銀貨として流通させることである。もし、政府が貨幣価値を維持できなくなると、貨幣鋳造収入を得ようとする政府の試みは失敗に終わってしまう。

例えば、政府が有効な手立てを打てないままに、千円銀貨ばかりでなく、政府の発行したすべての貨幣が大幅に下落したとしよう。

実は、貨幣価値の下落は、物価上昇に結びつく。物価とは、貨幣単位で換算したモノの値段なので、貨幣自体の価値が低下すると、物価は上昇してしまう。以下では、貨幣価値が5分の1になって、物価水準が5倍となったとしよう。

この場合、かつて1000円であった商品は、今や5000円となるので、千円銀貨1枚でなく、5枚が必要になる。ということは、5枚分の千円銀貨に含まれて銀が10グラム（2グラム×5枚）となって、かつて銀地金で完全に裏づけられていた千円銀貨の銀含有量と等しくなる。すなわち、かつて1000円の取引で銀地金10グラムを要したのが、物価高騰で5000円の取引となって依然として10グラムの銀が必要となったわけである。

では、上で述べてきたような経済学の知識を念頭に、今村氏の著作で描かれている律令国家の貨幣政策に触れてみよう。

❈ 藤原京の造営費用捻出に失敗……

　今村氏は,「古代律令国家は, 藤原京 (694年から710年) や平城京 (710年から784年) の造営費用を賄うために, 地金価値とは大幅に乖離した官製銅銭 (銅地金で十分に裏づけられていない国家鋳造銅貨) を流通させることによって莫大な貨幣鋳造収入を得ることを二度にわたって試みた」という趣旨の壮大な仮説を提示している。藤原京を造営した天武天皇によるその試みは完全に失敗し, 平城京を造営した元明天皇による試みはある程度成功したというのが, 氏の見立てである。

　当時の律令国家は, 白村江において唐・新羅連合軍に敗退し (663年), その後, 壬申の乱で内乱状態となった (672年)。律令国家の側には, こうした危機的な状況を克服するために, 新都造営という象徴的な国家事業を展開しなければならないという事情があった。氏は, 官製銅銭の導入をそうした歴史的背景に有機的に結びつけている。

　まず, 古代通貨の発掘証拠を丹念に追いながら, 通貨研究者の間では「無文銀銭」と呼ばれてきた銀貨が, 7世紀半ば頃から商品貨幣 (地金価値に完全に裏づけられた通貨) として流通してきたことを指摘している。なお, 無文銀銭は律令政府によってではなく, 私的に鋳造されたものと考えられている。

　無文銀銭は, 直径3センチ, 重さ10グラム前後の円板形で小さな貫通孔を持つ銀製品である。量目を調整するために銀小片を貼り付けた無文銀銭も多い。近畿圏を中心に発掘された無文銀銭の重量のばらつきが小さいことから, 無文銀銭が商品貨幣として流通していたという考え方が考古学者の間では根強かった。

　今村氏は, 無文銀銭の重量が唐代の重量単位で4分の1両に相当することを重視している (1両は黍100粒分の重さに相当)。当時の中

国では，銀銭が流通していた事実はないが，銀地金そのものは，高額取引において銀餅などの形で秤量通貨として用いられていた。氏の議論は，無文銀銭の国際通貨的な側面を照らし出している。

無文銀銭（左）と富本銭（右）
（写真提供：奈良文化財研究所）

『日本書紀』には，天武天皇の683年4月15日の詔として「今より以後，必ず銅銭を用い，銀銭を用いることなかれ」という記述がある。しかし，その3日後の詔では，一変して「銀を用いること，止むることなかれ」とある。

今村氏は，これらの詔の「銀銭」や「銀」は無文銀銭に相当し，「銅銭」が1999年に奈良県飛鳥池遺跡から大量に出土した「富本銭」に当たると推測している。

さらに，前者の詔によって天武朝は無文銀銭の価値を表象する官製銅銭（富本銭）を導入し，貨幣鋳造収入として得ようとしたと解釈している。すると，後者の詔は，その試みが無残に失敗したことを示唆していることになる。

しかし，私のように歴史に通じていない読者にも，今村氏の主張は，綿密な論証を経たものとは言いがたいように思える。ここでの議論は，むしろ，元明朝の和銅開珎による無文銀銭の置き換え（以下に詳しく紹介する）とのアナロジーに基づいた推論と言えないだろうか。

❈ 平城京の造営費用捻出に悪戦苦闘する律令国家

『続日本紀』は，708年になると，鋳銭司（官製貨幣鋳造の責任者）の設置，「和銅開珎銀銭」の導入，「和銅開珎銅銭」の導入と貨幣関

係の記述が相次ぐ。今村氏は，整然とした記述の背景には，元明朝が天武朝の銅銭導入失敗の教訓を踏まえ，周到な準備を行っていたことを反映していると指摘する。

まず4分の1両の銀地金を含む無文銀銭を，それと同等の価値を表象する和銅開珎銀銭と置き換えた。和銅開珎銀銭には6分の1両の銀地金しか含まれていなかったので，律令国家は銀銭1枚ごとに若干の貨幣鋳造収入（1/12両＝1/4－1/6）を得たことになる。

さらに元明朝は，和銅開珎銀銭一文を和銅開珎銅銭一文に置き換えようとする。銅銭の鋳造費は銀銭のそれに比べ数十分の一なので，この置き換えに成功すれば，国家が手にする貨幣鋳造収入は莫大な額に達する。

銀銭一文と銅銭一文が同値であったとする今村氏の推論根拠は，説得的である。①銅銭も銀銭も同じく和銅開珎と呼ばれていたこと，②銀銭と銅銭の大きさやデザインが一致していること，③両銭の交換比率の記録がないことなど。

しかし，和銅開珎銅銭の流通がなかなか進まなかったことから，律令国家は銅銭流通促進策を相次いで打ち出していく。それらの政策には，銀銭の利用禁止，銅銭蓄蔵の見返りに官位を渡す蓄銭叙位令の施行，銅銭による官吏への給与支払い，銅銭による納税などが含まれていた。

同時に，銅銭の表象価値と地金価値の乖離が著しいと私鋳（要するに，贋金づくり）の動機が高まるので，私鋳に対して厳罰で臨むようになる。また，基本的に商品貨幣であった中国銭の国内流通を禁じている。

そうした律令国家側の努力にもかかわらず，米価との交換比率から類推してみると，和銅開珎銅銭の価値は，導入後数年にして数分の1にまで減価した（物価は数倍となった）。ただし，通貨価値が数

十分の一に下落するまで銀から銅に置き換えたので、律令政府はそれでも貨幣鋳造収入を得ていた勘定にはなる。銅銭の減価傾向は、後続の皇朝十二銭ではいっそう顕著になっていく。

✿ 律令国家は国際感覚を備えていた？

多額の貨幣鋳造収入獲得を意図した銅銭導入政策の裏側では、律令国家による銅山（山口県長登銅山など）の独占的経営が進行していた。

今村氏は、一歩踏み込んで、対馬における官営銀山の可能性を示唆している。さらには、『戦国金山伝説を掘る』の著者の面目をいかんなく発揮して、対馬銀山発掘に対する意欲を示している。

そうであるとすると、無文銀銭がそもそも官製であったということになるかもしれない。また、律令国家は、銅銭導入後も、国際通貨としての銀地金を積極的に蓄えていたことになる。現在で言えば、発展途上国の中央銀行が、国際的な基軸通貨であるドル通貨や金地金をせっせと蓄えるような政策に相当するであろうか。まさに、国際的な環境に配慮した周到な通貨政策である。

経済学者が貨幣の誕生というとき、人類学的な発想からか、原始社会にまでさかのぼって「権力の象徴」という観点から貨幣を考察し、その後は、商品貨幣（金属地金に完全に裏づけられた貨幣）に関する観察にとどまってしまうことが多い。しかし、中央集権的な古代国家においては、現代にも通じるような通貨管理政策が実施されてきた可能性がある。古代国家の通貨政策に関して考察することは、貨幣に関する経済学的な理解をいっそう進める契機となるであろう。

いずれにしても経済学と歴史学、案外に相性が良さそうである。

［齊藤　誠］

第4章
プロフェッショナルにとっての経済学

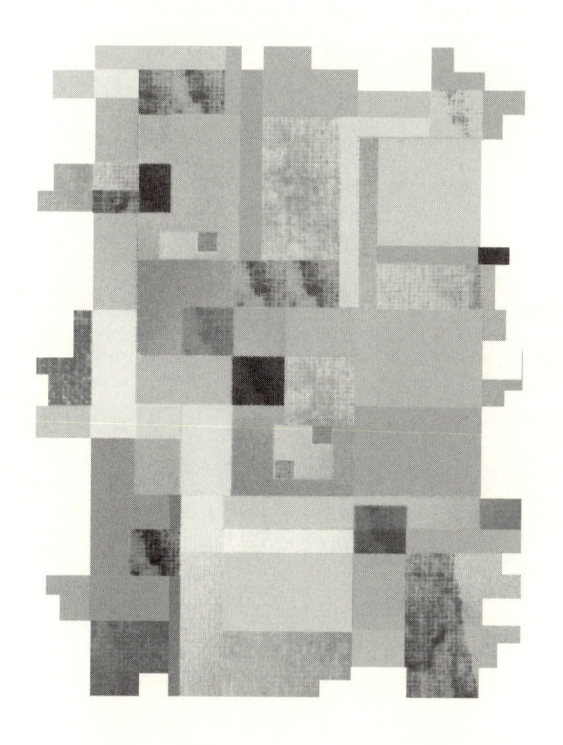

4-1 なぜ，数学を学ぶのか？
私たちとその世界を発見するために

　読者の皆さんの多くは，経済学部を志望している高校3年生や経済学部の新入生だと思う。また，経済学を学びたい（あるいは，学び直したい）と思っている社会人の方もいると思う。皆さんの中には，経済学の教科書を見て，その内容が経済学に対して持っていたイメージとは大きく違うため，戸惑ったり，勉学の意欲をなくしてしまった人もいるかもしれない。とりわけ，経済学部の新入生が大学での勉強につまずくきっかけの1つは，経済学で頻繁に使われる数学にあるようだ。そもそも，文系の科目である経済学になぜ数学が必要なのか，疑問に思っている方も多いと思う。

　このエッセイでは，日頃，経済学を研究し講義している経験から，「なぜ数学を学ぶのか」について私の考えを述べてみたいと思う。私の専門は経済理論の1つであるゲーム理論という分野である。ゲーム理論については，第2章の「2-4　協力の科学としての経済学」を読んでいただきたい。

　最初に，大学進学をめざしている高校3年生の皆さんは，なぜ大学で勉強を続けようと思っているのだろうか。いろいろな理由があると思う。両親や高校の先生から大学進学を勧められた人もいるでしょう。将来やってみたい職業のために大学進学を決めた人もいるでしょう。高収入を得るためには，大学を卒業していた方がいいと漠然と思っている人もいるかもしれない。

　理由が何であるにしても，皆さんは，大学進学さらに志望校や志望学部を決めるにあたって，いろいろと悩み考えられたことと思う。自分はいったい何をしたいのか，将来どんな仕事をしたいのか，どんな人生を送りたいのか，など，小学校や中学校のときには，あま

り深く考えなかった事柄について初めて真剣に向き合った人も多いと思う。大学進学をきっかけに，自分とは何か，自分は社会とどのように関わっているのか，などの哲学的な問題も考えるようになった人もいると思う。

皆さんのご両親はもちろんのこと，私たち大学の教員も，この世に生を受けた皆さんは1人ひとりがかけがえのない存在であり，それぞれが持っている可能性を際限なく広げ，充実した幸福な人生を送ってほしいと心より願っている。大学での勉学もそのためであってほしいと思う。

大学での学びとは，受験勉強のように，すでに答えが決まっている問題の解法を覚えたり，多くの物事や事実をやみくもに暗記することではない。自分とは何か，さらに，身の回りの自然や社会のさまざまな出来事を自分の頭で考えること，思考するための知識や方法を身につけることが一番大切である。

哲学者のポパーという人は，『科学的発見の論理』という本の中で，「私は，すべての思索する人たちが関心をもつ1つの哲学的問題があると考える。それは，宇宙論の問題：世界——私たち自身と私たちの知識を含む世界——を理解する問題である。すべての科学は，宇宙論であると，私は信じる」と述べている。

大学で皆さんが学ぶ経済学も，科学の一分野として，私たち自身と私たちを含む世界を新たに発見し，その謎を理解することがその大きな目的である。そして，科学的知見に基づいて，人々が幸福で豊かな生活ができる社会をつくることに貢献することが経済学の大きな使命である。

❈ 思考と発見のための数学

さて，「なぜ数学を学ぶのか」という本題に入ろう。もし数学が

なければ，経済学の学習はほとんどが暗記することになってしまう。もし数学がなければ，社会や経済のさまざまな現象を論理的に自分の頭で考えることは困難になるだろう。数学なしに，経済現象の背景にあるメカニズムを発見し理解することは（特別な直観力を持つ天才を除いて）ほとんど不可能であると言ってもよい。このことを，次の例で説明しよう。

　経済学の大きな問題に，私たちが日頃，買い物をする「商品の値段（価格）はどのようにして決まるのか？」という謎がある。皆さんの中には，スーパーで売っている商品の価格は，経営者が勝手につけているだけと思っている人もいるかもしれない。しかし，たとえ経営者が商品の価格を自由につけられるとしても，あまり高すぎると売れないので，経営者は価格を下げようとするし，逆に，価格が低すぎると利益が出ないので，経営者は価格を上げるでしょう。また，もし近くにライバル店があると，競争相手の価格も考慮しないといけない。このように，経営者がつける商品の価格は，消費者の購買動向や他の競争相手の価格などさまざまな要因に影響され，経済（市場）の「未知な」メカニズムの作用によって，商品の価格が決まると考えられる。

　経済の中で価格を決定するメカニズム（これを，簡単に価格メカニズムと言う）の性質を解明することが経済学の大きな研究課題であり，数学は，その解明のために必要不可欠である。物体の落下運動から万有引力の法則を数学によって発見したニュートンと同じように，経済学の研究者やこれから経済学を学ぶ皆さんにとっても数学は必要不可欠である。なぜなら，数学は経済学のための思考と分析の道具だからである。

　数学は，私たちの身の回りで起こるさまざまな問題を考え，新しい現象の背後にある未知のメカニズムを発見し，その性質を理解す

るための分析道具である。さらに、他の人々に自分の考えを正確に伝え、合理的な議論をするために必要な言葉である。このことから、「数学は科学の言語」とも言われている。自然科学などの他の学問分野と同じように、数学は経済学の研究にとって大変有益であり必要である。

この本では、さまざまな経済問題（第1章）や経済学の基本的な考え方（第2章）がわかりやすく解説されている。経済学の基本的な考え方はすべて数学によって理論的な裏づけがなされ、経済学者は、経済学の科学的な知見に基づいて、現実社会の問題を適切に解決できる経済政策のあり方を研究している。

経済学を学ぶ上で数学が必要であることがわかったとしても、皆さんの中には、数学が苦手な人も多いと思う。また、大学で経済学を学ぶためには高校の数学を超えた高度な数学が必要であると思っている人もいるかもしれない。

実は、経済学部の授業を理解するためには、高度な数学は必ずしも必要ではない。経済学の基礎的なテキストを理解するためには、中学や高校で習う数学をしっかり理解していれば十分である。直線のグラフを数式で表したり、1次方程式や2次方程式のグラフが書けたり、2本の直線の交点を求めることができれば、経済学の入門テキストのかなりの部分を理解できる。また、受験科目の関係であまり数学を勉強してこなかった学生のために、経済学部では経済学の学習に必要な「経済数学」の授業が開講されている。また、一般教養科目として、微積分と線形代数（行列）の授業が開講されている。ぜひ、これらの数学の授業を受講してほしい。もし授業の内容が理解できないならば、中学と高校で使った数学の教科書に戻って、教科書のわからない個所を読み返してみるのがよいと思う。

大学で数学を学ぶ場合の大切な心掛けは、基本的な概念や証明の

考え方を「ゆっくり着実に理解する」ことである。抽象的な数式で展開されている議論を，できるだけ自分で図やグラフを描いて具体的なイメージで確認して理解することが大切である。

また，皆さんの中には，数学と言えば，四則演算や微積分などの「計算」を想像する人も多いと思う。計算は，確かに数学の主な作業であるが，経済学で数学が必要な理由は，計算だけではない。計算の前に，現実の経済現象を説明するための理論モデルを作ることが大切である。このことを体験するために，このエッセイの最後に，経済学の理論研究の仕事場に読者の皆さんを招待しよう。高校生の皆さんには難しいかもしれないが，少し背伸びすれば，より広い世界が見えてくる。

✄ 経済理論の研究を覗いてみよう

一般に，国の経済活動は，生産，分配，支出という3つの側面で捉えることができる。経済全体のモノやお金の流れは大変複雑なので，ここでは，分配の問題のみを考えよう。特に，2人の個人（A君とB君とする）が共同の仕事で得た利益，例えば100万円を分配するという単純化された状況を考える。

問題が単純すぎると思われるかもしれないが，明確に記述された限定的な問題からスタートして，そこでできるだけ明晰な結論が得られた後に，より複雑な問題に進むのが研究の王道である。「単純な問題からより複雑な問題へ」というのが，研究の基本姿勢である。問題自体が明らかでないと，明晰な結論は出せない。実は，新しい問題を発見することが，研究者の大きな仕事である。そして，学問の楽しみである。

現実の経済を研究する経済学者の頭と目は，自然科学者のものと同じである。実際の人々がどのように利益を分配するかを観察，調

査し，現実のデータを収集する。最近では，研究室で人々（多くは大学生）に，お金の分配実験を実際にしてもらう研究も盛んになっている。本当に100万円を使うことは研究費の制約からできないが，100円ならできる。

現実のデータから人々のお金の分配行動について一定の傾向が判明したら，なぜ人々はそのような行動を選択するのかを理論的に解明する。そのために，現実世界における人々の分配交渉を抽象化した理論モデルを作る。理論モデルを作り分析するために，数学が大活躍する。

例えば，次のようなものである。最初に，A君がB君に100円の分配案 $(x_A, 100-x_A)$ を提案する。ここで，x_A 円はA君の取り分であり，0と100の間の実数である。残りの $100-x_A$ 円がB君の取り分である。次に，B君が提案を受け入れるか拒否するかを選択する。もし提案を受け入れたら，合意が成立し交渉は終了する。2人は，それぞれ合意した金額を受け取る。もしB君が提案を拒否したら，次に，B君が新しい分配を提案する。以後，提案者を交互に変えて交渉を n 回（n は任意の自然数），繰り返す。最後の n 回の交渉でも合意が成立しなければ，2人は何も得られないとする。

現実の社会で人々が行う話し合いや交渉は複雑で，このような単純な理論モデル通りではないかもしれない。しかし，どのような交渉でも，提案と応答の繰り返しが主要な要素として含まれるので，なるべく本質的な要素だけを抽象化してモデルを作る。上の交渉モデルは，イスラエルの経済学者アリエル・ルービンシュタインが考案したものである。

次に，モデルの解を求めてみよう。分析のための仮定として，A君とB君はお金が1円でも多く得られるように行動を選択するとする。最初に，交渉が1回しかできない $n=1$ のケースから分析を

始める。A君が100円に限りなく近い金額，例えば99円を要求するとしよう。B君はどのように応答するだろうか。もしB君がA君の要求額を受け入れれば，B君の利得は1円であり，拒否すれば，交渉は成立しないので利得は0円である。B君は1円でも多く取りたいので，A君の提案を受け入れる。その結果，A君は99円を受け取る。A君は100円に限りなく近い金額を要求しても，上と同じ理由でB君はそれを受け入れるので，A君は実質的に100円を得ると考えてよい。

次に，$n=2$の場合を考えよう。初回の交渉でB君はA君からの提案を受け入れるならば，x_B円を得られるとする。もし提案を拒否すれば，2回目の交渉ではB君が提案する。2回目の交渉では，$n=1$の場合の結果から，B君は100円を得られることがわかっているで，B君の選択は，

「初回にx_B円を得る」か「2回目に100円を得る」

のどちらを選ぶかという問題になる。ここで，合意が1回遅れるとお金の実質価値は1%だけ少なくなるとしよう。お金の名目額と実質価値の比は0.99であり，これを将来利得に対する割引因子と言う。B君にとって「初回に99円を得る」ことと「2回目に100円を得る」ことは同じなので，B君は初回に99円以上をもらえるならば，A君の提案を受け入れる。A君はできるだけ自分の取り分を大きくしたいので，B君に99円をあげて自分は1円だけ受け取る。

以後，$n=3, 4, 5, \ldots$と続くのであるが，$n=1, 2$の場合の具体的な解がわかったので，思考の抽象レベルを一段上げよう。交渉の初回に応答者が受け入れ可能な最小額が求まれば，モデルが解けることがわかるので，自然数$n=1, 2, \ldots$に対して，

$Z_n=$「交渉をn回できるときに，初回の交渉で応答者が受け入れ可能である提案の最小額」

とおこう。$n=1, 2$ のときは，$Z_1=0$，$Z_2=99$（$=100\times 0.99$）である。

交渉の最終回が $n+1$ 回のとき，初回で応答者が提案を拒否すれば，2回目の交渉では提案者となり，$100-Z_n$ が得られる。なぜならば，2回目目の交渉では，あと n 回の交渉が残っていて，応答者は金額 Z_n を受け入れるからである。したがって，将来利得に対する割引因子 0.99 を r とおくと，初回に応答者が受け入れ可能な最小額は，$r(100-Z_n)$ となり，

$$Z_{n+1}=r(100-Z_n), \quad n=1, 2, \ldots$$

という式が導ける。

次に，A君とB君は合意するまで何回でも交渉できるとき（交渉の最大回数 n が無限大），Z_n はどんな値に収束するかを計算してみよう。上の式から

$$|Z_{n+1}-Z_n|=r|Z_n-Z_{n-1}|=r^2|Z_{n-1}-Z_{n-2}|=\ldots=r^{n-1}|Z_2-Z_1|$$

となる。r は1未満なので，交渉の最大回数 n が無限に大きくなるとき，差 $Z_{n+1}-Z_n$（の絶対値）は限りなくゼロに近づく。つまり，Z_n はある一定値 Z^* に収束する。Z_n の式から，$Z^*=r(100-Z^*)$ であり，これを解けば，$Z^*=100r/(1+r)=49.748\ldots$ である（以上の議論は，数列の極限を習ったことがない人には難しいかもしれません）。すなわち，初回にA君がB君の取り分として Z^* 万円を提案すれば，B君は提案を受け入れて2人の間で合意が成立する。将来利得に対する割引因子 r が限りなく1に近いとき（A君とB君が辛抱強く交渉するとき），合意は限りなく均等分配（50, 50）に近くなることがわかる。

私たちの身の回りには，家庭，会社，地域，国内，国際社会などのさまざまなレベルで分配をめぐる数多くの利害の対立がある。どのようにして公平な分配を実現するかは，経済学の大きな課題であ

る。倫理や社会規範は公平な社会の実現に大切である。しかし，もしこれらによる解決が私たちの自由な選択と矛盾するならば，それは他から強制されたものであり，私たちが自ら望むものとは言えない。公平な分配は人々の自由な選択を通じて実現されることが望ましいが，はたしてそれが本当にできるかどうかは決して自明ではない。しかし，上で見たように，数学を用いれば，道徳や倫理，社会規範などに依らなくても，人々が自由に交渉することによって公平な平等分配が実現することが証明できた。経済における分配の問題に新しい発見の光が当てられた。

　皆さんが大学で学ぶ学問は，新しい問題を発見し，その解を自分で考えるためのものである。大学の教員は，皆さんと一緒に考え議論することを楽しみにしている。大学での勉学が皆さんにとって有意義なものであることを心より願っている。

➡ **読書案内**
　①広中平祐『生きること学ぶこと』（集英社文庫，1984年）
　②小平邦彦『怠け数学者の記』（岩波書店，1986年）
　③伊藤秀史『ひたすら読むエコノミクス』（有斐閣，2012年）
　④岡田章『ゲーム理論・入門』（有斐閣，2008年）
　⑤梶井厚志『戦略的思考の技術』（中公新書，2002年）
　最初の２つは，数学のフィールズ賞を受賞した日本人の大数学者が数学の考え方や学ぶ意味を一般読者にわかりやすく解説した書物である。③は，経済学の基本的な考えを平易に説明している。④は，初学者のためのゲーム理論の入門書である。大学の講義で使用している。⑤は，日常生活でゲーム理論を実践するための必読本である。ぜひ読んでみてください。

［岡田　章］

4-2 なぜ，統計学を学ぶのか？

ここでは，経済学を学ぶために，なぜ統計学が必要なのか，という解説をしていく。「統計学」と聞くと，数学の一部じゃないか，とか，経済学とはいっさい関係ないじゃないか，と思う人もいるだろうが，そうではない。この節を読んだ後は，統計学は，経済学を学ぶために必要な道具であるということを，納得してもらえるだろう。

✻ 人は気まぐれ？

会社で働いているAさんは，いつも社員食堂でお昼ご飯を食べる。社員食堂では，600円の日替わり和定食と500円の日替わり洋定食があるが，Aさんはどちらを食べるか，いつも気まぐれで決めている。では，ある日のAさんが食べる定食はどちらか当てたいとき，どうしたらいいだろうか。

まず，Aさんの過去の行動を調べることを第一にやるべきだろう。例えば，過去100日間，Aさんが和定食を何回選び，洋定食を何回選んだかを調べることにする。ここで，Aさんは，全体の40日は和定食を選び，残りの60日は洋定食を食べていたことがわかったとしよう。すると，Aさんは40％の確率で和定食を，60％の確率で洋定食を食べていたことになり，この情報から，もし今日，Aさんが食べる定食は「洋定食である」と予測すれば，60％の確率で当たることになる。

では次に，Aさんの今月のお昼代の出費は，いくらになるか予想してみよう。今月，Aさんが会社に行く日が20日間あるとする。すると，Aさんの過去の行動から，お昼に和定食を選ぶ確率は

40%であったから，20日間のうちの40%，すなわち，8日間は和定食を食べると予想ができる。一方，洋定食を選ぶ確率は60%だったから，20日間のうちの60%，すなわち，12日間は洋定食を食べると予想ができる。ここで，和定食は600円，洋定食は500円だから，予想される今月の出費は，

(20日のうちの40% ＝ 8日)×600円＝4800円
(20日のうちの60% ＝ 12日)×500円＝6000円
合　計　　　　　　　　　　　　　1万800円

となる。

　このように，Aさんの今月のお昼の出費は1万800円と予想される。もちろん，これは予想であって，実際にいくら出費するかはわからない。でも，Aさんの過去の行動から判断すると，今月の出費はだいたい1万800円だろうと「期待」できる。この「期待された値」のことを「期待値」と言い，統計学で重要な考え方になっている。

　少しわかりにくくなるだろうが，統計学の言葉を使って同じことを説明してみよう。Aさんがお昼に何を食べるかは，Aさんの気まぐれで決まるのでわからない。しかし，このような人間の気まぐれな，不確実な行動を数学的に表す方法として，「確率変数」という道具がある。いま，Xという変数を考え，Aさんが和定食を食べたときに$X=1$，洋定食を食べたときに$X=0$となるとする。このように，不確実に値がころころ変わる変数のことを，「確率変数」という。このようなXを用いると，Aさんがある日の昼食に出費した額は，

　　出費額＝$X\times 600+(1-X)\times 500$

と表現することができる。さらに，和定食を選ぶ確率，洋定食を選

ぶ確率をそれぞれ,

P(和定食を選ぶ確率) $= P(X=1)$

P(洋定食を選ぶ確率) $= P(X=0)$

と表現することにする。今, $P(X=1) = 0.4$, $P(X=0) = 0.6$ ということがわかっているので, Aさんのある日のお昼の出費額の予想される額（期待値）は,

P(和定食を選ぶ確率)×(和定食の値段)

　　$+P$(洋定食を選ぶ確率)×(洋定食の値段)

$= P(X=1) \times 600 + P(X=0) \times 500$

$= 0.4 \times 600 + 0.6 \times 500$

$= 240 + 300$

$= 540$(円)

となる。もちろん, 540円の定食などはメニューにはないが, この額は,「平均的に予想される額」と解釈できる。したがって, 1カ月（20日）間のお昼代の出費予想額（期待値）は, 20(日)×540(円) ＝1万800(円) となり, 先ほどの額と一致することになる。

以上はAさんのお昼の出費について話したが, 同様に, 日本全体の家計の食費支出についても不確実性は伴うし, メーカー企業の製品生産量についても, 不確実な部分がある。つまり, 人々の経済活動には, 予想しえない「不確実性」がどうしても伴うのである。このような「不確実性」を確率変数として捉え, 人々の「期待される行動」を分析する手助けとして, 統計学は経済分析の中で使われている。

✤ 直線を当てはめる

話は変わって, 図1を見てみよう。これは, X軸を家計の収入, Y軸を家計の支出として実際のデータを図にしたものである。この

図1 家計の収入と支出（円）

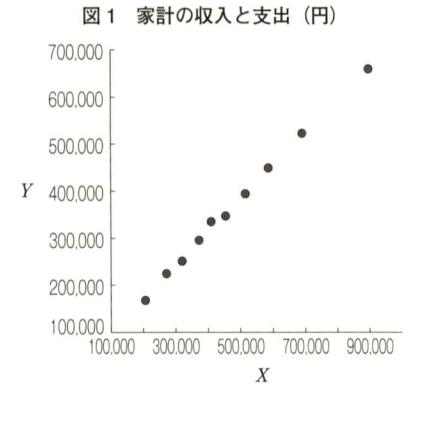

図からわかるように，収入と支出には直線的な関係がある。では，この図に直線を当てはめてみたらどうなるだろうか。目測で適当な直線を引くのではいい加減だし，人によってまちまちの直線となってしまうだろう。そこで，統計学が登場するのである。

まず，直線を表す式というのは，$Y = a + b \times X$ であることは皆さんがよく知っていることだろう。この式の切片 a の値と傾き b の値がわかれば，直線を引くことができる。では，切片と傾きはどのように決めたらよいだろうか。まず考えなければならないのは，直線は実際に観測された値の近似にしかすぎないということである。すべてのデータが直線上にあるわけではなく，むしろ，直線と実際の観測値の間には「誤差」があるのが通常である。そこで，観測値が (X_0, Y_0) である場合の誤差を考えてみよう。X の値が X_0 の場合に対応する直線上の Y の値は $a + b \times X_0$ であるから，実際の観測値 Y_0 と直線上の点との誤差は，

誤差 $= Y_0 - (a + b \times X_0)$

となる。この誤差は，観測値 (X_0, Y_0) に対応する誤差ということになる。直線の当てはめをよくするためには，この誤差を小さくしなければならないが，1つひとつの観測値に対応して，別々のそれぞれ異なる値の誤差があり，これらたくさんの誤差をまんべんなく小さくするような a と b の値を求めなくてはならない。そのよう

な方法はいったいあるのだろうか。

答えは「ある」。それは，最小2乗法と呼ばれる方法で，「統計学」や，「計量経済学」を学ぶと，答えの出し方がわかるようになる。実際に直線を当てはめたものが，図2になる。また，先ほど述べたように，人々

図2　家計の収入と支出と当てはめられた直線

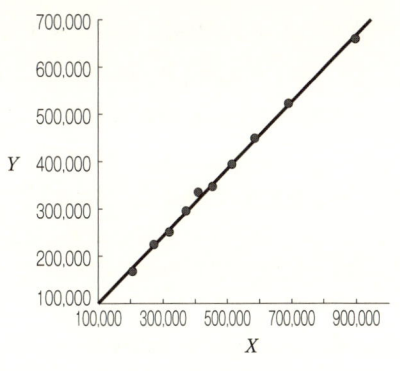

の行動には不確実性を伴うから，この求めた直線も，人の気まぐれによって変わってしまう。求めた直線は，あくまで観測されたデータから得られた「たまたまの」ものと言ってよいだろう。したがって，この直線も不確実な直線で，切片や傾きも不確実なものである。

では，切片や傾きはどれくらい不確実なものなのだろうか。人の気まぐれにも限度があるから，切片や傾きの不確実さにも，限度がある。今の例では，切片はおおよそ32000，傾きは0.71となるのだが，これらの値はどれくらい，変わりうるものなのだろうか。その答えは，やはり，統計学や計量経済学が教えてくれる。統計学や計量経済学では，そのような不確実性の度合いを示す尺度を提案しており，実際の経済分析でも広く使われているのである。

統計学と経済学

以上，見てきたように，人々の気まぐれな「不確実性」をうまく扱って「期待される結果」を導いたり，経済変数同士の関係を数式化して関数として表現したときの，その具体的な関数を数値で表したり，その他さまざまな場面で統計学は使われている。そもそも，

経済データは「統計データ」だから，データの観測の段階から統計学が関わってきている。一見，あまり関係のないような2つの学問だが，統計学は経済学を助け，実際のデータを用いた経済分析になくてはならない，重要な道具の1つなのである。

> **➡ 読書案内**　最後に参考文献をあげるが，あまり数学が得意ではないという読者には，①森棟公夫『教養 統計学』(新世社，2012年) が取っつきやすいのではないかと思う。また，数学が得意な読者や，経済学部で数学をしっかり学ぼうと思っている読者には，もう少し難易度の高い，②森棟公夫・照井伸彦・中川満・西埜晴久・黒住英司『統計学』(有斐閣，2008年) を勧めたい。また，統計学は数学のような側面もあり，例題を解くことによって理解を深めることができるので，問題集として③黒住英司(藤田岳彦監修)『穴埋め式統計数理らくらくワークブック』(講談社，2003年) をあげておく。

［黒住英司］

4-3-1 なぜ，古典を学ぶのか？
スミス『国富論』とマルクス『資本論』を紐解いてみよう

❈ 経済学の古典との出会い

「経済学部に入ったのだから，アダム・スミスの『国富論』くらいは読んでおきなさい」と言われて，さっそく『国富論』の翻訳書を買ったものの，「古い本で，ちょっと難しそうだな」と思って，本棚に飾ったままになっている人も少なくないであろう。

だが，経済学の古典と言われている本は，現在でも，世界中の人々に読まれ，いろいろな話題を提供している。経済学の古典は，その本が書かれた時代のことや，経済学の歴史についての予備知識がないと，まったく読めないかというと，決してそうではない。「この本は，何について議論しているのだろう」とか，「世の中をどんな角度から眺めているのだろう」というような，ちょっとした好奇心があれば，古典を興味深く読むことができる。

知識を増やすための読書も大切であるが，自分も議論の輪に加わるつもりで，「何についての話なのか」を探りあてるための読書も，なかなか楽しいものである。

せっかく議論の輪に入るなら，途中からではなく，最初から話を聞いた方がよい。経済学の古典でも，「この本では，何について，どんな角度から議論するのか」について，最初のページで書かれていることが多い。

なかには，「この本の立場が過去の学説とどのように違うのか」について，最初のページから説明している有名な本もあるが，このような場合には，「過去の学説」の内容を少しは知っていた方が理解しやすいだろう。

しかし，多くの本では，予備知識を持っていなくても，最初の

ページを読めば,「何について,どんな角度から議論するのか」について,だいたいのことは,わかるように書かれている。「経済学の古典を読むこと」の第一歩は,決して難しいことではない。

ここでは,アダム・スミス(Adam Smith, 1723～1790)の『国富論』(初版は1776年)と,カール・マルクス(Karl Marx, 1818～1883)の『資本論』(初版は1867年)を例にとって,経済学の古典と初めて出会う皆さんに,簡単な読書案内をさせていただく。

✿ スミスの『国富論』を紐解く

『国富論』として知られるこの本の,もともとの題名は,「諸国民の富の性質と原因に関する研究」,つまり,1つの国民ではなく,さまざまな国民の富(wealth of nations)の性質と原因(nature and causes)についての研究である。

スミスは,国民がどのくらい豊かであるかは,人々が,日常の生活に必要なさまざまなもの(特に,衣食住に関わるさまざまな財)に,どのくらい恵まれているかによると考えている。現在でも,人々が衣食住にどのくらい恵まれているかは,国民の豊かさについて判断するための重要な手がかりの1つである。

『国富論』では,もう少し問題を掘り下げて,国民の豊かさを決めている根本的な要因とは何かについて,最初に論じられる。その要因とは,国民の労働の生産力(一定の期間,例えば,1年間の労働によって生産される生産物の量)である。なぜなら,国民の毎年の労働を通じて,人々の毎年の生活に必要なさまざまな財が生産されるからである。

現在でも,人々の労働が行われなくなると,あらゆる業種の生産活動が止まり,さまざまな財を運ぶ物流も滞り,日常の生活に必要な財も手に入らなくなるであろう。また,人々が生活に必要なさま

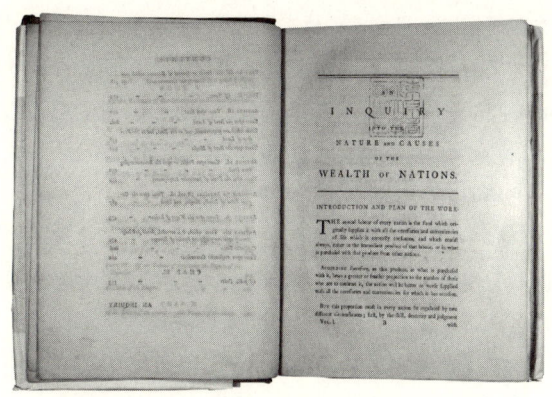

『国富論』初版本（一橋大学社会科学古典資料センター所蔵）

ざまな財をいつでも買うことができるためには，国民の労働の生産力が十分に高く，毎年の労働を通じて，生活に必要なさまざまな財が，それぞれの財の生産者が自分で消費する量をはるかに超えて，大量に生産されなければならない。

今度は，スミスの文章を読みながら，国民の豊かさについて，もう少し詳しく見てみよう。『国富論』の「序文および本書の構想」では，最初に次のように書かれている。

「すべての国民の年々の労働は，その国民が年々消費する生活の必需品や便益品のすべてをその国民に供給する，もともとの原資であって，それらのものはつねに，その労働の直接の生産物であるか，あるいはその生産物で他の諸国民から購入されるものである。

したがってこの生産物と，またはこの生産物で購入されるものと，それを消費するはずの人びとの数との割合が大きいか小さいかに応じて，その国民が必要とするすべての必需品および便益品の供給を受ける度合がよかったり，悪かったりすることになる。」
（『国富論』第1分冊，19ページ）

4-3 なぜ，古典を学ぶのか？

この本が最初に注目するのは，国民の「年々の労働」が「国民が年々消費する生活の必需品や便益品」をその国民に供給する「原資」(fund)であること，つまり，国民の毎年の労働を通じて，毎年の生活に必要な財（必需品・便益品）が生産されることである。

　また，毎年消費される必需品・便益品には，国民の労働の生産物の他に，「その生産物で他の諸国民から購入されるもの」も含まれる。自国の労働の生産物が，国際貿易を通じて，外国の労働の生産物と交換される関係も，『国富論』で考察されるのである。

　そして，毎年消費される必需品・便益品の量と，「それを消費するはずの人びとの数」（必需品・便益品を消費する国民の人数）との割合，つまり，国民1人当たりの必需品・便益品の量が，その国民の豊かさを表すと考えられている。

　それでは，毎年消費される必需品・便益品の量と，それらを消費する国民の人数との割合は，何によって決まるのだろうか。この点について，スミスは次のように言う。

　「しかしこの割合は，どの国民にあっても，2つのことなる事情によって，すなわち，第1には，その国民の労働が一般に適用されるさいの熟練，腕前，および判断力によって，そして第2には，有用な労働に従事する人びとの数とそうでない人びとの数との割合によって，規制されずにはいない。ある特定の国民の領土の土壌や気候や広さがどうであろうとも，その国民が受ける年々の供給が豊かであるか乏しいかは，そうした特定の情況のなかでの，その2つの事情によらざるをえない。」（同上）

　スミスの考え方に従えば，国民の人数に対する必需品・便益品の量の割合は，次の2つの要因によって高められる。

　第1に，国民の労働が適用される際の熟練・腕前・判断力が高まること。国民の労働の熟練・腕前・判断力が高まると，必需品・便

益品の生産に関わる労働の生産力（1年間の労働によって生産される必需品・便益品の量）は上昇する。

第2に，国民の中で，有用な労働に従事する人々の割合が上昇すること。必需品・便益品の生産に従事する人々が増加すると，国民の人数に対する，有用な労働に従事する人々の数の割合は上昇する。

国民1人当たりの必需品・便益品の量を決める要因として，スミスは，「領土の土壌や気候や広さ」などの自然資源の豊かさや乏しさよりも，国民の労働の熟練・腕前・判断力，および，有用な労働に従事する人々の割合の方が重要であると考えている。

自然資源に恵まれていない国民であっても，労働の生産力を向上させるように努力すれば，国民の豊かさを高めることは十分に可能である。これが，「諸国民の富」についての，スミスの基本的な見通しである。

以上のように，「序文および本書の構想」の最初の3つの段落を読むだけでも，スミスの『国富論』が，国民の労働の生産力，および，有用な労働に従事する人々の割合という視点から，国民の豊かさについて分析しようとしていることがわかる。

『国富論』の本論は，労働の生産力を向上させる「分業」(division of labor)についての議論から始まるが，その理由も，「序文および本書の構想」を読めば，だいたい理解できる。

『国富論』は，5つの編から成る長い本であるが，「序文および本書の構想」の最初の部分だけでも読めば，すぐに話についていける本である。

✼ マルクスの『資本論』を紐解く

「資本主義」とか，「資本主義経済」という言葉を聞いたことのある人は，多いであろう。「グローバル資本主義」「金融資本主義」

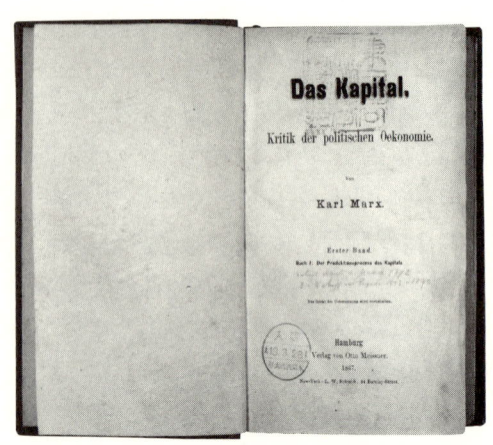

『資本論』初版本(一橋大学社会科学古典資料センター所蔵)

「情報資本主義」など,現代経済の特徴を捉えようとする新しい概念も,次々に登場している。しかし,「資本」とは何か,という問いには,なかなか答えにくい。「資本」という言葉が,生産設備や機械,生産要素,在庫品,貨幣など,さまざまな意味で使われているからである。

『資本論』として知られるこの本の,もともとの題名は「資本」(ドイツ語では Das Kapital,英語では Capital)である。『資本論』は,第1部「資本の生産過程」,第2部「資本の流通過程」,第3部「資本主義的生産の総過程」から成り,資本主義経済の根本的な仕組みを考察している。ここでは,マルクスの生前に刊行された『資本論』第1部に焦点を絞って,商品・貨幣・資本の捉え方を見よう。

『資本論』は,この本の題名でもある「資本」についての議論から始まるように見えるが,実はそうではない。『資本論』第1部の最初の第1篇「商品と貨幣」,その中でも冒頭の第1章「商品」は,次の文章から始まる。

「資本主義的生産様式が支配している諸社会の富は,『商品の巨

大な集まり』として現われ，個々の商品はその富の要素形態として現われる。それゆえ，われわれの研究は，商品の分析から始まる。」(『資本論』第1分冊，59ページ)

現在でも，日常の生活に必要な財，企業が原材料として使う財のほか，いろいろな財が，販売目的のもの，つまり，「商品」として大量に生産され，どの財にも「ボールペン1本は100円」のような価格がつけられている。資本主義経済における「富」が，多数の種類の「商品」の集まりから成ることは，私たちの普段の経験からも，理解できるであろう。

しかし，資本主義経済の仕組みを研究しようとするときに，なぜ「商品の分析」から始めなければならないのだろうか。この問いに答えるためには，実際の経済において，「資本」が最初にどんな形で現れるのかを，検討しなければならない。

少し議論を先回りすることになるが，第2篇「貨幣の資本への転化」の第4章「貨幣の資本への転化」の最初の部分で書かれていることの要点を，先に見ておこう。

新しい「資本」が市場に登場する場合，「貨幣」の形（例えば，原材料を仕入れるための80万円，人件費に充てる20万円）をとって現れる。当然のことだが，貨幣を持っていなければ，原材料を仕入れることも，人を雇うこともできない。

貨幣の使い方として，すぐに思い浮かぶのは，自分の商品（米）を売って，自分の欲しい商品（パソコン）を買うこと（「商品－貨幣－商品」という「単純な商品流通」）である。この場合，貨幣は，財（米）と財（パソコン）との交換を媒介する手段である。

ところが，「資本」としての貨幣の使い方は，少し違う。例えば，貨幣で原材料を仕入れ，人も雇い入れて，生産過程で製品を作り，その製品を商品として販売することによって，最初に投じた貨幣よ

りも多くの貨幣を回収する,という企業の活動を考えてみよう。この場合,「貨幣 – 商品」の形の流通(原材料・労働力の購入),および,「商品 – 貨幣」の形の流通(生産過程で作られた製品の販売)が行われている。言い換えれば,「貨幣 – 商品 – より多くの貨幣」という「資本としての貨幣の流通」が行われている。「より多くの貨幣」と,最初に投じられた「貨幣」との差額は,「剰余価値」(surplus value)と呼ばれる。

「資本としての貨幣の流通」が順調に進むためには,生産過程において原材料と労働力が組み合わされて,製品が新しく作られるだけでなく,その製品が「商品」として販売されなければならない。

生産過程で作られた製品が,「商品」として販売されるためには,当然のことだが,その製品に,「1台の自動車は120万円である」のような「価格」がつけられていなければならない。この場合,貨幣は,交換の媒介物としての機能ではなく,商品(1台の自動車)の価格(120万円)を表示する機能を果たしている。

このように,「資本としての貨幣の流通」が進むためには,財に「価格」がつけられ,その財が「商品」として販売されなければならない。だからこそ,資本主義経済の構造についての研究は,「商品の分析」から始めなければならないのである。

より具体的な問題(例えば,第6篇「労賃」で扱われる「労働の価格」・「労働賃金」カテゴリーの特徴)を検討するときにも,第1篇「商品と貨幣」における商品の「価格形態」についての論点を振り返ると,理解が深まるであろう。

✤ 古典と末永く,楽しく付き合うために

スミスの『国富論』とマルクスの『資本論』から学べることは,ほかにもたくさんあるはずである。スミスとマルクスの分析視角を

受け継ぎ，さまざまな分野に応用している研究について調べるのも，興味深いであろう。いちばん大切なのは，『国富論』も『資本論』も含めて，古典には，一度や二度読んで理解しようとは思わずに，何度でも，根気よく取り組むことであろう。

➡ 読書案内

①アダム・スミス（水田洋監訳・杉山忠平訳）『国富論（1）～（4）』（岩波文庫，2000～01年）。

②カール・マルクス（社会科学研究所監修・資本論翻訳委員会訳）『資本論』，第1部（第1～4分冊），第2部（第5～7分冊），第3部（第8～13分冊）（新日本出版社，1982～89年）。

[石倉雅男]

4-3-2 なぜ，古典を学ぶのか？
J. S. ミル：競争と言論の作法を説いた経済学者

✿ なぜ，ミルの著作なのか

ここでは，生きた時代から見ても，思想の潮流から見ても，前で取り扱ったアダム・スミス（1723～1790）とカール・マルクス（1818～1883）のちょうど中間に位置する19世紀の経済学者，ジョン・スチュアート・ミル（John Stuart Mill, 1806～1873）について，皆さんに語ってみたい。私は，経済学説史を専門としないので，どちらかというと，一読書人という立場から，皆さんに，ミルの著作，特に『自由論』（例えば日経BP社刊の山岡洋一訳）を手に取ってもらえるきっかけになればという思いで書いていく。

なぜ，ミルの著作が私たちにとって大切なのかというと，19世紀までの自由社会に関するさまざまな思潮がミルという思想家の頭の中でいったんごっちゃ交ぜにされ，そこから現代につながる重要な思想が生まれたからである。

21世紀の私たちは，経済停滞に苛立ち，無力な経済政策を責め立て，競争を妨げる過度な規制の撤廃を求めてきた。こうした政策発想は，政策のコストと便益を比較しながら経済政策を検討する（要するに，損得勘定で政策を考える）功利主義の思考方法であり，ミルもその思想的系譜にあった。

功利主義者にとって自由や競争は，経済効率を高めるのに必要不可欠なものと考えられていた。すなわち，自由や競争は，それ自体が達成されるべき目的ではなく，あくまで豊かさを実現する手段であった。

19世紀の経済学者の多くも，21世紀の私たちと同様に，経済が停滞する事態に対しては，想定であれ現実であれ，自由や競争が妨

げられ豊かさが実現されない非効率な状態と考え、苛立ちを覚えた。

しかし、ミルは、停滞している経済を想定する場合であっても、人間の成長を促す新陳代謝の余地を見出す精神のしなやかさがあった。ミルの功利主義は、スポンジのような柔軟性を備えていたのである。

もちろん、ミルは自由や競争を軽視したわけではない。逆に彼は、自由や競争自体に、手段以上の崇高な価値を見出した思想家でもあった。

『経済学原理』でのミルは、デヴィッド・リカード（David Ricardo, 1772〜1823）などの古典派経済学者に比べると、平等な所得分配をはるかに重視したが、競争を諸悪の根源とする社会主義者に対しては、競争の作法を説いている。

『自由論』でのミルは、少数のエリート支配からも、大衆の支配からも自由な社会を実現するために、言論の作法を説いている。本節では、競争と言論の作法を説き、社会主義やロマン主義にも心を開いた19世紀の人、ミルの"柔らかな"功利主義に立ち戻ってみたい。

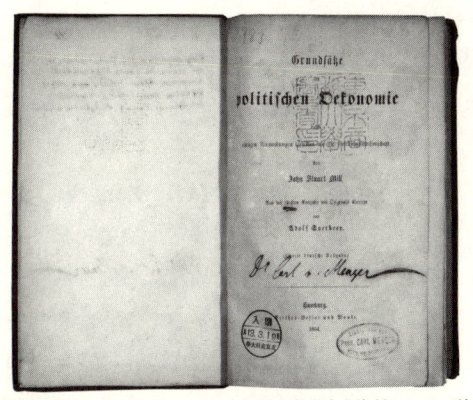

『経済学原理』ドイツ語版（一橋大学社会科学古典資料センター所蔵）

4-3 なぜ、古典を学ぶのか？

✼ 定常状態は停止状態ではない

『経済学原理』の第4編でOf the Stationary Stateと題された第6章は、日本の学説史家の間で「定常状態」でなく「停止状態」と翻訳されて、ずいぶんとネガティブな印象を読み手に与えている。

ミルが理論面で依拠したリカードたちも、資本の収益率が低下し、資本蓄積が停止した経済状態を否定的に捉え、強く嫌悪した。彼らの間では、(経済的な望ましさ)=(進歩的な状態)という発想が支配的だったからである。

しかし、ミルは、定常状態をずいぶんと肯定的に捉えていた。彼は、経済的活力が失われて、経済全体が停止した状態としては捉えていなかった。

ミルの定常状態に対する理解は、現代のマクロ経済学の理解とほぼ同じである。すなわち、資本蓄積の定常状態は、資本蓄積が停止したのではなく、資本を積み上げていく力と、資本が取り崩されている力がちょうど均衡した状態を指している。ミルは、あたかも静止している状態に見える定常状態において、経済の新陳代謝を見出していた。

このように理解したミルは、定常状態に達した経済で収益率の低い生産資本に資源を投じて無理に経済成長を図っても、せいぜい低賃金労働者を養うだけだと喝破した。また、資源が投機に浪費されやすいことも指摘した。

ミルは、希少な資源を非効率な投資に浪費するぐらいならば、人々にとって必要な公的支出に充当する、あるいは、技術革新の原資とする方がかえって経済厚生を高められるとさらっと書いている。

もちろん、ミルは、人間の幸福の基盤となる物質的な豊かさを軽んじたわけではない。人々が競争をして豊かになる過程を道徳的に非難したわけでもない。また、ミルは、社会全体の経済状態のいか

んにかかわらず，人間には精神的に進歩していく十分な余地があることを指摘している。

ミルが著作を後世に残したのも，経済全体の豊かさは，人間の幸福の必要条件にすぎず，豊かな経済環境から幸福を着実に引き出していくには人間としての成熟が必要であると後から生まれてくる私たちに伝えたかったからなのかもしれない。

✄ 大衆の専制からの自由を求めて

ミルの『自由論』を読んでいると，19世紀の偉人と直接対話している錯覚に陥る。まさに読書の醍醐味である。私の筆力で『自由論』の魅力を伝えることは到底できないが，本稿が，『自由論』を手に取るきっかけになればと思っている。

1859年に出版された『自由論』は，フランスの思想家トクヴィル（Alexis de Tocqueville, 1805〜1859）の『アメリカの民主主義』（上巻1835年，下巻1940年）がミルをして書かせしめたという面が強い。トクヴィルは，アメリカの民主主義の考察を通じて，政治が大衆の意向に左右される中で，自由をいかに維持していくのかを中心に論じた。

トクヴィルの著作に触発されたミルの『自由論』が現代の人々の魂に響くのは，民主主義の帰結からくる大衆の専制の脅威に接した社会において，人々の自由が尊重され，幸福の源泉である個性が維持される方途を，ミルがかなり切羽詰まったところで考察しているからである。ミルは，自由と個性に人間社会の原動力を求めていた。

しかし，『自由論』で説いていることは，押しつけがましいところがまったくない。思想や言論の自由を論じている章は，対立する意見の中でコンセンサスを築くための議論のマナー，いわば言論の作法を語っているという面が強い。

ミルのユニークさは、大衆の専制に対して少数の専制（例えば、貴族主義）を対峙させるのではなく、多数と少数の専制の両方からの自由を追求するという中庸のスタンスにある。

　ミルは、圧倒的多数を占める大衆の支配に対抗するために、個性豊かで高い知識を有した個人ができるだけ多く存在する必要性を強調している。

　『自由論』で取り組まれた課題は、個性豊かな多くの個人が自由闊達に議論できる"思想の自由市場"をいかに創出するかということであった。

✤ ミル流・言論の作法

　『自由論』の第2章は、個性豊かな多くの個人が自由闊達に議論できる思想の自由こそ必要であることを語っている。その章を手短にまとめると、①無謬な人間などいない、②人間は議論と事実によって自分の誤りを改めることができる、③言論の自由の原則が適用できない例外的なケースなどない、といささか味気ない。

　しかし、ミルの文章に直に触れていると、彼のユニークさを随所に見つけ出すことができる。彼は、やや逆説的に、異端の意見でなく正統の意見にこそ、言論の自由が必要であると主張している。ミルは、正統的な議論が支配的な状況においても、異なる意見が盛んに取り交わされてはじめて、正統の意見が社会に定着するというダイナミズムを見出していた。

　曰く、「正統的な意見を支持する結論に達するもの以外の議論をすべて禁止したとき、そのためにものごとを考えなくなり、知性がとくに堕落するのは異端者の側ではない」と。

　また、正統の意見を持つ人がさまざまな反対論にもまれて、自分自身の意見に確固たる信念を抱かないと、「反論ともいえないほど

根拠薄弱な反論を受けただけで屈伏することになりやすい」とも述べている。

要するに、活発な論争がないと、正統な意見の根拠も、その意味も忘れ去られてしまうのである。

ミルの言論の作法を端的に表す箇所を以下に引用しておこう。

「どのような意見をもっている人であっても、反対意見とそれを主張する相手の実像を冷静に判断して誠実に説明し、論争相手に不利になることは何ひとつ誇張せず、論争相手に有利な点や有利だとみられる点は何ひとつ隠さないようにしているのであれば、その人に相応しい賞賛を与える。以上が、公の場での議論にあたって守るべき真の道徳である。」(『自由論』日経BP社、2011年、119ページ)

✖ 幸福の源泉としての個性

ミルは、社会主義だけでなく、ロマン主義にも傾斜したという点で、他の古典派経済学者たちと大きく異なっていた。

当時のロマン主義者と同様に個性を愛し、慣習を憎んだ。個性さえも道徳的慣習の産物であると考える古典的保守主義者から見れば、ミルの思想的態度は異端であった。

しかし、彼のユニークさは、ロマン主義者のように個性自体を重んじているのではなく、個性が人間に幸福をもたらすからこそ必要不可欠であると、あくまで功利主義的態度で個性に接しているところである。また、彼の功利主義には、「人間の能力をできる限り多様に発展させることが徳である」という理想的な側面も備えていた。

ミルは、『自由論』で個人の意思決定を尊重する態度を貫いている。社会の活力の源泉を、自分自身で判断し自分の意思決定に責任を持つ、ユニークな個性を持った個人が社会に数多くいることに求

めていた。一方では，慣習に対して激しい嫌悪をあらわにする。「何も考えずに慣習に機械的に従うより」も，理性的な判断に従う方がはるかによいとしている。

また，考え方の多様性こそが人間社会の発展をもたらすことを何度も強調した。

❁ ミルの人生と思索

ミルの成熟した文章に接していると，平穏な書斎生活を過ごしてきたかと錯覚してしまう。しかし，彼の人生は，平穏とは対極のものであった。

ミルの論考におけるバランスと柔軟性は，彼自身を取り巻く厳しい環境からさまざまな圧迫を受けてきて，そこで精神の平衡を保とうとする強い意思を彼自身が常に持っていなければならなかったところで培われてきた。

個人的には，偉大な父，ジェームズ・ミルから常に精神的なプレッシャーを受けてきた。夫のある女性（ハリエット・テイラー）と恋愛をしたことから厳しい社会的批判も浴びた。常に深刻な病気に悩まされた身でもあった。

社会的には，イギリス経済は依然として繁栄していたが，積極的に展開してきた植民地経営には陰りも見えてきた。若い頃から東インド会社に勤務していたミルは，イギリス経済が抱えた潜在的な課題を直視せざるをえない立場にあった。

そんな中にあって，ミルは，自由と競争が経済社会の原動力であることを説得的に論じ，自分自身で力強く意思決定できる人々に人間社会の発展を託した。

ミルの功利主義には，柔らかな一面がある。ミルは，社会主義者と違う作法で平等を，ロマン主義者と違う流儀で個性をそれぞれ重

んじた。

　ミルは，経済社会の豊かさが自由と競争を重んじる人々の尊い努力の集積によって生み出され，不断に努力する人間こそ，社会の豊かさを享受し，成長することができると説いている。社会の豊かさも，個々人の営為の賜物と考えていた。

　ただ，私がミルの著述で一番好きな一節は，人間の思索には，経済社会の力が及ばない孤独な場所と自然の空間が必要だと『経済学原理』でさらりと述べているくだりである。

　ミルは1873年に享年67歳で没した。

[齊藤　誠]

4-4 道具としての外国語
大学4年間で中国語を自らの「力」にしよう

❀ 中国語が使えると……

　世界経済における中国の影響力が増すにつれ，仕事上，中国語も使えることが今や重要となってきている。日本のビジネス雑誌でも，「中国語」（中国ではない）の特集を目にするようになったのはその表れであろう。また，それを実感させるドキュメンタリー番組も放送されていた（NHK「プロフェッショナル 仕事の流儀」第167回，2011年11月21日放送）。

　それは，ある商社マンの仕事ぶりを追った中での1つのエピソードである。2010年の尖閣諸島での漁船衝突事件後，中国からのレアアースの輸入が滞る事態が発生した。主人公は，安定供給を確保するためすぐさま北京に出張した。北京に着くと，彼はまず業界の事情通と接触し，レアアースに関わる中国政府の政策，規制について内部情報の収集を行った。中国語による一対一の話し合いから得た情報である。その上で，供給元の国有企業の副社長との商談に臨んだのだが，相手の要望によりゴルフ場で，というものであった。プレー中はなかなか話の核心には触れることができない。そこでプレー後の食事の場に賭けようとしたが，先方が急用で帰るという。そこを何とか5分間だけと引き止め席についてもらい，短時間のやり取りの中で最終的に安定供給の言質をとることができた。

　中国側とのとても緊張感のあるやり取りであったが，こうした状況下での交渉は，通訳を介していたり，英語であったりしては成立しにくいものであっただろう。中国語によって粘り強く相手の懐に入ろうとした努力のたまものである。また，業界の事情通とは信頼関係の形成が必要で，その第一歩は，中国語での意思疎通が可能

だったことにあると思われる。

　現在，私は一橋大学で，毎年1年生に中国語を教えているが，彼・彼女らの履修の理由の多くは，「将来，役に立ちそうだから」である。まさに上述の事例のようなイメージであろう。しかし，この履修動機は，将来の漠然とした，つまりまだ何ら切実ではないニーズによるものである。このため，実際に学び始めると，思っていたより発音は難しく，覚えるべきことも多いのに当惑する。こうして徐々に学習意欲が薄れてしまう学生が多いのも，残念ながら事実である。

✺ なぜ，「大学で」中国語を学ぶのか？

　一方，英語以外の語学もほとんどの大学で必修とされ，多くの学習時間を費やすことについてこんな声も聞こえてくる。それは，グローバル化に伴い，「英語が自在に使えれば困ることはないだろう」とか，「まず英語をものにすることに集中したい」といったものである。そう考えたくなるのもよくわかる。しかし，若くて，社会人に比べたらはるかに自由な時間のある学生時代に，もう1つの外国語，なかでも中国語に挑戦してほしいと思う。

　その理由は，中国語を真剣に学び，自らの「力」にすれば，卒業後だけでなく，これからの大学生活において，その学びを豊かにする道の1つを以下のように切り開くことができるからである。

　第1に，これまで学んできた英語や母語の日本語とは発想の違う世界に触れ，世界の多様性を再認識する機会が得られることである。これは外国語学習について常々言われていることではある。だがカリキュラム上，学生時代の前半にかなりの時間を中国語の学習に費やすことになるのであれば，ただ「触れる」程度に学習するのではもったいない。中国語で中国人と会話ができ，日本語や英語には翻

訳されていない記事や論文を読めるようなレベルにまで到達して，自らのモノの見方や，自身がよってたつ経済社会のあり方を，もう一歩深い次元で相対化してみてはどうだろうか。

　第2に，専門の経済学の学びを深め，広げてくれる。大学では，経済学のさまざまな理論やモデルを勉強する。今日の中国経済の成長ぶりを見るにつけ，そうした理論やモデルが，中国で起きている経済現象や諸問題をどのように説明できるのか，大いに関心を寄せることになるだろう。例えば，農村から都市への労働力移動のメカニズムは何か，中央と地方の財政関係はどのような構造なのか，農村での「民主的」村長選挙の実施は村の公共財投資にどのような影響を与えるのか，計画経済から市場経済への移行過程の東欧や旧ソ連との比較など，さまざまテーマが浮かぶだろう。そのとき，中国の事情を深く理解してモデルを修正・構築したり，自らの仮説の検証に必要なデータを集めるのに，中国語の文献を読めるか読めないかでは大きな違いがある。日本語，英語に加えて中国語の文献も活用して，オリジナリティのある卒業論文に挑戦してみてはどうだろうか。

　そしてさらに，中国語を自分の「力」にすると，大学での専門の勉強の幅を広げられるだけでなく，英語と中国語で世界のどこへでも歩いていける，そんな前向きな気持ちやちょっとした自信も生まれるだろう。中国語は，今や世界各地に広がる中国人ネットワークの一端に入り込むための足掛かりとなる。

✿ 中国語の学び方

　到達目標は？　　では，「4年間で中国語を自らの『力』にする」ことをめざす場合，それはどのようなレベルに到達することなのであろうか。ここでは，経済学専攻の学生にとっての到達目標を設定

したい。したがって，当然，通訳やガイド，翻訳家などとして中国語のプロの仕事ができるレベルとは異なる。中国の映画館で映画を見て，他の観客と同じタイミングで笑える……というのも無理かもしれない。しかし，中央の指導者の演説を聞いていて，ここいらで場内一同拍手！というタイミングがわかり，付き合いで一緒に拍手できるくらいにはなりたい。ちなみにこれは，比較的ゆっくりと明瞭に発音され，政治経済や社会問題が中心となる話題ならば聞き取れるということである。

　もう少し一般的な状況で考えてみよう。中国に行くとよく経験するが，あなた自身の生活や日本のことについて，好奇心旺盛な中国の人々が次々に質問をしてくる。そんなときに，多少流暢ではなくても，まとまった話になるような応答ができること。そして，専門領域においては，中国語の文献や統計資料の収集ができ，そうした文献をある程度のスピードで正しく読めて，内容について自分のコメントを「何とか」言えること。書くについては，学部生ならばメールでのやり取りができる程度でよいだろう。

　こうしたレベルに達することは，確かに容易なことではないが，本気で4年間中国語を頑張れば到達することはできる。実際にそうした学生を，勤務先の一橋大学でも少なからず見てきた。また，社会に出たときに必要となるビジネス用の中国語は，ここまでの力があれば，後から難なく身につけることができるだろう。

　どう学ぶのか？　中国語の攻略法は？……　　次に，どのように学習すればよいのかを考えよう。実は，語学学習には，個人個人の自分にあったスタイルがあるため，秘訣は具体的には語りにくいと，私自身は思っている。自分に合った学び方を見つけて努力を続けられるかどうかが重要である。

　ここでは，上述の到達目標に達するためには，どのような点に留

意して学習すべきかを示したい。実は，私自身の専門は社会学であり，大学入学後に第2外国語として中国語を学び始め，現在では調査・研究のための欠かせない手段となっている。自らの学習経験，そして毎年大学1年生に教えていて感じていること，さらには中国語教育の専門家が初学者に向けて述べている事柄で共感する点などを，以下にまとめてみたい。

現在は，CD付きのテキストや文法の参考書の種類も豊富になり，インターネットで利用できる学習ソフトも多く，私が中国語学習を始めた1980年代とは隔世の感がある。しかし，最初からあまり手を広げずに，授業で使用する教科書1冊を完全に理解し，その中の会話文や例文はすべて暗誦でき，中国語の漢字で書けることをまずはめざそう。

ここで「暗誦できる」としたことに注意してほしい。日本語話者が中国語を学ぶ場合，漢字の共通性がメリットでもありデメリットにもなる。実は，中国語の漢字と日本語の漢字は異なる。中国では，1956年の「漢字簡化法案」の公布以降，簡略化された漢字を使用している。しかし，以前上海に留学していたときに，ルームメイトのスウェーデン人が毎晩漢字を練習していたのを思うと，字体に若干違いがあっても，私たちが漢字を知っている，そして書けることのメリットは大きい。ところが逆に，過度に漢字に頼ってしまうことも起きてしまう。目で漢字を見て言葉を理解した，覚えたつもりになり，音で理解することを疎かにしてしまうのである。その結果，聞き取れない，話せないということになる。また，話す，聴く場合に，頭の中でいちいち漢字に変換する癖がつき，それではスムースな会話はできない。

このため，1つひとつの漢字の読み方を覚え，それを正確に発音できるようになることが必要である。各漢字の発音は，「ピンイン

(拼音)」と呼ばれるローマ字を用いた表音方式で表記される。そして，例えば，maとある場合，さらに母音に，mā, má, mǎ, màとあるように4つのパターンの声調記号が付され，この記号の違いによって漢字が異なり，当然意味も異なることになる。

　このことは，中国語は，自分の声の高低をコントロールして単語を正確に発音しないと，他の意味に誤解されたり，理解されないということを意味する。このため，中国語における，特に入門段階での発音学習の重要性は，中国語教育に携わる誰もが強調するところである。

　しかしながら，自分の声の抑揚を自在に操ることは，慣れるまではかなり難しい。さらに，ピンインもローマ字表記ではあるが，私たちが普段使用しているローマ字の読み方とは異なる。中国語学習の根幹をなす発音をマスターするためには，地道な反復練習しかない。テキスト付属のCDを何度も聞いて，正しい発音を耳に叩き込む。そして，教室でも家でも，恥ずかしがらずに，教師やCDの後について大きな声を出す。大学の授業は1クラス40人程度になることが多く，個別の発音指導は難しい。そんな状況下では，大きな声で発音して，間違いが教員に聞こえて直してもらった方が得である。また，ネイティブの教師による小規模クラスの授業も開講されていれば，必修の授業に追加してぜひ受講しよう。自分の発音を直してくれる人が身近に必要である。

　発音ができるようになり，一通り文法事項もマスターしたら，2年目以降は読むことにも力を入れたい。前述のように，私たちの到達目標は，ある程度の速さで正確に社会科学分野の文献を読めるようになることを重視している。中国語は，英語と比べると構文を把握しにくい。講読中心の授業を履修して，丁寧な解説を受けながら，構文を正確に把握する要領をつかもう。また，慣れることが重要な

ので，授業に加えて，個人的に新聞や雑誌記事などで関心の持てるものを読んでみよう。その際には時事用語や経済学の専門用語の語彙を増やすことを意識したい。

3年目ぐらいになったら，中国のテレビ番組に挑戦して，聴く力を高めていこう。今では，インターネットで中国各地のテレビ番組を見ることができる。専門の経済学との関係では，中国中央電視台のニュースやドキュメンタリー番組を薦めたい。字幕付きのことも多く語学学習に向いている。

さらに，大学時代の4年間に，中国への留学，少なくとも短期留学は経験しよう。多様性に富み，変動の激しい中国社会を肌で感じ観察する貴重な機会であることは言うまでもない。語学学習の面でも，日本語の通じない現地の人との会話は，緊張感もあり，通じたときの喜びは単純に大きい。同時に，自分に何が不足しているのかも見えてくる。こうしたことがその後の中国語学習の大きな励みになる。実際に私の周囲でも，短期留学を経て，その後半年～1年の長期留学に挑戦する学生がいる。

短期留学の期間は，一般に1カ月程度であるが，過ごし方次第では，聞く，話す力を大きく向上させることができる。教科書で覚えた表現を実際に使うことにより，そのフレーズを自分の言葉として定着させることができる。また，こういう場面ではネイティブの人たちはこうした言い方をするのか……というように，新たな表現方法を知ることにもなる。留学前の語彙や文法的知識が豊富であればあるほど，語学的な意味での知的刺激は多くなる。

道具の良き使い手になろう

中国語学者の牛島徳次氏は，その著書で，戦前の1936年から始まり約60年にわたった中国語との関わりを述べている。戦後の日

中関係の影響もあり，現在から見れば学習環境には決して恵まれてはいなかったなか，真摯に中国語を学び，教え，そして専門の研究を深めた牛島氏の姿には深い感銘を受ける。だがそれ以上に印象的であったのは，「「中国語」を話す人の心・気持ちを知りたい，判りたいという配慮に欠けていた」という氏の悔悟(かいご)の思いである。牛島氏の場合は，時代的な背景によるところも大きい。だがこのことは，外国語を学ぶときに，そもそもコミュニケーションの基本は何かということに，時には私たちも立ち返る必要があることを教えてくれる。

　また，読み書きが難なくできるという技術の向上のみが語学学習の目標ではない。外国語は，異文化に触れ，さまざまな価値観との対話の中から新しい社会のあり方を構想できるような人間になるための，つまり言語の使い手である自分自身を豊かにするための道具であるということも最後に強調しておきたい。こうした意味において，大学での第2外国語の学習と，経済学という専門分野の学びとが深く結びついていくことを期待している。

　➡ 読書案内　　本文中で紹介した牛島氏の著作は，①『中国語，その魅力と魔力』（同学社，1996年，引用箇所は234ページ）である。学習方法については，②相原茂『語学オンチのための〈相原式〉最大効果の中国語勉強法』（PHP研究所，2010年）が，語学学習に最も肝心な「継続」のための方法をさまざまな切り口から提起しており，大いに参考になるだろう。そして③新井一二三『中国語はおもしろい』（講談社現代新書，2004年）では，第2外国語で始めた中国語がいかに自らの世界を広げたかが熱く語られており，刺激を受けることも多いだろう。

[南　裕子]

4-5-1 学問への誘い
英語の楽しみ

✖ なぜ英語を学ぶのだろうか？

　英語は，世界の多くの人々とコミュニケーションをとることのできる有益なツールである。現代のようなグローバル化された世界では，英語を自分のものにしたいと思わせる動機が，以前にも増して増えている。しかし，その一方で，英語の学習や習得がスムーズに進んでいると考えている人は，多くはないのではなかろうか。

　英語をある程度のレベルで使用できるようになるには，学習にそれなりの時間や辛抱や根気を必要とする。それでは，そのような英語学習に，どのようにしたら継続的に情熱を持って取り組んでいくことができるのであろうか。カギとなるのは，英語の楽しさを見つけることにあると私は考える。ここでは，一般的な英語の楽しさとは一味違った面白さを感じるきっかけになることを期待して，英語の意外な特徴を紹介したい。

✖ 語学学習は大変？

　英語に限らず，外国語をある程度の年齢以降から学習するのは，大変な努力を要することである。最大の困難の１つは，単語や文法規則など，覚えなければならないことが膨大であることだろう。何の苦労もなく話せるようになる母語と比べると，外国語の学習は途方もなく大変なものに感じられるかもしれない。さらに，覚えなければならない規則には，動詞の活用に代表されるように，例外や不規則な側面が多く含まれている。また，「自分の知っている規則は本当に正しいのか？」とか「なぜ英語にはそんな規則が存在するのだろうか？」などといった疑問を感じることもあるだろう。しかし，

そのような疑問に対して，はっきりとした答えを得られないこともある。よって，語学は，数学などと違って論理的に学習を進められないと思う人もいるかもしれない。しかし，実際は，英語の規則のある部分は，非常に論理的で，数学的な概念を用いて明確に規定できるのである。

経済学では，経済理論を構築する際やデータを分析する際などに，数学を用いることがある。数学に触れる機会が多いと思われる経済学を学んでいる学生やこれから勉強しようとしている生徒にとって，英語の規則に隠れている数学的な面は，英語の新たな面白さに感じられるのではないだろうか。次のセクションでは，その一例を紹介する。

✼ 英語の論理的な規則

***Any* の用法**　　英語学習の初期の段階で習う規則として，*some* と *any* の使い分けがある。最も初歩的には，「*any* は否定文で使用し，肯定文では使用できない」という規則で表すことができる。(1)の文などを見ると，この規則は正しいように思える。(*印は，英語の文として不適格なものを表す。)

(1) a. John didn't buy any cookie.
　　b. *John bought any cookie.

しかし，実際に使用される英語をより詳細に見ていくと，この規則にうまく当てはまらない事例も存在する。

まず初めに，(2)と(3)の文を見てみよう。((2), (3)および，(4)は，Ladusaw, 1980 からの引用である。主語と述部および，*anything* の位置を明確にするために，カッコと下線を筆者が付した。)

(2) a. [No student who had ever read anything on phrenology] [attended the lectures].

    b. [No student who attended the lecture] [had ever read anything about phrenology].

(3) a. *[Some students who had ever read anything on phrenology] [attended the lectures].

    b. *[Some students who attended the lecture] [had ever read anything about phrenology].

これらの文での用法は，上記の規則に合致する。つまり，(2)では否定語の *no* があるので，*anything* を使用することができるが，(3)では否定語が存在しないので，*anything* を使用することができない。では，次に(4)の文を見てみよう。

(4) a. [Every student who had ever read anything on phrenology] [attended the lectures].

    b. *[Every student who attended the lecture] [had ever read anything about phrenology].

(4)a と(4)b は，どちらも文中に否定語が存在しない。にもかかわらず，(4)a では *anything* を使用できるが，(4)b では使用できないという違いがある。これは，なぜだろうか。

(4)a と(4)b を比較してみると，*every student* が主語の場合，*anything* を主語の一部としては使用することができるが，述部の一部（つまり，目的語）としては使用することができないということがわかる。これらの例を考えると，*any* の用法は無秩序に思えるかもしれないが，以下では，このような *any* の用法は，非常に論理的に説明できるという Ladusaw (1980) の考えを紹介する。

Any の用法と推論の妥当性　　(2)，(3)および，(4)の文の唯一の違いは，主語の名詞を修飾する語（つまり，*no, some, every*）であることから，*any* の用法は，これらの語の特性と密接に関係していることがわかる。まず初めに，これらの語の意味を考えてみよう。これら

の語は，2つの集合を関係づける役割を担っていると考えることができる。このことを，(5)と(6)で考えてみよう。

(5) Some [student] [came to school].

(6) No [student] [came to school].

(5)と(6)の文の主語である名詞 *student* の意味を「学生である人の集合」(Aと表記)，述部 *came to school* の意味を「学校に来た人の集合」(Bと表記)と考える。その場合，(5)の *some* は，AとBの積集合に少なくとも1つの要素があるということ（つまり，A∩B≠∅）を表していると考えられる。2つの集合にこのような関係が成り立てば，学生であり，かつ学校に来た人が1人はいることになり，逆に，(6)の *no* は，AとBの積集合に要素がまったくないこと（つまり，A∩B=∅）を表しており，これらは，(5)と(6)の文の意味を正しく表している。次に，*every* について考えてみよう。

(7) Every [student] [came to school].

every は，AがBの部分集合であること（つまり，A⊆B）を表している。この場合，学生の集合が，学校に来た人の集合の中に完全に含まれることになり，(7)の文の意味を正しく表している。

それでは，本題の *any* の用法に戻ろう。Ladusaw の基本的な考えは，(8)として表すことができる。

(8) ある事柄が集合Aについて真実であるとき，Aの部分集合に対しても必ず真実であるという推論が成り立つ場合，その集合を表す文の部分で，*any* を使用することできる。

上記で，*no, some, every* は，主語と述部が表す2つの集合を関係づけていることを見たが，これらの集合に対して，(8)の推論が成り立つか考えてみよう。考えるにあたり，男女の学生を含む集合 *student* の部分集合として，*male student*（つまり，男子学生のみを含む集合）を，また学校に遅刻した人もしなかった人も含む集合 *came to school* の部分集合として，*came to school late*（つまり，遅刻した人のみを含む集合）を使用しよう。

まず *no* に関しては，2つの集合ともに(8)の推論が成り立つ。つまり，(6)の文が真実であれば，主語を部分集合に変更した，*No male student came to school* という文も必ず真実であり，同様に，述部を部分集合に変更した，*No student came to school late* という文も必ず真実であるという推論が成り立つ。よって，(2)に示したように，*any* は主語の一部としても，述部の一部としても使用できるのである。

一方で，*some* の場合は，どちらの集合に対しても(8)の推論は成り立たない。つまり，(5)の文が真実であっても，*Some male student came to school* という文や *Some student came to school late* という文が必ず真実であるという推論は成り立たない。よって，(3)に示したように，*any* は主語の一部としても，述部の一部としても使用することができないのである。

それでは，上述の *any* の用法に関する規則では説明できなかった *every* について見てみよう。(4)の文と今までの議論を考えると，主語の名詞が表す集合に対しては(8)の推論が成り立つが，述部が表す集合に対しては成り立たないという予測になるが，実際にそうなのである。つまり，(7)の文が真実であれば，*Every male student came to school* という文は必ず真実であるが，*Every student came to school late* という文が必ず真実であるという推論は成り立たない。

このように，一見無秩序にも思える *any* の用法も，推論の妥当性の観点から非常に論理的に説明することができるのである。

ここでは，*any* の用法を取り上げ，英語の規則に論理的な側面があることを紹介した。言うまでもないが，英語の規則の中には，規

則の本質に迫るような説明を行うことができないものも存在する。しかし，英語，もっと一般的には，言葉の規則の中には，推論や思考のパターンといった人間の知の根幹と深く関わりのあるものがあるということは，言葉の面白さの1つではないだろうか。また，英語を勉強していく中で，習った規則を自分なりに考え直してみたり，規則の背後にある原理を探求してみたりすることは，物事を分析し，体系的にまとめる能力を養うことにも役立つであろう。

英語の規則を退屈なものと思わず，もう一度見つめなおしてみると，新しい発見があるかもしれない。そんな中に，英語学習の楽しみを見つけられることを期待している。

▶ 読書案内

① Ladusaw, William A., *Polarity Sensitivity as Inherent Scope Relations*, New York: Garland, 1980.

また参考として，言葉と思考および，認識の関係を数多くの実験を紹介しながら興味深く論じている書籍，②今井むつみ『ことばと思考』（岩波新書，2010年）を紹介する。言語が，思考や認識にどのような影響を与えているのかが明快に解説されており，言語の新たな一面を知るだけでなく，今後，外国語を学習する際に有益となる視点を与えてくれるであろう。

［髙橋将一］

4-5-2 学問への誘い
番外：限定的な英語能力の逆手の取り方

　語学の一般的な能力の高さを梃子(てこ)に専門的な知識を究めるというのが理想であるけれども，なかなか理想通りにはいかない。むしろ，専門的な知識を学んでいく途上で外国語学習の必要性を切々と感じる人の方がはるかに多いのではないだろうか。

　しかし，ある程度，専門的な知識を持っている方が，語学学習を深められるという面も否めない。経済学と英語の関係で言うならば，経済学の深い知識があることで，より深く英語を理解できるようになるケースである。

　以下では，いくつか具体的な体験を交えて，経済学学習が英語学習を深める側面を綴っていきたい。その上で，**限定的な英語能力を逆手にとってprofessionalsとして世界で勝負する方策**を考えてみたい。

　私がgrossとnetの英単語に対する語感をようやくわかったのは，マクロ経済学で国内総生産（gross domestic product, GDPと略する）と国内純生産（net domestic product, NDPと略する）という「1年間に経済全体で生産された水準」を表す概念の学習を通じてであった。

　英単語帳で機械的に覚えた知識では，grossは「総」，netは「純」となっていて，上の2つの生産概念でも，国内「総」生産と国内「純」生産なので，英単語帳で覚えた知識とぴったり一致する。しかし，そのような表面的な知識だけでは，2つの単語のニュアンスは，わかったようでわからないのでないだろうか。

　実は，やや大きめの英和辞典を引くと，grossには「ある勘定項目を含む」，netには「ある勘定項目を差し引く」という意味があることがわかる。そうすると，「ある勘定項目」がGDPという生

産概念に含まれ，NDP という生産概念に含まれないということになる。

実は，「資本設備（機械や工場と考えて差し支えない）が生産に貢献した分」が，GDP には含まれ，NDP には含まれない。「資本設備の生産に対する貢献分」は固定資本減耗と呼ばれるが，そのわけは，1 年間，生産活動に用いられた機械は，使われた分だけ摩耗するし，機械機器を収める工場も，雨露をしのいでくれる分だけ古くなるからである。

固定資本減耗の英語は，consumption of fixed capital であるが，英語の方が「資本設備が生産に費やされている」という意味がいっそうよくわかる。この場合，consumption of fixed capital という英語に接することで，固定資本減耗という日本語の意味も正確に理解できるようになるのかもしれない。

証券市場において債券や株式の売買を仲介するディーラー (dealers) は，market makers と呼ばれている。英語の金融論の教科書で market makers という言葉にはじめて接したとき，「"市場を作る人" とはずいぶんと大げさな表現だなぁ」と思った。

しかし，証券市場の売買の仕組みを深く勉強していくと，market makers が証券市場で担っている役割を考えれば，決して大げさな表現ではなく，market makers は，まさに「市場を作る」役割を果たしているのである。

証券市場は，債券や株式の売買を成立させる場所であるが，証券の売り手と買い手が集まれば，自動的に売買が成立するというわけではない。証券市場における market makers は，証券の売り手には常に買い手として応じて，証券の買い手には常に売り手として応じることで，すなわち，自らが売買の当事者になることで，さらに言えば，まさに「自ら身を呈して」証券の売買を仲介している。

もちろん,「自ら身を呈する」と言っても, market makers は, 売買の仲介を慈善事業としてやっているわけではない。彼らは, 売り手から証券を買い取るときは安値を, 買い手に売り付けるときは高値を提示しながら,「安く買って高く売る」仲介で結構な鞘（利ざや）を稼いでいるのである。

なお, 売り手に提示する価格は bid prices, 買い手に提示する価格は ask prices なので, market makers が手にしている売買の鞘は, bid-ask spreads と呼ばれている。

経済取引において当事者の間で情報の格差がある場合,「知っている方」が,「知らない方」を出し抜くことがしばしば起きる。当事者間で情報に格差がある状態は,「非対称な情報（asymmetric information）が存在する」と呼ばれている。

情報の非対称性でよく引き合いに出される例は, 中古車を dealer に持ち込むケースで, 中古車を売り付ける方は, 欠陥車（英口語で欠陥品は lemons。言葉の由来は定かでないが, 見た目の印象で甘いと思っていたら酸っぱかったというところから来ているらしい）を高値で売り付けようとするかもしれない。この場合, 欠陥車と知らずに買い取った dealer は, 不利な選択（adverse selection）を強いられたことになる。(注)

また, 自動車保険を契約しているドライバーが, 仔細を知ることができない保険会社を出し抜いて, どんな事故でも保険でカバーされることをよいことに乱暴な運転をするようなことが起きたとしよう。この場合, 保険会社は, ドライバーの不誠実さ（immorality）から余分な負担（hazard）を強いられたことになる。経済学では, こうした保険会社の負担は, moral hazard と呼ばれている。

こんな経済学的な議論に通じていると, asymmetric, adverse, immorality, hazard という英単語のニュアンスを理解できるように

なるのではないだろうか。

　もちろん、現代は国際化の時代であるので、いくら深い専門的な知識があっても、英語を運用できる一般的な能力はある程度ないとprofessionalsとして世界で勝負できない。
　しかも、英語は、音楽や体育と似て身体能力に大きく左右され、その能力に個人差が大きい。だからこそ、英語能力が不幸にして低くても、それを逆手に取ってprofessionalsとして生き抜けるように工夫するのも、professionalsの心得でないだろうか。
　英語能力が高いというのは、とどのつまり、英語で「うまく誤魔化すことができる」「うまく口説くことができる」ということであろう。「誤魔化す」と「口説く」は、それほど大きな意味の違いはないかもしれない。
　専門的な知識が曖昧でも、「得意な日本語であれば誤魔化すことができる」となると、専門的な知識の鍛錬もついついおろそかになってしまう。しかし、「下手な英語だから誤魔化すことができない」のであれば、よほど鍛錬して正確に専門的な知識を身につけないといけないと考えればよい。
　英語能力が低いことを自覚して（自らの能力の程度を客観的に自覚するのは難しいことであるが）、それを逆手にとりながら専門的な知識に磨きをかければ、少々下手な英語でも、professionalsとして世界で勝負できるのだと思う。

（注）adverse selectionには、確かに「不利な選択」という意味がある。しかし、ミクロ経済学では、selectionを「劣ったものが淘汰され、優れたものが残る」という「自然淘汰」の意味として、それとはまったく逆の淘汰（adverseには「逆の」という意味がある）、すなわち、「優れたものが淘汰され、劣ったものが残る」という意味で用いられている。読者に誤解を与えたことをお詫びする。（2014年11月30日追記）

［齊藤　誠］

4-5-3 学問への誘い
統計学の考え方

統計学とは

ここでは，集めたデータや手元にあるデータから科学的な結論を導く，統計学の1つの分野である推測統計学について例を用いて簡単に解説する。統計学は非常に広い応用範囲を持ち，データを扱うものすべて関係すると言っても差し支えない。推測統計学以外に，集めたデータを理解しやすい形に表現する記述統計学と呼ばれる分野もある。統計学に関連する分野としては，経済活動に関するデータの収集を扱う経済統計学，統計学と同様の考え方と手法を用いて経済データの分析を行う計量経済学，医学分野に特化した統計学である医学統計学などがある。本稿では，次の問題を例にとり，推測統計学の考え方を紹介していくことにする。

非常に大きな町で，ある問題について賛否両論に分かれているとする。ここでは例を簡単にするため「どちらとも言えない」という意見はないものとし，さらに賛成率は50％以上であることはわかっているものとする。ここである人がこの問題の賛成率に興味を持ち，ランダムに100人の人に聞いたところ，55人が賛成，45人が反対であったとする。このとき，100人は大きな数字で，それで55人が賛成だったのだから，町全体としても賛成が多数派だという主張は認められるであろうか。これからこの主張を，統計学を用いて科学的に検証していくことにする。また55を100で割った0.55という数字はどういう意味を持つのであろうか。以下これらの問題について考えていくことにする。

✹ データのばらつき標本分布

今回の 100 人では 55 人が賛成であったが、別の 100 人を対象にした場合には賛成者は 51 人かもしれない。さらに別の 100 人では 48 人のみが賛成ということもありうる。このように、どの 100 人に尋ねたかで賛成者数が異なるのが一般的である。つまりデータにはばらつきというものがあり、得られる結果は時と場合によりさまざまである。そこでまずこのデータのばらつきについて考えていく。データは標本とも呼ばれ、このデータのばらつきは標本分布または単に分布と呼ばれる。一方、町全体の賛成率は決まった数字であり、そこにばらつきはない。そして興味があるのはこの町全体の賛成率であり、これを p とおくことにする。この p は 0 以上 1 以下の固定された数字で、母数と呼ばれる。ここでは賛成率 50％以上、すなわち p は 0.5 以上という仮定をおいている。繰り返しになるが、データにはばらつきがあり、母数にはないことに注意してほしい。

ここで一般化のために 100 人を n 人とし、賛成者数 S のばらつき（分布）を考えることにする。S は 0 以上 n 以下の数字であり、この S の分布は二項分布と呼ばれ、S 人が賛成する確率は ${}_nC_S p^S(1-p)^{n-S}$ で与えられる。この ${}_nC_S$ は組合せの数である。S 人賛成の解答のパターンは、S 個の 1 と $(n-S)$ 個の 0 を並べる並べ方の ${}_nC_S$ 通りあり、S 人賛成の ${}_nC_S$ 通りのパターンの 1 つが出る確率は $p^S(1-p)^{n-S}$ なので、この ${}_nC_S p^S(1-p)^{n-S}$ という確率が得られる。

この結果を用いて n が 100 で賛成反対が等しいとき、すなわち p が 0.5 のとき、賛成者が 55 人以上の確率を求めると、その確率は約 0.184 となる。この結果は、100 人に聞けば、実際には賛成と反対は半々でも、0.184 程度の確率で 55 人以上が賛成という結果が得られることを意味する。したがって、100 人中 55 人賛成の結果か

ら全体で賛成の方が多いということを主張するのは言い過ぎと言えるだろう。これが100人中55人賛成という結果からの結論である。以上のような問題を体系的に扱う統計的手法は統計的仮説検定と呼ばれる。では、どのくらいの確率または賛成者数ならばよかったのであろうか。統計的仮説検定では、伝統的に0.05または0.01という確率が用いられており、その確率は有意確率または有意水準と呼ばれ、0.05の方がやや一般的である。

　この問題に当てはめれば以下のようになる。全体で賛成と反対がまったく同数のとき、100人中58人以上賛成の確率は約0.067、100人中59人以上賛成の確率は約0.044となる。100人に尋ねて59人以上賛成という結果が得られた場合には、賛否同数のときにはわずか0.05以下の確率でしか起きない現象が起きたということになる。したがって、有意確率0.05で町全体では賛成の方が多いと主張でき、58人以下では賛成多数とまでは主張できないということになる。その結果、今回の55人では、賛成多数と主張するには4人不足だったということになる。データが離散的なのでちょうど0.05にするには多少の工夫が必要であるが、ここでは触れないことにする。

✤ 標本平均について

　次は $55/100 = 0.55$ という数字の意味を考えることにする。この0.55を賛成率 p の推定値とすることはごく自然なことだと考えられる。しかし他の100人に聞けば異なる値、例えば0.51や0.48などという値も出てくる。ここではこの0.55について考えていくことにする。

　まず賛成を1、反対を0とおく。またデータの数は一般的には標本数と呼ばれ、ここでは前と同じく n と書くことにする。この0.55は、賛成者数すなわち標本の値の和を、標本数で割ったものなので、

標本平均と呼ばれる。賛成率pは固定された数字であるが，標本平均にばらつき（分布）がある。この標本平均は一般的にどういう性質を持ち，この0.55は全体の賛成率pの推定値としてどういう意味を持つのか考えることにする。

標本数nが100程度であれば，現代のコンピューターをもってすれば，S人賛成の確率${}_nC_S p^S(1-p)^{n-S}$をすべて計算するのはわけもないことで，S/nである標本平均の分布を正確に知ることができる。しかし，もっと複雑な場合やnが非常に大きな場合には，何らかの近似が必要となる。そのとき使える非常に重要な2つの定理が「大数の法則」と「中心極限定理」である。ここでは町の人口は無限大で，nはいくらでも大きくとることができるとする。また例としてコイン投げを考えてもよい。

定理（大数の法則） 標本数nを無限大にすると，標本平均はpに収束する。

この定理は，標本数を大きくすれば標本平均は賛成率pに近づいていく，ということを述べている。生命保険の保険料の計算では死亡率が重要であるが，人口統計のデータなどでは標本数nは十分大きいので，標本平均に基づいて計算すればよい，ということがわかる。

定理（中心極限定理） 標本平均を適当に変形し標本数nを無限大にすると，その分布は標準正規分布という分布に収束する。

ここでは標準正規分布の正確な定義や収束の意味は省略するが，この定理によれば，$n^{1/2}(S/n-p)/\{p^{1/2}(1-p)^{1/2}\}$の分布は標準正規分布で近似可能ということになる。

いま手元に55/100=0.55という賛成率pの推定値があるが，それはどの程度信頼できる値なのか，この近似を用いて考えることにする。仮にpが本当に0.55であったとすると，この近似によれば，

おおよそ確率 0.95 で標本平均は（0.45, 0.65）という区間に入ることがわかる。したがって，0.55 という推定値は ±0.1 程度の精度を持つ p の推定値であることになり，この推定値をもとに，0.01 の違いを議論しても意味がないことになる。

0.01 程度の違いを議論する場合には，中心極限定理を用いてあらかじめ必要な標本数の見当をつけ，それに従って意見を聞く人数を決める必要がある。またより正確な議論をするためには，信頼区間などを厳密に定義する必要があるが，高度な話題になるので，中心極限定理，標準正規分布の定義なども含めて，最後に紹介する参考文献や大学生向けの統計学の教科書を見ていただくことにしたい。

✂ 統計の限界

ここで最後に統計学の出す結論の限界について述べる。先に考えた問題では，100 人から意見を求め，59 人以上から賛成との回答が得られれば，統計学的には有意確率 0.05 で賛成が多数であると結論づける。しかし，その結論は常に正しいものであろうか。実際には，以下の表にまとめたように，誤った結論を導くこともある。この表では，多数は全体での賛成多数を意味する。

表中に正と書かれたときには正しい結論が得られている。誤 1 と誤 2 が誤りで，誤 1 は第一種の誤りと呼ばれる。実際，賛否同数の

表 1　統計的結論と事実の関係

		統計的結論	
		同数	多数
事実	同数	正	誤 1
	多数	誤 2	正

$p=0.5$ のときでも,約 0.044 の確率で 59 人以上の賛成者が出るので,今考えている問題では,第一種の誤りの確率は約 0.044 となる。誤 2 は第二種の誤りと言われ,p が 0.5 より大きくなれば小さくなり,0.5 に近づけば,$1-0.044$ である 0.956 に近づいていく。統計学では,第一種の誤りの確率が有意確率以下になるように設定する。

このように,統計学は誤った結論を導く可能性もあるが,それはばらつきを持ったデータから結論を導くため仕方のないことである。統計学は,ばらつきを持ったデータから,確率に基づいて科学的な結論を導くもので,非常に有用である。しかしここで説明したように,統計学には限界がある。

▶ **読書案内**　ここでは推測統計学の考え方について簡単に述べたが,スペースの関係で議論を端折ったところも多い。数学を使わない範囲でもう少し詳しい内容を知りたい方には,①飯田泰之『考える技術としての統計学:生活・ビジネス・投資に生かす』(NHK ブックス,2007 年)と②竹内啓『偶然とは何か:その積極的意味』(岩波新書,2010 年)をお勧めしたい。

[本田敏雄]

4-5-4 学問への誘い
数学の楽しみ

❈ 数学の抽象性

　数学の歴史は古く，数千年前の古代文明においても個数を数えること，数の四則演算，初等的な幾何，暦のように天文に関係することなどが考えられていた。このような数学は実生活に必要なことから始まったのだろうが，実用上ということにとどまらず，理論的な面も発達していたようである。ギリシア時代には単に計算をして結果を求めるだけでなく，論理的に証明をすることも重視されるようになった。ユークリッド『原論』はこのようなギリシア数学の集大成として，明確な定義に基づき公理から出発して定理を証明するというスタイルを確立し，その後の数学に大きな影響を与えた。数学は古い時代からさまざまな地域で考えられていたことから，人間の知的精神活動の根源に由来するものと言えよう。

　数学は抽象的で難しいと感じている人も多いと思う。しかし，抽象化は数学に必然的なものである。例えば直線は，幅がなく長さに制限がないものであるが，このようなものを考えないと論証が非常に不便になる。紙の上に直線を描いても，それは幅があるし長さも有限である。それにもかかわらず，私たちはそれを直線と認識している。1, 2, ... と数を数えることについても，その対象は紙の枚数でも歩くときの歩数でも何でもよい。個々の対象は問題ではなく，それとは別のレベルの抽象的な意味で数を理解している。方程式の変数もまた抽象的である。抽象的な概念からなる数学の実体は感覚的に把握するものであり，それを難しいと感じるかどうかは要するに慣れの問題であろう。抽象性のゆえに，広い世界での自由な論理的思考が可能になるのである。

❋ 大学で学ぶ数学

　私たちは幼少の頃より，小学校，中学校，高等学校と長い期間幅広く数学を学んでいる。高等学校までの数学教育は，社会生活を送る上で必要となる数学的諸概念，計算技法，数理的思考力を習得するものと言える。

　大学では高等学校までに学んだことを踏まえて，さらに進んだ数学を勉強する。内容が高度になるとともに，その応用範囲も格段に広がる。大学初年次では微分積分，線形代数，集合と位相を学習するが，これらはその後どのような数学を学ぶ際にも，予備知識として必要とされるものである。ものの集まりとして集合を考えることは古くから行われていたと思われるが，大学で出会うような集合論は19世紀末から20世紀前半にかけて形成された。位相空間の概念が導入されたのも，20世紀前半である。そして現在の数学は，集合や写像を用いて記述されている。また，解析学は位相的構造の上に構築されている。

　高等学校までと異なり，大学では直感的に理解できる範囲を越えて数学を展開するため，数理的な論証が特に要求される。量子力学や素粒子の理論あるいは宇宙論のように，日常的な感覚とはかけ離れたことを研究する際には，数学の持つ論理性が必要である。社会経済システムのように全体像を直感的に把握するのが困難な問題にも，数理的な論証が有効となる。数学はその論理性に基づき高度に発達し，多様な分野に応用されているのである。ここでは実数の定義と代数方程式の解法を例として，数理的な論証の重要性を説明してみたい。

❋ 実数の定義

　実数は身近なものであるが，その本質を理解することは実は容易

ではない。自然数は無限個あり，その全部の集合は無限集合である。これは無限集合のうち最も小さいもので，これと同等の無限の度合いの集合は可算無限集合と呼ばれる。可算無限集合とは，その要素全部に1, 2, ... と通し番号を付けることができる集合という意味である。整数全部の集合も有理数全部の集合も可算無限集合である。しかし，実数全部の集合は可算無限集合ではない。このことは，カントールの対角線論法と呼ばれる方法で容易に証明できる。実数全部の集合と同等の無限の度合いの集合は，連続の濃度を持つという。連続の濃度を持つ集合は，可算無限集合とは比較にならないほど大きい集合である。実数は有理数と無理数に分かれるが，有理数全体は可算無限集合で，無理数全体は連続の濃度を持つ集合である。

数の集合を共通部分のない A と B の2つの部分集合に分けて，A に属する数はどれも B に属するどの数よりも小さいようにしたとき，A と B をその数の集合の切断と呼ぶ。次の3通りの可能性が考えられる。①A に最大の数が存在し B に最小の数が存在する。②A に最大の数が存在せず B に最小の数が存在しない。③A に最大の数が存在し B に最小の数が存在しないか，または A に最大の数が存在せず B に最小の数が存在する。整数の切断では常に①が成り立つ。有理数の切断では②または③が成り立つ。例えば，ある無理数 c より小さい有理数全体を A，c より大きい有理数全体を B とすると②が成り立つ。一方，実数の切断では常に③が成り立つ。これを実数の連続性というが，実数のこのような性質は自明ではない。実数とは何かという問題にまでさかのぼる必要がある。

実数は完備であること，および実数全部の集合において有理数が稠密であることの2つの条件で特徴づけられる。実際，有理数の完備化として実数を定義することができる。さらにその定義から，実数の連続性が証明できる。実数の連続性や完備性は解析学の基礎で

あるが，それらの理論が整備されたのは19世紀後半である．例えば2の平方根のように，有理数ではない数が存在することは古くピタゴラスの時代には知られていたが，実数の本質を理解し，実数とは何かという問題の解答が得られるまでに，2000年以上の歳月を要したのである．ちなみに完備化とは，有理数に限定されるものではなく，完備ではないような一般の距離空間に対して完備な距離空間を構成するという理論であり，関数解析などで広く使われている．

✻ 代数方程式の解法

　変数を用いて未知のものを表し，それが満たす条件から解を求めるという方程式の考え方は古く，最も基本的な1次方程式は数千年前のエジプトやメソポタミアまでさかのぼる．2次方程式の解法は，平方根とともに幾何学的な観点から古代のバビロニアや中国でも知られていた．3次方程式と4次方程式の解法は，16世紀半ばにカルダノとフェラーリにより得られた．この時代では複素数が扱えなかったため，複素数の解が現れる場合は避けている．複素数が高等学校で学習する形で認識されるようになるのは，18世紀から19世紀前半のことである．

　3次方程式と4次方程式がわかれば，次は当然5次方程式であるが，その結論は画期的なものである．すなわち，5次以上の方程式の解の公式は存在しないことが証明されている．解の公式が存在しないことを示すには，そもそも解の公式とは何かをはっきりさせておく必要がある．方程式の解の公式とは，方程式の係数に四則演算とベキ根をとるという操作を繰り返して解を表す式のことである．5次方程式の解の公式が存在しないことは，1820年代にアーベルにより証明された．さらに5次以上の一般の代数方程式の解の公式に関する理論が，1830年代初頭にガロアにより研究された．アーベ

ルとガロアの方法は，1つの方程式の解全部の集合に作用する群に着目するという独創的なものであり，そのアイディアはガロア理論と呼ばれるものに発展している。なお，ガロア理論で用いられる群の概念が明確に定義されるようになったのは，19世紀の終わり頃のことである。

代数方程式に関する基本的な結果として，複素数の範囲では必ず解が存在するという代数学の基本定理がある。この定理は18世紀末期にガウスにより証明された。代数学の基本定理は理論的に解が存在することを言っているが，これは5次以上の一般的な方程式の解を具体的に表す公式は存在しないというガロア理論とは矛盾しないことに注意してほしい。4次方程式までは解の公式があるのでわかりやすいが，5次以上の方程式の解の公式は存在しないという主張を直感的に把握することは難しい。直感を超えた真理を証明できることに，数学の理論の強さがうかがえる。

✣ 数学の学習のために

大学レベルの数学の入門書は多数あるが，ここでいくつかあげておく。①青本和彦ほか編『岩波講座 現代数学への入門』（岩波書店，1995～96年）は当初全10巻として刊行されたが，現在は単行本として出版されている。高等学校からの接続を考慮して大学1,2年生向けの数学入門として書かれたもので，いろいろな分野をカバーしている。

②ニコラ・ブルバキ（村田全・清水達雄・杉浦光夫訳）『数学史 上，下』（ちくま学芸文庫，2006年）。ブルバキは，新しい解析学の教科書執筆をめざして1930年代に活動を開始したフランスの数学者集団の名前で，その後代数構造，順序構造，位相構造を基礎として公理的に数学を再構築するという，大きな目標に向かうようになった。

その活動の一環として『数学原論』という大部な著書を残したが，『数学史 上，下』はこの『数学原論』の巻末にある歴史覚えがきを収録したものである．ブルバキは数学における構造主義の旗手として大きな影響を与え，それは今日に至っている．なお，その後の数学はブルバキが推し進めてきた論理的枠組みの構築よりもむしろ，個別の現象に潜む数理構造を深く追究する方向にある．

　月刊誌の③『数学セミナー』（日本評論社）と④『数理科学』（サイエンス社）には，さまざまな分野の解説記事がある．多くの図書館で閲覧できるので，一度手に取ってみてはいかがだろうか．

　最後に，"http://xxx.yukawa.kyoto-u.ac.jp/" という URL を紹介しておく．これは研究誌に掲載される前のプレプリント（論文原稿）を集めたサーバで，物理学，数学のほか計算機科学，金融工学などもある．論文は査読を経て研究誌に掲載されるが，投稿から実際に掲載されるまでにかなりの時間がかかる．そのため，最新の研究成果はプレプリントの段階で情報交換する必要がある．このプレプリントサーバは，arXiv の名称でアメリカのコーネル大学図書館が運営している．最近では，毎月数千の論文がアップロードされている．各国にミラーサイトがあり，だれでも自由にアクセスできる．上記の URL は，京都大学基礎物理学研究所に設置されているサーバのものである．arXiv は最新の研究成果を知るのに最適なシステムであるが，すべての論文がアップロードされるわけではない．数学の文献の網羅的なデータベースとしては，アメリカ数学会が刊行している Mathematical Reviews がある．これのオンライン版 MathSciNet は，特に利便性が高い．

［山田裕理］

4-5-5 学問への誘い
番外：生き抜くための数学・統計学

　数学や統計学を専門としない人たちの人生にとって，数学や統計学とはどのような意味を持つものなのであろうか。このような曖昧な設問への答えは，人によってさまざまであろうが，私であれば，次のように答えるであろう。

　　古典が人生に勇気や喜びを与えるとすれば，数学や統計学は人生に生きる術を与えてくれる。

　私たちは，とことん突き詰めて考えることを回避しようとするところがどこかにあって，しばしば，自分にとって重要な経済問題であるにもかかわらず，ちぐはぐな意思決定をしてしまい，自分が向き合わなければならない社会問題であるにもかかわらず，いい加減な状況判断をしてしまう。

　このようにナマクラな性向に傾きがちな私たちにとって，ある経済問題の背後にあるメカニズムについて徹底的に論理的に考えることを求める数学や，ある経済問題に関わる数多くのデータを効率よく分析することを可能にする統計学は，よりよく人生を生き抜くために必要不可欠な道具と言えないであろうか。

　以下では，市川伸一著『考えることの科学：推論の認知心理学への招待』（中公新書，1997年）に素材を求めて，数学的，統計学的な思考方法が，社会が直面する課題を解決する上で非常に重宝な道具であることを見ていきたい。

まず，次の問題を解いてみよう。

> **問題1　目撃者の証言はどこまで信頼できるのだろうか？**
> ある町で夜間にタクシーによるひき逃げ事件が起きた。1人の目撃者の証言によると，ひき逃げ事件を起こしたのは，青色のタクシーであると言う。
> この町では，100台のタクシーが営業運転しているが，そのうち，青色のタクシーが10台，緑色のタクシーが90台である。夜間に青色か緑色かを正しく判断できる確率は80％，見間違う確率は20％である。
> さて，あなたは，「青色のタクシーがひき逃げを起こした」という目撃証言が正しい確率をどの程度に見積もるであろうか。

　この問題を大学生に出題すると，多くの学生が「80％程度，正しい」と答える。ほとんどの学生が，問題文にある「夜間に青色か緑色かを正しく判断できる確率は80％」の部分を，その根拠にあげる。しかし，わずかではあるが，「約30％しか正しくない」と答える学生もいる。実は，この「約30％」が正しい。以下では，一歩一歩，筋道をつけて考えていこう。
　「青色のタクシーがひき逃げを起こした」という証言には，次のような可能性が含まれている。
- 「青色を正しく青色と判断する可能性」が8台分（10台×80％）
- 「緑色を誤って青色と判断する可能性」が18台分（90台×20％）

したがって，「青色証言」が正しいのは，26台分（8台＋18台）のうち8台分だけで，確率を計算すると，

$$\frac{8}{8+18} \approx 30.8\%$$

となる！

なぜ，多くの学生が証言の信憑性を過大に評価したかと言うと，緑色のタクシーが青色のタクシーよりもはるかに多く営業運転している事実を，彼らが見逃していたからである。その結果，緑色のタクシーを見誤って青色のタクシーであると証言してしまう可能性がまったく考慮されなかった！

こうした状況が，単に授業で出題した問題ではなく，実際の法廷で起きたとして，皆さんが裁判員（欧米であれば陪審員）だったとしたらどうであろうか。皆さんが証人の証言の確かさを徹底的に吟味しないままに評決を下してしまえば，無実の人間が有罪になってしまう可能性さえ出てくるわけである。

一方，皆さんが被告人の弁護人として，上述のような統計学的な議論を裁判員の前で理路整然と展開すれば，無実の人間を救うことさえ可能になる。

このように考えてくれば，証言の信憑性を論理的に考えることの重要性がわかってもらえるであろう。皆さんの判断能力次第で，1人の人間の人生が大きく左右されるのである。

それでは，次の問題に取り組んでほしい。

問題2　検査結果をどこまで信じるか？

J国では，男性100,000人に100人の割合（0.1％）である難病に感染している。ある男性は，その難病の検査をしたところ，陽性反応（感染の可能性を示す反応）が出て，その男性は，大変にショックを受けた。

なお，当該検査では，感染をしていると98％の確率で陽性反応が出るが，感染をしていなくても1％の確率で陽性反応が出る。

さて，あなたは，「陽性反応の出た男性が感染者である」という確率をどの程度に見積もるであろうか。

この問題を大学生に出題すると，多くの学生が「ほぼ100％感染している」と答える。ほとんどの学生が，問題文にある「当該検査では，感染をしていると98％の確率で陽性反応が出る」の部分を，その根拠にあげる。しかし，わずかではあるが，「およそ1割しか正しくない」と答える学生もいる。実は，この「およそ1割」が正しい。以下では，一歩一歩，筋道をつけて考えていこう。

　「陽性反応が出た」という検査結果には，次のような2つの可能性が含まれている。

- 「陽性を正しく陽性と判断する可能性」が98人分（100人×98％）
- 「陰性を誤って陽性と判断する可能性」が999人分（99,900人×1％）

　したがって，「陽性反応」が正しいのは，1097人（98人＋999人）のうち98人で，

$$\frac{98}{98+999} \approx 8.9\%$$

となる！

　なぜ，多くの学生が感染の可能性を過大に評価したかと言うと，J国全体では，感染していない人がほとんどである事実を，彼らが見逃していたからである。その結果，感染していないのに陽性となる可能性について配慮が及ばなかった！

　数学的な結論と直観的な判断にずれが生じた理由については，感染確率がたった0.1％のところに検査誤差が1％のオーダーで生じる検査を行えば，不正確な結果が出るのは当然と考えることができるであろう。たとえて言うならば，1センチ刻みの物差しで数ミリの長さを測定するようなものである。

　検査結果を論理的に評価するマインドを備えていれば，陽性反応が出ても，慌てることもなくなるであろう。かといって「検査は

まったく役に立たない」と拙速に判断する必要もない。仮に検査をしなければ、0.1%の感染確率と判断されたものが、陽性反応によって感染確率が8.9%、検査前の89倍に上方修正されたのであるから、予備検査としては十分に意義がある。陽性反応が出れば、より精度の高い検査を受ければよいだけである。

　要するに、論理的なマインドで検査結果を判断することができれば、過剰な反応を回避し、常識的な決定を下すことができる。

　2つの問題への解答でしばしば現れる間違った判断のパターンは、「決して頻繁に起きるわけでないけれども、いったん起こると甚大な被害をもたらすようなリスク」への政策的な対応でも、大変に不幸なことであるが、しばしば現れるのである。

　地震予知を基軸にする防災対策（数日先に大地震が到来する警告を出して、あらかじめ避難を促す政策）などは、非論理的な政策対応の典型であろう。

　仮に、ある地域で大地震が起きるのが100年に1度であるとすると、向こう1カ月以内に地震が起きる確率は1200カ月（12カ月×100年）分の1（約0.08%）となる。こうしためったに起きない地震が1カ月以内に起きるのを正確に予知するには、「実際に地震が起きるのに起きないと誤判断する確率」や「地震が起きないのに起きると誤判断する確率」が、0.1%のオーダーを大きく下回るようなきわめて精度の高い予知方法を確立する必要がある。しかし、現在の技術では、おそらくは将来の技術でも、とても、とても実現できない精度である。

　論理的に（したがって常識的に）考えれば、地震予知を基軸とした防災政策など実際的な政策としてけっして追求するべきでないのに、日本政府は、地震予知に関わる研究に莫大な費用を投じてきた。

先ほど議論したように，一大関心を持つリスクのことばかりに囚われて，**当該リスクが起きる以外の可能性**の方がはるかに大きいことに気が回らなくなることが，著しく誤った判断を下してしまう背景にある。

安全政策に関わる議論にも同じような罠が潜んでいる。例えば，「福島第一原発事故の主因は，大津波であった。だから，津波対策を十分にすれば，原発事故は未然に防ぐことができる」と判断して，津波対策ばかりに囚われているとすればどうなるであろうか。

常識的に「大津波だけが原発事故の原因ではない」，「今般の原発事故はたまたま津波が主因だった」と判断をすれば，たまたまの事故原因となった大津波に囚われてそれ以外の潜在的な事故原因にいっさい注意を払わないことが，いかに不用意なことか容易にわかるであろう。

数学や統計学の厳密な検証に耐えることができる判断は，個々人が人生で直面する経済問題や経済社会が直面する政策課題を解決する上でも必要不可欠なのである。言い換えると，人生をより良く生きるためには，数学や統計学によって論理的な思考能力を鍛えておいた方がよいということになるのかもしれない。

➡ **読書案内**　甚大な被害をもたらすようなリスクについてさらに考えたい読者は，C. サンスティーン（田沢恭子訳，齊藤誠解説）『最悪のシナリオ』（みすず書房，2012年）を図書館から借りてみてはどうであろうか。

［齊藤　誠］

4-6-1 政策のプロフェッショナルにとっての経済学
大学で学んだ経済学を，実務の仕事でどう生かす？

✤ 大学を卒業すると……

　大学生活は長いようで短い。貴重な時間を大切に使ってほしいが，いずれにせよ，卒業後は，読者の皆さんのうちの多くが就職し，実務の仕事に就くことになろう。その場合，大学で学んだ経済学はどのように生かせるだろうか。もちろん，実務の仕事と言っても，経済官庁やシンクタンク等で経済分析の手法を直接に使うような場合もあるかもしれない。しかし，ここでは，そのような場合は想定せず，むしろ，直接には経済学とは関わりがないと思えるような，普通の実務の仕事に就いた場合を考える。

　一般に，大学で勉強した学問が実際の仕事ですぐに直接役立つことは少ない。むしろ，「『すぐに役立つ勉強』などは，すぐに役立たなくなる。長い目で見て役に立つのは，基本的な考え方をしっかり身につける勉強である」といったことがよく言われるし，たぶん，それは正しい。しかし，大学で経済学の基礎的勉強をしっかりやっておくと，実務でも，実はけっこう，つぶしがきく。

✤ 困難な仕事に直面したら……

　どのような仕事でも決して楽ではない。これは当然のことだ。実務の仕事の中で，特に大変なもの，難しいものには，大雑把に言って2つのタイプがある。1つは，関係者の利害が鋭く対立していて，合意点を見出すために関係者の説得が不可欠になるようなものである。この種の仕事をやり遂げられるかどうかは，本人のねばり強い気力と人間的な魅力（あるいは人徳？）の有無にかかっている場合が多い。気力や人間的魅力を高める機会が多く持てるような，充実し

た学生生活を送っていただきたい。

　もう1つのタイプの困難な仕事は，そもそも何が問題の焦点なのかがよくわからず，解決の見通しが立たないような課題である。このような課題に直面した場合，経済学的発想の枠組みが身についていれば，問題の全体像把握と解決の糸口発見に役立つことが多い。例えば，組織・経営の問題なら，読書案内①，法律の問題なら，読書案内②の内容について，十分理解があれば，かなり助けになるであろう。これらの書物は，ミクロ経済学の基礎的な理解があれば，十分に読みこなせるものである。さらに具体的な例をあげるなら，近年では，日本においても，会計や会社法・租税法の領域に，経済学・ファイナンスの考え方が浸透しつつある。

　一般に，世の中が複雑になって，新しい問題が出現するペースが速くなるほど，基本的な視点にさかのぼって考え直すことの重要性・有用性はますます高まる。もっとも，具体的な経験や苦労をある程度踏んだ上でないと，なぜ基本的な視点からの思考が実務に役立つのかを実感することはやや難しいしいかもしれないが。

✤ 若干の体験談

　筆者自身は，大学で経済学を学んだ後，中央官庁（財務省）に勤務し，また，その後幸い海外留学にも行かせてもらって，アメリカの大学院で経済学の勉強を続ける機会を得た。大学や大学院で学んだ経済学が仕事に非常に役立った具体例はこれだ，と特定することは容易ではないが，一般に役立ったことは間違いない。特に，国際会議や対外交渉においては，日本側の主張の論拠を，国内でしか通用しないあうんの呼吸などではなく，普遍的なロジックで示さなければならない。その際に，経済学を基礎にした理屈が展開できることは不可欠だと思う。

例えば、筆者は、1990年代に行われた日米構造協議における財務省の窓口業務を担当したことがあるが、その際に、日本の企業系列問題についてのセッションの議長であった財務官（財務省の対外担当次官）のために資料を作ることになった。もともと企業系列問題は必ずしも財務省の直接の所管ではないにもかかわらず、そのような割り当てがされてしまったため、省内のどこにも資料作成要求ができず、窓口業務担当者自身が引き受けざるをえなくなった。筆者は、かつて学んだ産業組織論等を思い出しつつ、企業系列の考え方や論拠に関する資料を何とか作成した。

ついでに言うと、実務では「無茶振り」は日常茶飯事である。学生時代のように「できません」「わかりません」では決して済ませてもらえない。完璧なものではなくてもまったく構わないので（そもそも実務の仕事に「完璧」はありえない）、「何らかの」対応を与えられた時間内（しばしばきわめて短い時間内）に行うことが求められる。仕事の処理の速さは、プロの条件である。

✄ これからの日本は大変だが……

日本は今後、本格的な人口減少・超高齢化社会に突入していく。国全体としては、中長期的に容易ならざる事態となることを覚悟しておく必要がある。しかし、個々人にとっては、グローバル化と情報化によって、チャンスはむしろ大きく広がっている。読者の皆さんの経済学の学習と、皆さんのこれからの長い人生が、実り多いものとなりますように。Bon Voyage!

▶ 読書案内
① P. ミルグロム／J. ロバーツ（奥野正寛ほか訳）『組織の経済学』（NTT出版、1997年）

②ロナルド・コース（宮沢健一ほか訳）『企業・市場・法』（東洋経済新報社，1992年）
③小笠原泰・渡辺智之『2050老人大国の現実：超高齢化・人口減少社会での社会システムデザインを考える』（東洋経済新報社，2012年）

　上にあげた参考文献のうち，まず，①は，ビジネススクール等で用いられている定評ある教科書。基本的な経済学が，企業組織の問題を考えるにあたっての有用なツールとなることがよくわかると思う。次の，②のコースの論文集は読むのに少し根気が必要かもしれないが，「法と経済学」の古典である。ノーベル経済学賞受賞者による著作だが，数式の使用は皆無。特に，「社会的費用の問題」は重要な論文である。最後の，③は，日本の近未来である超高齢化社会を受け止めていかざるをえない若い世代へのメッセージ（のつもり）である。

［渡辺智之］

4-6-2 政策のプロフェッショナルにとっての経済学
政策決定における経済学の貢献：世代会計のケース

❀ 政策決定における経済学者の役割の拡大

1999年初頭，全米経済学会での政府エコノミストの会合において，サマーズ財務長官（当時）は，公共政策を語る言語は経済学となりつつあり，洗練された政策決定はかつてないほど経済学の概念に依存しているとの指摘からスピーチを始めた。過去のアメリカ政府においては，エコノミストの活躍の場は，経済諮問委員会に限られていたが，今では財務省，労働省，商務省，司法省，環境保護庁等，あらゆる分野に広がっている。世界においては，メキシコ，イタリア，ロシア，インド等の国々の首相（当時）はエコノミストとして知られた人々であると，同長官の指摘は続いた。このように，現在の世界の政策決定の場において，経済学の専門的な知識を持つ官庁エコノミストや経済学者の貢献は不可欠となっている。日本においても，アメリカほどではないものの，政策形成の場において，経済学の専門知識が求められることは多い。多くの経済学者も，審議会やその他の場を通して，より良き政策実現のため，実際の政策決定に貢献している。

❀ 将来世代の負担を測る世代会計

最近の日本の経済政策をめぐる議論で国民の関心が高いものと言えば，やはり社会保障と税の一体改革ということになろう。野田総理（当時）は，将来世代に負担を残さないために消費税の増税を含む社会保障と税の一体改革が必要だと力説した。しかし，消費税増税で自分の現時点での税負担が増えることはすぐにわかるが，将来世代の負担がどの程度減少するのかわからない読者も多いだろう。

こうした問いに答えるため、経済学者は、「世代会計」という方法を用いて、重要な貢献を行うことができる。「世代会計」は、1990年代初めに、アメリカの経済学者アウアバック教授やコトリコフ教授らにより考案された手法である。各世代は、各種の税や社会保険料を政府に支払う形で負担を行っているが、同時に年金給付等の各種給付等の形で政府より給付を受けている。一定の仮定のもと、各世代の負担と受益を推計し、その差を推計するのが世代会計である（その際、負担と受益の時期は異なるので、現在価値に割り戻す必要がある）。

　他方、政府は各世代から税・社会保険料を受け取り、同時に、各種給付等を支払っているが、もし支払いの方が多ければ、その分は借金の形で負担を先送りしていくことになる。また、ほとんどの政府は、すでに巨額の借金（日本の場合、GDPの約2倍に相当する）を負っている。これらの借金につき、政府が永遠に借入を続けられないとすれば、将来のいずれかの時点で、政府は将来世代に負担を求めざるをえない。このため、現在の各世代の受益から負担を差し引いた額と現在の政府の負債額の合計が、将来世代の負担に該当することになる。

　特に、財政赤字や賦課方式の公的年金（財政赤字と同じ効果を有する）の規模が大きい国においては、将来世代の負担も非常に重いものとなる。これは、現在世代が将来世代に重い負担を先送りしていることを意味している。このように、現在世代が将来世代に非常に重い負担をかけている状況を、コトリコフ教授は、「財政的児童虐待」と呼び、筆者は、「世代間の搾取」と呼んでいる。

✖ 日本の将来世代の巨額の負担

　それでは、日本の将来世代はどの程度の負担を負わされているの

だろうか。少し古いが，2003年『経済財政白書』においては，将来世代の生涯を通じた負担は，1家計当たり約5223万円という巨額の負担と推計されている。

　日本の将来世代の負担は，国際的に見ても非常に重い。アウアバック教授とコトリコフ教授らは，1999年に世代会計の国際比較を試みたが，日本は，主要国の中で将来世代に最も重い負担をかけていることが明らかになっている。

　ただし，政府による世代会計の既存の推計には，データが古いほか，技術的な問題点もあるため，現在，内閣府において，筆者も含めた経済学者によるワーキング・グループが，新しい世代会計の推計方法につき検討を進めている。近いうちに，より新しいデータとより適切な推計方法に基づいた政府による世代会計の推計結果が公表されると期待される。

✄ 政策決定への世代会計の貢献

　このように，世代会計の手法を用いることにより，現在の財政状況が将来世代にどれだけの負担をかけているかにつき，具体的なイメージを持つことが可能となる。日本の社会保障と税の一体改革についても，実施した場合とそうでない場合で，これから生まれてくる将来世代の負担がどう変わるのかを数値で示すことが可能になる。それにより，世界で一番過酷な「財政的児童虐待」を抑止・縮小させるという社会保障と税の一体改革の意義につき，国民も容易に理解できるようになろう。

　こうした世代会計による推計については，経済学者以外の論者から，「賦課方式の公的年金等は，世代間の『助け合い』のシステムであり，各世代の損得を数値で議論すること自体が適切でない」との批判がなされることもある。しかし，世代会計の示すきわめて大

きい世代間の不公平の現状に鑑みれば，現在の世代間の不公平を「助け合い」として正当化しようとする議論は，あまり説得力を有さないと思われる。

✄ 政策決定に貢献する経済学

本稿では，世代会計の例を紹介したが，他の政策についても，経済学の考え方や手法は，具体的な根拠に基づく政策決定に大いに役に立つ。将来，政策決定に直接関係したいと考えている読者のみならず，有権者として正しい選択をしていきたいと考える読者にとっても，経済学を学ぶ意義は非常に大きい。

ただ，多くのスポーツで最初にきちんと基本を習う必要があるように，経済学においても，最初に標準的な経済学を学ぶことがきわめて重要である。残念ながら，書店等に並ぶ経済本の中には，標準的な経済学の理解に反する内容の本も少なくない。本書各節の参考文献に掲げられているような基本書・良書から勉強を始めることが望ましい。

➡ 文献案内

①ローレンス・コトリコフ（香西泰監訳）『世代の経済学：誰が得をし，誰が損をするのか』（日本経済新聞社，1993 年）
②加藤久和『世代間格差：人口減少社会を問い直す』（ちくま新書，2011 年）

①は，世代会計の第一人者によるわかりやすい世代会計およびその含意についての紹介である。財政赤字や賦課方式の公的年金がもたらす各世代への影響を，世代会計を通じて分析する意義が示されている。②は，日本経済が抱えるさまざまな問題を，世代間格差の観点から考察したものである。年金制度，医療制度，雇用システム，財政運営，少子化問題等の分野につき，世代間格差を是正するための方策を論じている。

[國枝繁樹]

4-6-3 政策のプロフェッショナルにとっての経済学
実務の中の経済学，人生の中の経済学

　経済学には，実務で役立つ具体的な知識がふんだんに含まれている。しかし，経済学が実務において，ひいては人生で役立つ中身には，具体的な知識体系だけでなく，ものの考え方や発想方法といったものも含まれる。ただし，ものの考え方や発想方法と言うと，あまりに抽象的になってしまって，文章で書き表すのが難しくなるのだが，ここでは，経済学を学ぶことによって，①経済社会の秩序回復に対する健全な感覚が培われ，②長い目で見た損得勘定に対する常識的な感覚が養われることを，ほんの少しだけ語ってみたい。

　まず，**経済社会の秩序回復に対する自然な感覚**の方から話していこう。
　現実の経済社会のある側面を抽象化して数学的に記述した代物(しろもの)が経済モデルと呼ばれている。経済学的な分析とは，経済モデルを通じて経済の特徴を考察していく作業である。経済モデルによって経済社会を抽象的に特徴づける概念として，「均衡」という考え方がある。均衡は，英語で equilibrium と呼ばれている。
　非常におおざっぱに言ってしまうと，均衡とは，ある環境が与えられたもとで，経済が落ち着く先の状態を指している。経済モデルを用いると，環境が著しく変化したときに，経済が以前の状態に戻るのか，あるいは，まったく違う状態に移ってしまうのかについても考察することができる。
　通常，経済モデルは，以前の状態に戻ろうとする力と，以前の状態から離れようとする力が綱引きをしていて，どのような場合にどちらの力が支配的になるのかを分析することができる。言い換える

と，元の秩序が回復するのか，新たな秩序が生まれるのか，あるいは，混乱状態に陥るのかを理論的に予測することができるのである。

このように経済モデルの分析作業を繰り返していると，現実の経済が秩序を回復するのかどうかに関する感覚が，自然と培われてくる。そうしたところが，経済学を学ぶ効用と言えるかもしれない。

少し具体的に考えてみよう。例えば，経済環境が急激に悪化して，株価が低下しはじめたとしよう。その際に，健全な秩序回復感覚を持った人々（要するに，経済学をよく学んだ人々）は，株価が，従前の水準まで回復するのか，あるいは，著しく低い水準に向かって暴落するのかについて，冷静に判断することができる。

この場合，株価をいっそう押し下げる典型的な力としては，大きく下がる前に売り抜けようとする投資家の"狼狽売り注文"である。狼狽売り注文は，できるだけ損失を小さくすることを目的とすることから，"損切り取引"とも呼ばれている。

しかし，株価を押し下げる力に拮抗するような力も働くのである。そうした拮抗する力の典型が，"買い戻し注文"である。通常，株式売買の順序は，「買ったものを売る」であるが，"空売り"と呼ばれる売買方法は，「売ってから買い戻す」のである（余談になるが，株式が手許にないのに売ってしまうので，空売りと呼ばれている）。空売りをする投資家は，「高いうちに売って，安くなってから買い戻す」という投機的な思惑を持っているから，株価が急に下がると，急いで買い戻し注文を出すのである。買い戻し注文では，高く売っていた分と安く買い戻した分の間で鞘を取ることができるので，"利益確定取引"と呼ばれたりもする。

買い戻し注文は，狼狽売り注文で株価が下がるのに抗して株価を引き上げる方向に働く。株式市場においては，株価の下落が急激であればあるほど，空売りをしていた投資家から買い戻し注文が活発

に入ってくる。そうした買い戻し注文が株式市場に勢いよく出てくると、買い戻し注文が狼狽売り注文に勝つだろうと見通しを持った一般投資家（空売りで投機をしようとは思っていなかった人たち）も、株式が値を戻す前に安値で買っておこうと買い注文を出してくる可能性もある。そうすると、株価は、いっそう上昇していくことになる。

こうして見てくると、健全な秩序回復感覚を培っている投資家たちが株式市場で活動していること自体が、株価の暴落を食い止め、従前の株価に回復する力を生み出していると言うこともできるであろう。

それでは、**長い目で見た損得勘定に対する常識的な感覚**の方に話を移してみよう。

私の演習授業（ゼミナール）に参加している学生（ゼミ生）と飲みに行くと、時々、ゼミ生同士が「私はバイトで時給1500円も稼いでいる」、「いや、俺のバイトは、時給2000円だ」と自慢げに話している機会に出くわすことがある。

そんなとき、私は、必ずといってよいほど、次のような話をする。

　君たちが、1日に8時間、週に5日、1年で50週働くとしよう。そうすると、延べ労働時間は、年2000時間になる。それで時給1500円で年収300万円、時給2000円で年収400万円。おそらく君たちは、年収600万円、1000万円、いや、数千万円をめざしているだろうから、逆算すると、例えば、年収1000万円を稼ごうと思えば、1時間当たり5000円の価値を生み出す能力が自分に備わっていなければならないことになるね。そんなふうに考えてくると、今やるべきことは、現時点で時給1000円、2000円を

稼げることを自慢することではなくて，将来，時間当たりで5000円，1万円稼ぐことができるように，いま，知力と体力を磨くことではないのかなぁ。

　第一，国立大学に入っても，授業料は年間50万円以上，入学金も含めれば，学費だけでも4年間で300万円近く親に払ってもらうことになる。これまで親にしてもらったことを，将来，自分の子供にしてやろうと思えば，1時間当たり5000円，1万円稼ぐ必要が出てくるんじゃないの。

こんな話をすると，ゼミ生たちの目の色がとたんに変わってくる。もちろん，その後，彼らが，どのように学生生活を送るのかは，私のあずかり知ったことではない。

　しかし，経済学を学ぶことの効用の1つには，長い目で損得勘定を考えることができるようになることが含まれるのはまちがいなさそうである。そして，長期的な損得勘定を大切にすることは，自分自身を，さらには，自分の周囲の人たちを大事にすることにつながることが見えてくると，仕事のことも，プライベートのことも，前向きに取り組むことができるようになるのでないかと思う。

［齊藤　誠］

編集後記:とても楽しい編集作業だった!

 『教養としての経済学』を編集してみようと何となく思った頃から,「経済学の何らかの分野を専門とする研究者が,経済学に対してまったく白地の若者に向かって,経済学を語るということはどういうことなのだろうか」と何度となく自問自答した。

 仮に,自分が"ある仏教宗派"の"ある教義上の問題"を専ら(もっぱ)とする学僧だとして,世俗の若者に向かって自らが考えてきたことを語る場合に,"ある教義"の内容を事細かに話しても,空回りするだけであろう。かといって,学僧が四方山(よもやま)話をしたところで,まったく様にならない。

 おそらくは,"ある教義"という微視的な内容に向かうベクトルとはまったく真逆に,「仏教とは」,いや,「そもそも人間にとって宗教とは」という巨視的な内容を,自らが専門としている分野の研鑽にしっかりと基づいて語る必要が生じるのでないだろうか。

 自らの専門に基づきながらも,自らの専門から離れつつ語ることは,学僧ばかりでなく,学徒にとっても決して容易なことではない。一方で,自分の専門との間合いをとりつつ,若い人に向けて語ることは,自分自身の研究を振り返るまたとない機会であるし,何と言っても,大変に楽しい知的な作業になる予感があった!

 「このようなことをしてみようではないか」と経済学部の周囲の同僚に話してみたら,案外にも多くの同僚に賛同してもらった。その結果,私たちの学部を支えている中堅,若手研究者のほとんどの方々に寄稿してもらえたので,蓼沼宏一学部長とも相談して"一橋大学経済学部編"とすることにした。形式的には学部の正規の企画ではないのにもかかわらず,実質的には学部全体が推し進めるプロ

ジェクトになってしまうところは，私たちの学部の良い面なのかもしれない。

　最後に，編集者の権限濫用と誹(そし)りを受けることを覚悟で，この夏，ある高校に講演に行ったときのことを書かせてほしい。その講演では，本書の第1章1-1で書いたようなことを話して，「日本経済や世界経済の動向は決して他人事ではなくて，1人ひとりの営為の積み重ねで全体が成り立っていると考えてみれば，皆さん1人ひとりが日本経済の主役と言える。これからは，そんな気持ちで社会に関わってほしい」と締めくくった。

　そのあとの質疑応答の時間に，ある女子生徒から「社会に働きかけるために今何をするべきなのか」という趣旨の質問を受け取った。おそらくは，毎週金曜日，国会議事堂前で原発再稼働反対デモが大々的に繰り広げられていたことが，彼女の質問の背景にあったのであろう。その辺を推し量って「何事も社会勉強，デモに参加してみなさい」とでも言えば，"知識人"として格好が良かったのかもしれない。

　しかし，17,18歳の若者が，複雑な利害の絡まる社会問題に対してデモで意思を表明したところで，社会など何も変わらないというのは火を見るより明らかである。そんな格好良い発言は軽々しくできやしない。結局，私は，「今やるべきことを一生懸命やる方が良い。将来，何らかの形で社会に貢献できる強固な土台を作るために，今は，体と頭を徹底的に鍛え，精神力を養い，人間関係の重要さを学ぶのが一番」と答えた。

　私は，社会に働きかける個々人の力を心底信じている。しかし，教育者としては，1人ひとりの個人がよほど精進しなければ，社会に貢献できる能力など養うことができない現実も踏まえる必要があ

る。個人の能力が社会において開花するためには，本書で展開しようとしてきた意味での教養が不可欠なのである。

　私たち執筆者の間でわざわざ打ち合わせたわけではないが，日頃の大学の講義で語っているコンテンツとスタイルを踏襲しながら，高校生や大学新入生の若い人たちにできるだけ読んでもらえるようなエッセイを書くことを心がけてきたように思う。
　通常の大学講義では，テレビでの有識者のコメントと異なって，証拠や論拠をていねいに述べることなしに，（荒々しい言葉で）ある政策的な主張を学生に押し付けることはしない。また，講義をしている自分のことについて，あるいは，自らが所属する大学や学部のことについて自慢話をしたり，逆に非難したりすることもまずはない。いわんや，"デモに参加しよう"とアジテーションをすることもしない。
　大学の講義や演習では，通常，4カ月，あるいは，8カ月かけて，議論を通じて学生の知的関心を刺激しつつ，持続的に予習や復習を受講者に求めながら，知的訓練の機会を提供していくという地道な活動が展開されている。しかし，そうした知的訓練を，4年間，時には，5年間にわたって積み重ねてくると，相当の質と量の教養が培われる。本書のエッセイの1つひとつが，大学の講義や演習における知的なプロセスを，雰囲気だけでも，読者に伝えることができれば，本書の出版は，ある程度の目的が達成できたと思う。

　「まえがき」で「若い人にフルコースのディナーを」と大見えを切ったのに，味が手前味噌になってはならない。そこで，論文や著作を編集するときと同じように，レフェリー（referee，日本語では査読者と訳されている）と呼ばれる吟味役を以下の先生方にお願いして，

さまざまな観点から多くのコメントを頂いた（敬称略，五十音順）。

経済学部　江夏由樹，加藤博，斯波恒正，武隈愼一，田近栄治，寺西俊一，古沢泰治，前原康宏
商学部　伊藤秀史，楡井誠
経済研究所　青木玲子，小塩隆士，西澤保，深尾京司，森口千晶，吉原直毅
学外　芹澤成弘（大阪大学社会経済研究所），堂目卓生（大阪大学経済学部），西村周三（社会保障・人口問題研究所）

また，日頃から研究をサポートしてくれている鈴木信子さんと山崎幸恵さんには，一般の読者の立場からすべての原稿を読んでもらって意見をいただいた。有斐閣の渡部一樹さんには，企画から編集，そして出版までのすべての段階でお世話になった。ここに深く感謝を申し上げたい。

2012 年 11 月

齊藤　誠

執筆者紹介

(執筆順)

【第1章】

齊藤　誠（さいとう　まこと）　　担当：1-1, 3-6, 4-3-2, 4-5-2, 4-5-5, 4-6-3
マサチューセッツ工科大学大学院経済学研究科博士課程修了（Ph.D.）
専攻：マクロ経済学，金融政策，フィナンシャル・エコノミクス

石川　城太（いしかわ　じょうた）　　担当：1-2
ウェスタン・オンタリオ大学大学院経済学研究科博士課程修了（Ph.D.）
専攻：国際貿易論

有吉　章（ありよし　あきら）　　担当：1-3
オックスフォード大学大学院経済学研究科博士課程修了（Ph.D.）
専攻：国際金融，国際通貨制度，金融規制

奥田　英信（おくだ　ひでのぶ）　　担当：1-4
ミネソタ大学大学院経済学研究科博士課程修了（Ph.D.）
専攻：開発金融論，開発経済学

佐藤　主光（さとう　もとひろ）　　担当：1-5
クィーンズ大学大学院経済学研究科博士課程修了（Ph.D.）
専攻：財政学，地方財政，社会保障

川口　大司（かわぐち　だいじ）　　担当：1-6
ミシガン州立大学大学院経済学研究科博士課程修了（Ph.D.）
専攻：労働経済学，応用計量経済学

井伊　雅子（いい　まさこ）　　担当：1-7
ウィスコンシン大学マディソン校経済学研究科博士課程修了（Ph.D.）
専攻：医療経済学

山下　英俊（やました　ひでとし）　　担当：1-8
東京大学大学院総合文化研究科博士課程中退，博士（学術）
専攻：資源経済学，廃棄物・リサイクル政策

岡室　博之（おかむろ　ひろゆき）　　担当：1-9
ボン大学法経済学部経済学科修了（Ph.D.）
専攻：産業組織論，企業経済学

【第2章】

蓼沼　宏一（たでぬま　こういち）　　　　　　　　　　　　　　担当：2-1
　ロチェスター大学大学院経済学研究科博士課程修了（Ph.D.）
　専攻：社会的選択理論，厚生経済学，ゲーム理論

竹内　幹（たけうち　かん）　　　　　　　　　　　　　　　　　担当：2-2
　ミシガン大学大学院経済学研究科博士課程修了（Ph.D.）
　専攻：実験経済学，行動経済学

塩路　悦朗（しおじ　えつろう）　　　　　　　　　　　　　　　担当：2-3
　イェール大学大学院経済学研究科博士課程修了（Ph.D.）
　専攻：マクロ経済学

宇井　貴志（うい　たかし）　　　　　　　　　　　　　　　　　担当：2-4
　スタンフォード大学大学院経済学研究科博士課程修了（Ph.D.）
　専攻：ゲーム理論，ミクロ経済学

国本　隆（くにもと　たかし）　　　　　　　　　　　　　　　　担当：2-5
　ブラウン大学大学院経済学研究科博士課程修了（Ph.D.）
　専攻：ゲーム理論，メカニズムデザイン

加納　隆（かのう　たかし）　　　　　　　　　　　　　　　　　担当：2-6
　ブリティッシュ・コロンビア大学大学院経済学研究科博士課程修了（Ph.D.）
　専攻：マクロ経済学，国際金融論

石村　直之（いしむら　なおゆき）　　　　　　　　　　　　　　担当：2-7
　東京大学大学院理学系研究科修士課程修了，博士（数理科学）
　専攻：数理ファイナンス，非線形科学

岡田　羊祐（おかだ　ようすけ）　　　　　　　　　　　　　　　担当：2-8
　東京大学大学院経済学研究科博士課程修了，博士（経済学）
　専攻：産業組織論，競争政策

山重　慎二（やましげ　しんじ）　　　　　　　　　　　　　　　担当：2-9
　ジョンズ・ホプキンス大学大学院経済学研究科博士課程修了（Ph.D.）
　専攻：公共政策，社会政策

【第3章】

大月　康弘（おおつき　やすひろ）　　　　　　　　　　　　　　担当：3-1
　一橋大学大学院経済学研究科博士後期課程単位取得満期退学，博士（経済学）
　専攻：経済史，西洋中世史，地域研究

城山　智子（しろやま　ともこ）　　　　　　　　　　　　担当：3-2
　ハーバード大学大学院歴史学部博士課程修了（Ph.D.）
　専攻：中国経済史，アジア経済史

佐藤　宏（さとう　ひろし）　　　　　　　　　　　　　　担当：3-3
　一橋大学大学院社会学研究科博士後期課程単位取得満期退学，博士（経済学）
　専攻：地域研究，中国経済・社会論

森　宜人（もり　たかひと）　　　　　　　　　　　　　　担当：3-4
　一橋大学大学院社会学研究科博士後期課程修了，博士（社会学）
　専攻：西洋経済史，都市経済史

高柳　友彦（たかやなぎ　ともひこ）　　　　　　　　　　担当：3-5
　東京大学大学院経済学研究科博士課程修了，博士（経済学）
　専攻：近現代日本経済史

【第4章】

岡田　章（おかだ　あきら）　　　　　　　　　　　　　　担当：4-1
　東京工業大学大学院総合理工学研究科博士課程修了，博士（理学）
　専攻：ゲーム理論，理論経済学

黒住　英司（くろずみ　えいじ）　　　　　　　　　　　　担当：4-2
　一橋大学大学院経済学研究科博士後期課程修了，博士（経済学）
　専攻：計量経済学

石倉　雅男（いしくら　まさお）　　　　　　　　　　　　担当：4-3-1
　一橋大学大学院経済学研究科博士課程単位取得満期退学，博士（経済学）
　専攻：政治経済学，経済学史

南　裕子（みなみ　ゆうこ）　　　　　　　　　　　　　　担当：4-4
　慶應義塾大学大学院社会学研究科博士課程単位取得満期退学，修士（社会学）
　専攻：地域社会学，現代中国研究

髙橋　将一（たかはし　しょういち）　　　　　　　　　　担当：4-5-1
　マサチューセッツ工科大学大学院言語哲学学科博士課程修了（Ph.D.）
　専攻：理論言語学

本田　敏雄（ほんだ　としお）　　　　　　　　　　　　　担当：4-5-3
　東京大学大学院工学系研究科博士課程修了，博士（工学）
　専攻：統計学，計量経済学

山田　裕理（やまだ　ひろみち）　　　　　　　　　　　　　担当：4-5-4
東京大学大学院理学系研究科博士課程修了，博士（理学）
専攻：代数学，表現論

渡辺　智之（わたなべ　さとし）　　　　　　　　　　　　　担当：4-6-1
プリンストン大学大学院経済学研究科博士課程修了（Ph.D.）
専攻：租税論，法と経済学

國枝　繁樹（くにえだ　しげき）　　　　　　　　　　　　　担当：4-6-2
ハーバード大学大学院経済学研究科博士課程修了（Ph.D.）
専攻：財政学，マクロ経済学

教養としての経済学
　──生き抜く力を培うために
Economics for the Young

2013 年 2 月 25 日　初版第 1 刷発行
2019 年 1 月 15 日　初版第 11 刷発行

編　者	一橋大学経済学部
発行者	江　草　貞　治
発行所	株式会社 有　斐　閣

　　　　　郵便番号　101-0051
　　　　　東京都千代田区神田神保町 2-17
　　　　　電話　(03)3264-1315〔編集〕
　　　　　　　　(03)3265-6811〔営業〕
　　　　　http://www.yuhikaku.co.jp/

印刷・萩原印刷株式会社／製本・牧製本印刷株式会社
©2013, The Department of Economics at Hitotsubashi University.
Printed in Japan
落丁・乱丁本はお取替えいたします。
★定価はカバーに表示してあります。
ISBN 978-4-641-16404-8

[JCOPY] 本書の無断複写(コピー)は、著作権法上での例外を除き、禁じられています。複写される場合は、そのつど事前に(一社)出版者著作権管理機構(電話03-5244-5088, FAX03-5244-5089, e-mail:info@jcopy.or.jp)の許諾を得てください。